全国政协文史和学习委员会／编

我所知道的 陈诚

中国文史出版社

图书在版编目（ＣＩＰ）数据

我所知道的陈诚 / 全国政协文史和学习委员会编
. –– 北京 : 中国文史出版社 , 2021.1
ISBN 978-7-5205-2116-1

Ⅰ . ①我… Ⅱ . ①全… Ⅲ . ①陈诚（1898–1965）—
传记 Ⅳ . ① K827=7

中国版本图书馆 CIP 数据核字（2020）第 128188 号

责任编辑：戴小璇

出版发行：**中国文史出版社**

社	址：	北京市海淀区西八里庄路 69 号 邮编：100036
电	话：	010-81136606 81136602 81136603（发行部）
传	真：	010-81136655
印	装：	北京新华印刷有限公司
经	销：	全国新华书店
开	本：	1/16
印	张：	20 字数：287 千字
版	次：	2021 年 3 月北京第 1 版
印	次：	2021 年 3 月第 1 次印刷
定	价：	59.00 元

百年中国记忆书系

总策划、主编

刘末鸣

副主编

唐柳成　张剑荆　段　敏

百年中国记忆之民国政要丛书

主　编

张剑荆　段　敏

责任编辑
（按姓氏笔画排序）

刘　夏　胡福星　梁玉梅　窦忠如　戴小璇

编辑说明

　　《我所知道的陈诚》一书记述了国民党高级将领陈诚的生平事迹、从不同视角回顾了其在大革命时期、土地革命时期、抗战时期以及解放战争时期的主要经历，对于了解陈诚的思想和政治性格等是最直接的历史资料。本书所汇总的史料均属亲历、亲见、亲闻，基本上选自本社已出版的《文史资料选辑》和《文史资料存稿选编》及地方政协史料，作者多为与陈诚关系比较密切的同事、下属、亲信。

　　因本书内容摘自不同的回忆性文章，写作的时间有先有后，看法不尽相同，关系有亲疏之别，见闻有广狭之分，观点难免有些出入，不能强求统一。但总体上能够把握住陈诚的性格特点和处世之道，将其置于彼时中国社会的大背景下进行叙述，既有其对蒋家王朝愚忠思想的深刻揭露，又有其在抗战时期的抵抗日寇的客观反映，更有其逆历史潮流、反共反人民的反动本质，立场鲜明、叙述规范，对于读者更好地认识陈诚本人以及所属的那个时代，有一定的参考作用。

　　在编纂过程中，我们对大多数史料进行了许多技术性处理。但遗漏的地方必然不少，不足之处在所难免，望广大读者批评指正。

编者

CONTENTS 目 录

忆陈辞修先生　宋瑞珂 / 1

我所知道的陈诚　杨安铭 / 35

陈诚及其军事集团概况　覃道善 / 56

大革命时期的陈诚　陈应东 / 80

谈谈陈诚及十八军　方耀 / 92

第四次"围剿"前后的第七十九师　樊崧甫 / 96

陈诚部在第四次"围剿"中被歼记　周上凡 / 100

第十一师在宜黄以南的溃败情况　黄维 / 117

第五次"围剿"中的下坪战斗　方耀 / 121

记广昌战役中的第十四师　方耀 / 125

记第六十七师在第五次"围剿"中进犯广昌的一些情况

　　李国齐 / 130

蒋介石对中央苏区留守红军的"清剿"　宋瑞珂 / 134

陈诚的点滴史料　薄世忱 / 139

谈谈陈诚　郑南宣 / 146

回忆陈诚　许知为 / 156

抗战期间几次采访陈诚将军的经过　陆　诒 / 171

抗战时期陈诚势力的扩展　王凤起 / 181

在鄂西恩施时的陈诚　谈　瀛 / 189

陈诚治理湖北的几项措施　陈　师　李树荪 / 208

我在鄂西五年的经历与见闻　徐怨宇 / 217

鄂西会战始末记　郑　正 / 235

我的上司陈诚　郭大风 / 252

抗战胜利后我随陈诚工作的回忆　刘劲持 / 271

第十八军（整十一师）在全面进攻中的第一炮

　　　杨伯涛 / 284

整编第十一师进攻沂蒙山解放区概况　陈家珍 / 290

陈诚到新安镇指挥进攻临沂作战概况

　　　李　骏　黎殿臣　濮云龙　刘子瑛 / 304

陈诚主持东北战场实况　王楚英 / 310

忆陈辞修先生

宋瑞珂*

一、初识陈辞修

1926年6月，即广东出师北伐前夕，国民革命军总司令部成立，时黄埔军校训练部主任严重调任训练处长兼第二十一师（原为第一补充师）师长，炮兵科长兼第四期炮兵大队长陈诚调任该师筹备处主任兼六十三团团长，我由军校排长调为筹备员。有一天，严先生召集所有筹备员，征询分配工作意见。当问到我时，我回答说只要北伐打仗，什么工作都干。陈当即起立请示严师长将我分配到六十三团。翌日，陈派我到军士连（连长系第一营营长赵敬统兼任）任连附。两周后新兵到达，即调我任该团特务队（警卫连）队长。11月调我任第六连连长，出师韶关，转道江西加入北伐行列。

我与陈先生素不相识，他为什么要求把我分配到他团工作？后来赵敬统学长告诉我，由于我初到筹备处能自动找事情干，当值日时，教杂役

---

* 作者山东青岛人，黄埔军校第四期毕业，曾任国民党军第十八军一九九师师长、第六十六军军长，现任第七届全国政协委员、上海市政协常委、黄埔同学会上海分会会长。

兵，整顿内务，训练礼节，整饬军风，使筹备处的传达兵、勤务兵、炊事兵等面目一新，陈认为我认真负责。在新兵训练三个月后举行检阅，特务队名列前茅。因此得到师长严重和团长陈诚的赞赏和信任。

二、家世及学历

陈诚别号辞修，浙江省青田县人，出生于1898年。父陈希文原在私塾教书，后为青田小学校长。母亲洪氏贤德俭朴，颇得人望。辞修有一姐两弟：二弟正修曾留德学化学，三弟勉修曾留英学经济。家有薄田数亩，是中国农村典型的半农半读家庭。

陈诚幼年除在父亲督教下读书识字外，也帮助操作家务及从事农作。1913年他16岁时，考取浙江省立第十一中学，读了一学期，便想休学，向他父亲请求说，家境不富裕，两个弟弟还要读书，请允许他改读享受公费的第十一师范，以减轻家里的负担。毕业以后，又考上杭州体育专科学校。1918年，辞修体专毕业，正值其父挚友杜志远先生当选北京政府国会议员，途经杭州，辞修前往拜谒，请示教益。杜见其稳重有礼，颇有志气，认为是可以造就之材，商得其父同意，带往北京。

五四运动以后，保定军官学校实行新招生制度，选拔大学及专科学校毕业生入学，唤起许多青年从军报国之志。当他把此意告知杜老伯，杜很支持他投考该校。1919年，他正式进入保定军校第八期炮兵科，从此步入军旅。辞修后来常常追念杜老前辈的鼓励和帮助，带他北上走上从军爱国之路。

1920年，在北京附近发生"直皖之战"，保定军校一度停办，因此第八期到1922年才毕业。辞修在校期间，先后与粤籍同学邓演达、黄琪翔等结交，特别和同班同学罗卓英交情甚厚。毕业后，分配到浙江第一师第六团第三连见习。

三、黄埔军校时期

陈诚在浙军见习期满后，建国粤军第一师第三团团长邓演达函邀其赴粤。1923年3月，陈诚在该团任上尉副官，后调中校团附兼第一营营长，而后在严重部任连长。在西征桂军冯葆初的战役中，陈胸部负伤，伤愈后调任少校独立连长。

孙中山先生深受陈炯明叛变的打击，体会到徒有革命的主义没有革命的军队是不行的，于是决心创办黄埔陆军军官学校，以建立一个有主义的军队。第一使武力与民众相结合，第二使武力成为人民的武力。

1924年6月16日，黄埔军校第一期正式开学。蒋介石任校长，廖仲恺任党代表，邓演达任教练部副主任负实际责任，严重任总队长，陈诚在校长办公厅任上尉特别官佐。当时黄埔军校革命思潮澎湃，朝气蓬勃，训练严格。校长每晚查夜，黎明前即起巡视。有一次，校长见陈诚在熹微的晨光中读三民主义，便与之交谈起来。陈诚对校长的垂询，应对得体，校长很是满意，并将赞许之情告知总队长严重，严亦称赞说他年轻有为，更增加了校长对他的好印象。1924年秋，黄埔军校成立教导团和炮兵营，调陈诚任炮兵第一连连长，蔡仲笏营长兼任第二连连长，罗卓英任第三连连长。第一次东征时，第一期炮兵队学生随陈连见习。

1924年，孙中山先生为求全国统一起见，毅然决定北上，并于11月10日发表了《北上宣言》，明确表示了反对帝国主义和封建军阀的政治立场，主张"召开国民会议以谋中国之统一与建设"。盘踞东江一带的陈炯明，趁中山先生北上之机，联络广州附近的滇、桂军做内应，于1925年1月7日，自称"救粤军总司令"，自潮汕会同林虎各部，分路进犯广州。

广州革命政府决定东征讨伐陈炯明。以黄埔军校学生军和许崇智粤军为右路军，该路军由校长蒋介石、政治部主任周恩来统领，教导团第一、二两团是第一次东征的主力部队。2月1日出师，大破敌洪兆麟主力，3月上旬攻占潮汕。3月13日，又大破林虎主力于棉湖。这一战役是东征成败的关键，教导团官兵，英勇善战，以少胜多，而陈诚的炮兵连亦发挥了重要的作用。当时何应钦团的指挥所就设在陈连炮兵阵地附近，战况危急时，蒋校长、周主任和苏联顾问加伦将军等都亲临该指挥所。多年后，何应钦将军回忆这一战役时说："棉湖之役在今天看起来是一个规模很小的战斗，但在当时却是吃力的一战。那时的炮兵不像现在，有马匹或车辆拉拽，那时的炮，要由人扛抬。在那种艰难的情况下，身为连长的陈辞修，不论步兵行军多快，他总要使他的炮兵跟得上，每次都能完成任务。虽然炮弹有限，但他弹无虚发，对这一战役的胜利，可以说是最有功劳的人之一，那时我就看出他是一个勇敢沉着的人。"

陈诚在回忆当年作战的情形时说："我的炮兵连只有几门旧式七五山炮，炮弹少得可怜，但每发必中，似有神助。"当别人称赞他在棉湖大战中立下战功，他却谦逊地说："我当时并没有把握，也许是总理在天之灵护佑着我们。"（孙中山先生于3月12日病逝于北京。）

第一次东征战事方酣之际，担任左、中路军的杨希闵、刘震寰滇、桂军，却暗中与陈炯明和云南唐继尧勾结。杨、刘不但迟迟不进军，而且将滇、桂军撤回广州，威胁革命政府。因此，东征的黄埔军校学生军等都回师广州平乱，于6月12日迅速平定了杨、刘叛乱，广州收复。

后来，我和参加这次战役的颜道鹏学长（当时是我入伍生六连排长），与陈在一起谈及这一战事时，陈说："东征回师，收复广州，战事初平，官兵多请假外出，不过我没有离开营房。当时我们都驻在北校场，我无意间向白云山望去，隐约发现好像有旌旗摆动，我派兵去侦察，不久回报说是滇军从增城撤回的一个旅，他们尚不知我们已经收复广州，还在大摇大摆地向广州而来。我立即集结留在营里的炮兵，向摇摆而来的杨家军发炮。一炮发射出去，就将其旌旗击倒，敌军大骇，不敢前进。这时我们教导团官兵听见炮声，立即赶回北校场，马上集合整队，向敌迎击，将其全部歼灭。"我们问："这次你是否又百发百中？"陈说："虽不是百发百中，但效果比百发百中大得多。"我们又问："你怎么不请假外出？"他微微一笑说："当军人，就要在这种地方见功夫。"以后，我见他在师长、军长任内，行军作战都与部队同行，与士兵同甘共苦。

1925年7月1日，国民政府在广州成立，建国粤军、党军改称国民革命军。

陈炯明在英帝国主义和北洋军阀的支持下，乘革命军回师广州平叛之机，又重新占领潮州、汕头、梅县等东江一带，并集重兵于惠州，企图与盘踞南路的军阀邓本殷合力夹击广州。于是，国民政府决定第二次东征，任命校长蒋介石为东征军总指挥、周恩来为总政治部主任。10月1日东征军出师，14日攻克惠州。

惠州后枕东江，前临西湖，三面环水，城高且坚，素称天险，易守难攻。10月13日攻城未下，团长刘尧宸亲扶竹梯，驰抵城下，身中数弹，壮烈牺牲。次日，校长亦到飞鹅岭亲自指挥炮兵射击。唯敌之侧防机枪火力极为隐蔽，使攻城部队死伤枕藉。陈诚即调山炮一连推进至北门外距城约400米处，直接对准敌之侧防阵地轰击，将其侧防火力悉数摧毁。我步兵乘敌机枪毁坏之瞬间，将竹梯迅速移至城根，缘梯登城，前仆后继，于下午4时15分，我军攻克惠州。陈诚炮兵连掩护第四团登城有功，被提升为炮兵营长。

1926年春，黄埔军校第四期开学。当时邓演达任教育长，严重任教练部主任，调陈诚任炮兵科长兼炮兵大队队长。因此，二、四两期炮兵队的同学都是他的学生，为国民党炮兵部队的发展奠定了基础。

四、北伐战争时期

两广之统一，使得国民革命的力量迅速发展。国民政府为完成孙中山先生的遗志，统一全国，决定北伐。1926年6月5日，特任蒋介石为国民革命军总司令，誓师北伐。

6月间，严重调任总司令部训练处长兼第一补充师师长，陈诚为该师筹备处主任兼第三团团长。严、陈两人在粤军和军校时原有旧谊，严对陈期望殷切，督教亦严；陈对严亦常以师礼待之。他们律己之严格，生活之俭朴，处事之正直，在广大学生和官兵中，产生着潜移默化的影响，赢得了广泛的敬重。

革命军为北伐需要，在广州积极补训新兵。11月，严重师开拔至韶关，转入江西，加入北伐军行列，12月到达赣州。补充师番号改为二十一师，第三团改为六十三团，战斗序列隶属东路军前敌总指挥。东路军总指挥为何应钦，前敌总指挥为白崇禧。

1927年1月，二十一师全部进抵浙江衢州，担任中路作战任务。1月29日，进击龙游之洋埠、游埠孙传芳所属之孟昭月部，双方展开激战。2月3日攻入严州（今建德之梅城），13日进至浪石埠。敌人部署了重兵，进行顽强抵抗。陈诚率六十三团从左翼突击敌后，激战至14日晚，终于击溃敌人。当晚，陈诚命我率所部并指挥侦察队连夜追击，占领新登，随后第一、二师和二十一师于19日进占杭州，23日进占嘉兴，沿运河线进占平望。六十三团3月18日攻占吴江、同里，21日午夜进占苏州，次日追击至常熟，在东门外河下截击直鲁军张宗昌部温树德军之教导团，缴获武器辎重甚多。4月7日全师集中南京，待向江北推进。

南京光复之后，宁汉分裂，厉行清党。此时，"二十一师掩护共产党徒"之谣言，颇在外间流传。严先生以为罔撰事实，听了后非常厌烦，遂下决心，自此摆脱军旅生活，一再向蒋总司令恳辞二十一师师长职务，于4月11日移交给六十三团团长陈诚代理。

严、陈两公率师北伐，倾其全力以发扬革命精神。自广州出发时，曾提出"官长士兵化、士兵民众化、民众革命化"的口号，作为二十一师实践国民革命之官兵守则。陈诚身体力行，贯彻全团。我们连排长、指导员都肩背马枪，与士兵同吃同住。不仅官兵纪律严明，与民众相结合，同时也宣导民众接受革命之号召，与国民革命军融为一体。每到一地，即召开军民联欢大会，宣传革命道理。故所到之处，声威大振，备受民众之拥戴与协助，当时在苏浙一带被称为模范师。

1927年5月，孙传芳、张宗昌军仍占据苏北、皖北。国民革命军在苏皖的部队编成第一、二、三路军，何应钦、白崇禧、李宗仁分任总指挥，采取分进合击，以收各个击破之效。第二十一师属于何应钦第一路军战斗序列，在高邮车罗坝一役，击溃孙军，继而进占宝应、淮阴。6月下旬，二十一师调往南京整训。第三路军攻占蚌埠、徐州。7月间，在向山东胜利进军之际，津浦线上第二路军已攻占临城（今薛城），包围临沂。正在这时，宁汉关系恶化，武汉方面唐生智、张发奎挥兵东下，威逼南京。面对这种新情况，蒋介石乃命令正在鲁南的部队停止前进，调兵南下，保卫南京。但第二路军以为临沂即可攻下，便电蒋请求拿下临沂再行撤回。不料连攻十日也未得手，而临城于7月21日反被敌夺去。此时再依前令撤退，部队众多，慌忙南返，交通拥挤，秩序混乱，于是徐州在7月24日又被敌占领。蒋闻败讯，于7月25日赶往蚌埠，并调二十一师北上。时陈诚已正式任师长。28日，二十一师推进宿县，29日分路向徐州反攻。蒋亲自指挥该师，一直打到8月2日下午，攻占云龙山和凤凰山一带。半夜，全军退回到合肥一带。

蒋介石于8月12日辞职下野。孙传芳纠集所部约10万人渡过长江，占领了沪宁路上的龙潭车站和栖霞山一带，截断了沪宁路交通。这时何应钦、白崇禧、李宗仁都在南京，眼看大敌当前，情况危急，立即调兵赴援，分别调沪宁线上的第一军和在南京的第七军，东西夹击孙传芳的五个师。

这一年里，陈诚率领二十一师出生入死，打了好几次硬仗。每次战役，他总是身先士卒，来到前线指挥战斗。他原有胃溃疡病，几次参战下来，劳累非常，亟须休养。这次二十一师被编为左纵队，奉命协同第七军，进击栖霞山。他接到命令，抱病上阵，与孙军鏖战，攻占了栖霞山附近的几处高地，接连力夺龙潭，双方拼死搏斗，血战六昼夜，终于全歼孙军渡过江来的五个师，肃清了长江南岸的孙传芳部队。其师长刘士林、崔锦桂、马葆珩、殷承泽、陆殿臣五人，仅只身逃亡江北，并缴获枪械4.4万多支。

龙潭大战后，二十一师奉命调苏州整训。陈诚原是抱病作战，想趁此机会将自己身体休养一下。他一向责任心重于一切，有职务在身就有牵挂，不如辞去师长职务，便可安心治病，于是便上辞呈，得到准许，将师长职务移交陈继承，然后离开苏州前往上海。（编者按：另有一说是何应钦因陈诚在龙潭战役中坐轿上前线指挥而撤了他的师长职务。）他在上海养病未久，即于10月间调任军事委员会军政厅副厅长，12月升任代厅长。1928年3月，陈兼军事委员会军事教育处长。这几个新职，是他首次负责军事行政工作。

1928年1月9日，蒋介石复任国民革命军总司令职。4月，陈诚任总司令部警卫司令兼炮兵指挥官，不难看出蒋对陈的培植与信任。

1928年12月29日，张学良通电全国称："力谋统一，贯彻和平，已于即日起，宣布遵守三民主义，服从国民政府，改旗易帜。"至此，全国获得了形式上的统一。

中国获得初步统一后，军队编遣。第一集团军的第一、二、三、四、九、十、十四、十七、二十六、二十七、三十三、四十、四十六等军，缩编为十三个师。总司令部所属的三个警卫团，编入第十一师，陈诚任副师长。他亲自视察在芜湖的师直属部队和三十三旅，并到大通、贵池校阅第三十一旅和在杭州、嘉兴的第三十二旅。在此期间，陈与师部官佐同桌吃饭，军风军纪要求颇严。

五、新军阀混战期间

1929年7月，陈升任十一师师长，延揽了许多黄埔学生到该师任营、连长，使军官素质有所提高。这年5月，十一师移驻襄樊整训。10月，冯玉祥部张维玺、田金凯自陕南来犯，进到襄阳近郊，激战两昼夜，终被十一师击溃，张部又逃回陕南。

1929年12月，唐生智以"护党救国军总司令"名义，率兵反蒋，从郑州南下，进窥武汉。这时十一师正在鄂北均县、郧阳一带追击张维玺部，奉命由鄂北转向豫南，兼程前进，每日百余里。25日，部队在冰天雪地中开到确山东南之刘店、王庄、大小平洼一带，与唐部刘兴军及骑兵旅激战三昼夜。当战况紧急时，陈由我陪同在深及膝盖的大雪里，亲到第一线视察督战，终将敌军击退。同时，其他友军奔袭驻马店，唐生智进退失据，全部被缴了械。陈诚派军需科长叶中青携亲笔信和现款5000元给刘兴说：自相残杀，实为痛心，请速逃走，来日国家当有用你之处。后来到了抗战初期，刘兴被任命为长江江防总司令。

1930年，汪精卫到北京召开扩大会议，联合冯玉祥、阎锡山、李宗仁等发动"中原大战"。那时冯军沿陇海路东进，阎锡山部沿津浦路南下，企图会师徐州，直趋南京。5月间，十一师奉命由陇海路西进，在马牧集首战告捷，攻下商丘，俘其师长万殿尊。包围宁陵时，陈诚致函其守将军长刘茂恩倒戈，不战而下宁陵。

6月下旬，正当十一师向开封进击之际，晋军傅作义、张荫梧两路军攻占济南，韩复榘部撤往胶东。傅部乘胜南下，李生达军围攻曲阜，徐州危急。陈诚奉命率十一师驰援曲阜，于7月12日赶到，内外夹击，将围城的李军击退，尔后兼程前进，协同十九路军蒋光鼐、蔡廷锴所部，于8月15日收复济南；旋又在南驿、大汶口、泰安、界首等地击破晋军。9月，陈升为十八军军长仍兼十一师师长。

济南克复，晋军北退，津浦路战事暂告一段落。但陇海线战事呈胶着状态，兰封（今兰考）仍在冯军手中。平汉线方面，冯军云集。当时，蒋介石接受杨杰的献策，编成若干纵队，向开封、郑州、洛阳挺进。十一师奉调平汉线，9月初，由济南调往周家口，奉命沿西华、鄢陵以及许昌之间，钻隙向郑州挺进。陈率领十一师突进到长葛以东地区，前锋攻下董家店时，吉鸿昌军在洧川投诚。于是十一师越过新郑直趋郑州，经薛庄、谢店突破沿途之抵抗，率先攻入郑州。

郑州是中原的心脏，历来为兵家必争之地。陈诚所部首先攻克，蒋欣慰有加，当即嘉勉道："马牧集开战胜之端，曲阜挽垂危之局，郑州结胜利之果。"发奖金20万元，十一师虽然首先攻入，也赖友军协助之力，故分10万元给上官的四十七师。

在商丘、曲阜、济南、郑州等战役中，陈诚指挥所部都打得非常出色。他总是在最艰危之中，克服万重困难，忍受千辛万苦，以至转危为安、取得胜利。

当时在十八军警卫营第三连当兵的池红星回忆道，在星期一的纪念周上，军长总是亲切地向官兵说："各位离开家乡和父母、兄弟、姐妹，来到部队，每一位同志，必须互相爱护。我们有了互爱，才能上下一心，甘苦与共，患难相顾，才能使部队团结，才能发挥爱民族、救国家的牺牲奋斗精神。"

中原战争结束后，11月，陈诚奉派与钱大钧等人到日本参观秋操，这是他第一次离开国门。在日本期间，除了参观秋操，又在东京、名古屋等地参观了多所日本军事学校。他所得到的印象，曾这样写道："目睹人日谋我，我日自铄，彼土军民骄焰十倍，咄咄逼人。"日本军阀的狂妄骄横，使陈感触万端，觉得我中华民族实在应该团结一致，发愤图强。陈在日本停留一个月，12月回国后，仍任十八军军长兼十四师师长，周至柔任副师长；十一师师长由罗卓英担任。全军驻武长铁路线上整训，军部驻武昌。

六、三次反共"围剿"期间

1931年6月，十八军调往江西抚州，参加第三次"围剿"红军。陈率所部在赣南地区转战千里，因不适应红军所擅长的游击战和运动战，终未遇见红军主力。该军奔驰了两个多月，虽然没有打仗，但"肥的拖瘦，瘦的拖病，病的拖死"，饥瘦沮丧。而且，当时两广有向湖南出兵之谋，该军遂于9月初撤回吉安。

不久，日本发动"九一八"事变，侵入东北。蒋下令在江西的部队，原地待命，必要时出动抗日。因此，也就推迟了陈诚的婚期。要把这件事说清楚，须从一些往事说起。

谭延闿曾任北伐军第二军军长，后来又出任行政院院长、国民政府主席等职务。1930年病重时，面托蒋氏夫妇替他三女物色乘龙快婿。1931年年初，蒋氏夫妇将陈诚介绍给谭先生的三女公子。陈与谭小姐由初识的互相仰慕，到建立起进一步的友谊，因陈戎马倥偬，相聚时间很少，多是靠通信传达爱情。9月底，两人经过半年交往，情爱已深，商定10月10日在南京结婚。不料日军侵入东北，陈身为军人，有"国已不全，何以为家"的沉痛，毅然决定推迟原定的佳期，以便随时接受国家颁布军事行动的命令，北上抗日。难得的是，这个决定得到了谭女士的谅解与同意。后来，"九一八"事变没有立即扩大为全面战争，陈乃于1932年元旦与谭祥女士在上海完婚，婚后去杭州度蜜月。原拟过了春节后再返防地，岂料1月28日，日本帝国主义在上海发动侵沪战争。陈急忙返回吉安，准备率领所部开往上海增援，但驻守赣州的金汉鼎师马崑旅正被红军围攻，求援电文，急如星火。南昌行营参谋长贺国光、江西省主席熊式辉，一再电催陈先援赣州，解围后再去上海。陈遂派罗卓英率十一师、十四师（师长周至柔）先去赣州，于2月20日解围。他自己则坐镇吉安，加紧筹划四十三师和五十二师（陈自兼师长）的抗日准备工作。

1933年年初，陈诚被任命为中路军总指挥，指挥第四次"围剿"。3月，指挥罗卓英、吴奇伟两纵队，打算长驱直入，进攻广昌。但罗纵队在由乐安向东到黄陂集中的途中，被红军截击，损失惨重，第四次"围剿"以失败告终。

10月间，开始了第五次"围剿"。陈诚被任命为第三路总指挥兼北路军前敌总指挥，恪守"战略上取攻势，战术上取守势"的指挥原则。一面构筑碉堡，严行封锁；一面修筑公路，逐段推进；而红军却在"左"倾错误领导下，放弃了自己所擅长的游击战与运动战的战略战术，改而采取"叫花子和龙王比宝"、拼消耗的正规阵地战，致使战场形势改观。12月5日陈部占领德胜关，切断红军赣闽边境交通。1934年3月，在南丰西南东华山地区与彭德怀、林彪部红军主力展开大规模的激战。4月28日占领广昌。5月16日，协同东路军占领建宁。7月，在白水、新安等地区展开大规模的阵地战。10月6日，占领石城；26日，占领宁都。11月1日，东路军占领长

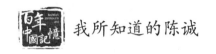

汀，10日占领瑞金。这时，红军主力离开江西苏区，迈向长征的征程。

七、斡旋粤桂

1935年，陈诚担任了陆军整理、训练与国内政局的斡旋工作。

1934年7月，在庐山海会寺设立"军官训练团"，蒋介石自任团长，陈诚任副团长，召集军委会所能调动的部队的少校以上军官到该团分三期轮流受训。蒋介石除讲"抵御外侮与复兴民族"外，还亲笔抄写《戚继光语录》由团附将官商震将军等宣讲，作为抗战的思想准备。

1935年年初，鉴于全国军队的装备不足，编制紊乱，必须加以整顿，特于武昌行营设立陆军整理处，调任陈诚为整理处长，计划在四年之内，即到1937年年底，先整理完成60个师。同时在武昌办军官训练团和武汉分校军官训练班；长江要塞上起宜昌，下至马当，均归陈诚节制整顿。6月，又命令全国骑兵、炮兵、工兵都归陈诚督导整理。8月，陈在四川峨眉山创办峨眉训练团并任教育长，负责训练川、滇、黔军政教各界干部。

1936年3月，到达陕北的红军渡河东征山西，阎锡山来到南京向蒋求援，想借陈诚前往襄助。3月19日，陈在武昌接连收到蒋、阎的电报，要他速到山西赞襄防务。陈23日到达太原。28日，阎以军事委员会副委员长名义，委任陈诚为第一路军总指挥，辖关麟征、吕济、汤恩伯三个纵队。4月间，红军回师陕北。

6月初，两广李宗仁、陈济棠等发表"冬电"，以请缨抗日为词，兴兵北上。蒋电召陈诚到南京商量应付之策。陈以为两广兵力，粤军实力比较雄厚，桂军训练比较统一。他们的计划是由桂军先取衡阳，压迫湘省当局控制湖南；粤军待桂军据有三湘，再会师湘赣。所以衡阳之能确保，成为大局成功的关键。陈进一步分析：桂军徒步行军，道路虽然近，但不如国军由火车输送快；如果出兵，必须在桂军到达之前进驻衡阳，使湖南不敢异动，而桂军也不敢窥觎。这样出其不意，抢在桂军之前，也许可以避免一次内战。蒋同意陈的报告，就命他负责处理此事。

8日，陈诚自南京到达武昌，命平汉、粤汉两铁路暂停客货运，日夜赶运李默庵、刘戡、陈铁等几个师南下。9月，陈奉蒋命飞长沙督率各军前进。陈到长沙后，不等后续部队到达，即率一个团直驰衡阳。抢先到达后，立即召见当地军政人员，接见记者，发表谈话。桂军以为大军已到衡阳，遂不敢轻动。

两广当局想乘虚而入，当时湖南省主席何键态度模棱两可，他以为国民政府在武汉方面没有重兵，不料这么快就调遣几个师入湘。何键开始还在犹豫，暗中和陈济棠、李宗仁商量如何应处。当陈找到他，晓以国家民族大义，说我们只有一个敌人，那就是日本帝国主义，千万不要自乱阵脚。何键遂表示今后唯中央之命是从。

当时，桂军听说中央已有三个师先到衡阳，不敢造次，乃按兵不动。粤军见桂军没有进占衡阳，态度也有软化迹象。陈诚再从中奔走劝说，如派上官云相到赣南劝说余汉谋等，一场濒于爆发的军事行动，终于以和平的方式得到初步的解决。

7月初，粤空军黄先锐等21人联名通电，拥护中央。粤机九架飞抵南京，以行动表示诚意。接着粤军首领多人相继表示服从中央命令。陈济棠在7月18日离广州赴香港，粤事取得完全平息。

粤事平息后，广西方面尚未协调好。7月25日，陈诚奉命飞广州，一方面协助调整广东军务，一方面相机处理广西问题。酌调部队到广东，做必要的部署。这时，听说广西又预备推出李济深组织军政府，有向广东出兵的企图。在中央方面，派出国民党元老居正等三人前往斡旋。

9月间，李宗仁忽然函邀陈诚赴桂。陈相当踌躇，因多年来，李时而与政府合作，时而又分裂；自己和他没有深交，能否谈好难以预料。向蒋请示后，才应邀飞南宁赴约，当面向李宗仁说明中央抗日的决心，以及桂系首领等将来在抗战行列中的重要任务。陈态度诚挚地对李说："日本这个大敌当前，一切以国家民族为重，总是错不了的。"李宗仁等听了这番话，遂表示信赖，情势才逐渐好转。

两广平息之后，陈诚奉命担任军事委员会广州行营参谋长，加陆军上将衔，协调两广军务。11月，调任武汉行营副主任。随后晋绥又生问题，复奉命到太原协助阎锡山。这一年，他风尘仆仆，为国事奔忙，少有将息。

八、西安事变

南京政府虽在秘密准备抗日部署，但不为一般人所知。到1936年，日本侵略华北的野心日甚一日。国内军民一致抗日的情绪也日益高涨；对"先安内，后攘外"的政策，已感到时局迫蹙，没有耐心等待。这一年我曾听陈诚多次指出："今天不是和日本战与和的问题；也不是和日本开战以后，中国有没有胜算可操的问题；而是不和日本开战，中国还有没有存在可能的问题。"我们同日本打仗，时间上迟早虽不一定，但却绝对不可避免。"如果说日本容易打，固属欺人之谈；但如果说完全不能打，那也是我们绝对不能相信的事。"陈在中央军校洛阳分校讲话中说，"对于抗日战争的发动，能争取准备时间，迟一点于我有利；如果日前发动，将处于被动。据我所知，如能推迟到1938年，那就比较主动。"

陈诚自协助阎锡山后，即负有筹划西北对日防务的责任。"九一八"事变以后，日本军国主义势力南侵华北，要求国民政府承认"满洲国"，又煽动内蒙古德穆楚克与中央作对。德穆仰仗日本的势力，于1936年6月，在察哈尔德化县成立伪军政府，向绥远进兵。陈诚奉命北上，将中央军换用晋绥军番号，以避日人耳目，开到大同以北地区集中，扼守平绥要隘。记得先调动汤恩伯的十三军去，还准备调在河南的樊崧甫四十六军前往。

11月18日，蒋介石自洛阳飞太原。24日，晋绥军收复内蒙古百灵庙。25日，陈诚又奉蒋命到绥远与傅作义计划，从速收复察哈尔的商都。12月4日，陈诚携带他们筹划的方案，飞往西安向蒋请示。原来准备奉准之后，立即回绥远部署，不料没有几天就发生了"西安事变"。

西北情势复杂。自11月起，蒋介石亲往陕晋，面授一切。蒋原来自兼西北"剿匪"总司令，张学良为副总司令。12月4日，蒋由张陪同由洛阳乘火车抵西安，住西安东郊临潼华清池，举行军事会议，召见各军将领，督促他们务必于三个月内消灭陕北的红军。

东北军自"九一八"后退驻关内，几年以来，官兵思乡之情，仇恨日本之心与日俱增。中共把握这种心理，联络东北军和杨虎城部，促使张学良向蒋进言：停止"剿共"，提前抗日。蒋没有答应。12月12日拂晓，发生了震惊中外的"西安事变"。张学良派骑兵旅和卫队营开往临潼，蒋被送到杨虎城绥靖公署的大楼。杨部包围了西京招待所，将住所内的陈诚、内政部长蒋作宾、福建绥靖主任蒋鼎文、中央委员邵元冲等一行文武官员软禁起来。邵元冲准备从窗口逃走，中弹身亡。13日，张学良来见，陈诚对他说："中国交给你，你能弄好吗？现在只有赶快送委员长回南京。"这期间，张学良每天都去看望陈诚，一见面，陈便责其不应出此下策，赶快送蒋回南京。张对杨虎城有所顾忌，每当陈责备他时，便现出一副痛苦不堪的样子。直到25日，张学良才决定送蒋回南京，飞机当天到洛阳，于次日飞抵南京。27日，陈诚也飞返南京。但没几天，陈又风尘仆仆于西北与南京的道上。

"西安事变"的和平解决，促成了中国的团结。但是，一直在处心积虑侵略中国的日本，则不愿看到中国大团结的局面，因为一个团结的中国，会增加他们征服中国的困难。因此在"西安事变"后仅仅半年，就迫不及待地发动了"卢沟桥事变"。

1937年3月，陈诚偕夫人以回青田探亲为名，邀张发奎、黄琪翔等同行到温台视察地形。途经杭州时，我去见他，便问道：现在内战停止了，国家总算统一了，而日本帝国主义侵略我国也正加紧其步伐。国共两党曾经合作北伐，今后是否能够合作抗战呢？"陈回答说："抗日迟早是要抗的，但委员长的政治战略思想，不是我们能够揣度的。我们只有服从命令，尽忠报国。"

5月，创办庐山暑期训练团，调训全国师旅长以上的军职、县长及中学校长，陈被奉派为筹备主任。6月，又兼庐山暑期训练团教育长，调训全国党政军干部7000余人，分两期受训。

7月7日晚7时40分，日军借口在卢沟桥附近演习的部队有一名士兵失踪，要进宛平城搜索，更扬言如果不让进，他们便要包围宛平城。卢沟桥离平前门30里，为保定北上的交通孔道，当时由第二十九军三十七师二一九团团长吉星文成守。8日凌晨4时45分，日军全面开火，我军奋起应战，进入战斗状态。9日，蒋介石电令在四川的何应钦，立即驰赴南京，编组部队，准备全面抗战。"七七事变"遂成为中日战争的开端。

陈在庐山对来自各方受训的党政军教学员说："全面战争一旦开始，我们必须随时准备牺牲。这次战争必将旷日持久，而时间拖得越久，我们的牺牲也就越大。"每天集合时，陈诚手里拿着一张名单，点叫在场的某一位将领，当面告诉他，你到哪里去率军抗战。记得有孙连仲、汤恩伯、李默庵、王耀武等，不待毕业，即陆续走上战场。当时每个人都希望首先点到自己，这种报国不落人后的场面，令人感动。

九、指挥淞沪抗战

从卢沟桥燃起的抗日战火，迅速向华北蔓延，不到一个月，北平、天津就相继沦陷。8月13日，战火烧到了上海。

早在7月17日，蒋介石在庐山发表谈话称："……卢沟桥事件能否解决，即所谓最后关头的境界：万一到了最后关头，吾人只有牺牲，只有抵抗……"又云："我们的立场有极明显的四点：（一）任何解决不能侵害中国主权与领土完整；（二）冀察行政组织，不容任何不合法的改变；（三）中央政府所派地方官吏，如冀察行政委员会委员长宋哲元等，不能任人要求撤换；（四）第二十九军现在所驻地区，不能受任何约束。这四点立场是弱国外交最低限度，我们希望和平而不求苟安，准备应战而不求战。……"自此谈话发表后，即离牯岭返南京，并令将庐山训练团提前结束，陈诚留办结束事宜。

"八一三"事件发生后的两天——8月15日，陈诚在牯岭接蒋电话，要他立即去南京，有要事相商。陈18日到南京，蒋嘱以三事：（一）赴华北向晋绥将领说明中央之决心与抗战准备；（二）赴上海视察张治中部作战，并协助之；（三）速厘定战斗序列。时陈以抗战月余以来，本人并未担任直接抗战之任何职务，此去究以何种名义从事所赋任务，而且一身又不能赴两地，乃向蒋陈述此意。蒋问："以何种名义为宜？"陈云："如委员长对我机动使用，可给以高参名义。"而蒋则云："仍以行辕为好。"然亦未即发表。至厘定战斗序列一事，当时军令部尚无此等材料，乃于18日晚与白崇禧副总长、黄绍竑、王俊等会商，由陈将各将领之历史、个性、能力口述一遍，作为参考。陈于19日偕熊式辉赴沪视察，20日返南京。途中熊问陈："返京后向蒋报告是否彼此需要一致？"陈答："以分报为宜，如此委员长可多得一份参考资料。"返南京后，蒋询问视察情况，熊云："不能打。"又问陈，陈云："非能打不能打的问题，而是打不打的问题。"蒋问："何意？"陈云："敌对南口在所必攻，同时亦为我所必守，则华北战争扩大已不可避免。敌如在华北得势，必将利用其快速装备沿平汉路南下直趋武汉，于我不利。不如扩大沪战以牵制之。"蒋遂云："一定打。"陈又云："若打，须向上海增兵。"遂发表任命陈诚为第十五集团军总司令，并增调部队赴沪参战。扩大淞沪战争，诱敌到东战场，我军就可按照早在1936年即拟定的持久消耗战略，使日军"速战速决"的阴谋不能得逞。蒋同意陈的上述意见，并委派陈诚为第三战区（包括江苏南部及浙江省在内）前敌总指挥，统率第十八军、第七十四军、第七十五军及在太仓附近的江防预备军（第三十九军）实施这一战略决策。

日本从本土增援军队，在淞沪强行登陆。我国沿江兵力单薄，又无海军支援，因此处于劣势。但我军本来未存侥幸心理，唯一希望是能够持久，以空间换时间取胜。沪战经过三个阶段：8月13日至9月23日为攻势时期；9月24日至10月25日为守势时期；10月26日后为转移阵地时期。在第二阶段曾调整部署为右翼军张发奎、中央军朱绍良、左翼军陈诚。但日本陆海空三军联合作战的威力太大，我军以劣势装备用血肉之躯与敌拼杀，只能做到阻碍敌人快速前进，而没有办法将他们歼灭。不久朱绍良调走，只分左、右翼军，陈诚、张发奎分任总司令。

日军妄想速战速决，用三个月的时间灭亡中国，所以在淞沪战场上投入大量的现代化陆海空军，企图一周拿下上海。我们与日军对抗，全凭挽救国家民族危亡的神圣使命与必死的决心。投入总兵力为75万人左右，伤亡人数约20万，敌亦付出伤亡9万多人的代价，而时间是三个月。这一仗打得很艰苦，但却轰轰烈烈。三十六师曾一度突进江山码头；十八军血战罗店，其九十八师姚子青营全营将士英勇殉国；八十八师团附谢晋元率杨瑞符营452人，固守闸北四行仓库，闻名中外。11月初，陈诚奉命为第三战区前敌总司令。11月5日，我军正与渡过苏州河之敌苦战之时，日军在杭州湾、金山嘴一带登陆。11月9日，敌军后续部队又有增加，我淞沪阵地完全陷于敌人的大包围之中，再撑下去，也只有做更多的无谓牺牲。淞沪会战已经达到早先预期的战略目的，陈想做全面撤退，但是奉命再守三天，于11月11日撤离上海。我军在上海这弹丸之地，英勇地与日军对抗了三个月。

自1937年11月26日放弃锡澄线后，十六师、八十七师、八十八师、五一一师、五十八师、六十六军及新到之第一军参加南京防御作战。12月7日，敌分两路攻破淳化、汤山阵地。8日至11日在南京附近阵地激战三日，迄12日，我守雨花台之八十八师被击破，南京失陷。

十、出任湖北省主席和武汉卫戍总司令

1937年12月13日南京失守后，政府迁往重庆，武汉即成为我抗战前期军事、政治与经济中心之所在。为巩固这一战略要地，乃于1938年1月成立武汉卫戍司令部，任命陈诚为总司令，担负保卫武汉的重任。2月6日，任命陈诚为军事委员会政治部部长，周恩来、黄琪翔为副部长。第三厅厅长郭沫若主管宣传，茅盾、田汉、洪深等文化界知名人士多在政治部工作，全国上下一致团结抗日。6月，陈又被委派为第九战区司令长官兼湖北省主席。7月，三民主义青年团成立，蒋兼任团长，陈诚任书记长。陈诚身兼多项要职，这在国民政府的文武官员中很不多见，充分体现了他在党政军方面的重要性，连当时日本发行的《最新支那要人传》中，也指出陈是蒋介石的后继者。

对日抗战是全面抗战，不仅华中有战事，华北也在打仗，各部队需要大量的干部，于是在军官团、战干团以及三青团中，分别训练大批的青年干部，分派到各部队、机关、学校去服务，其中有的派出工作不久，或因一时不能适应新环境，或因生活上缺乏照顾，或因看不惯团体中不合理的现象，而上告表示不满或请求调动。当陈诚知道这些情况以后，在一次党政军联席会议上，他当着许多战区政治部主任和军政首长的面，特别强调了要爱护青年、教育青年和信任青年，他说尤其对分派到各部队去的青年干部，我们要善加照顾，多和他们接近，为他们解决困难。有几位单位主管向陈诉苦，说这些青年干部能力不足，缺乏经验，公文不会办，只会唱高调。陈听了非常不满，他问："你们不想想你们的青年时代是怎样过来的？青年们刚出学徒，不会办'等因奉此'的公文，算不上什么缺点。他们因为没有经验，对事情便不会有成见，指导他们，也许比对有经验的人更容易。做长官的如果本着'作之师，作之亲'的态度对待他们，我相信他们没有不乐于接受领导的。"

陈诚就任湖北省主席以后，即着手研究如何解决青年人的读书和就业问题。他设法将鄂东、鄂南以及武汉一带上万的中等以上学校的学生，分别迁移到鄂西、鄂北去，以免敌人来了受失学之苦。为安置这些学生，省政府特别设立联合中学，他亲自兼任联中校长，副校长则由教育厅长兼任。湖北省政府在鄂西恩施等地成立了八个联中分校，一方面让一万多青年免于日军的蹂躏，另一方面使文化比较落后的鄂西、鄂北因新设学校而提高了当地民众的知识水平。联中一万多名学生，都是离开父母来到后方读书的，所以衣食、教育等一切费用，都由省府负担。有人曾为此发生过疑虑，怕负担不起。陈便解释说："这一万多青年是我们湖北的精华，最重要的资产，我们一定要把他们视为自己的子女，好好教育他们。如果经费发生困难，宁可把省保安团队裁减一两个团，以所节省下来的钱，造就这些学生。"后来，这一万多学生毕业投入社会，成了当时湖北省党、政、军的有力干部。

6月间，日军分由陇海、皖北西犯，并以主力沿长江南北溯江西上，开封、安庆相继沦陷后，日军即向武汉进攻，企图歼灭我华中主力以结束战局。8月，敌已进犯到赣北、鄂东地区，由于我军在南浔线和大别山歼灭大量敌军，以及在武汉外围我军的坚强抵抗，力求"战而不决"，使敌人的如意算盘不能实现。到10月25日，武汉撤守，达到了以空间换取时间的战略要求。为求进一步消耗敌人力量，陈诚于10月31日在江西杜口张发奎总部召集第三兵团高级将领会议，决定今后继续实行拖延战术，持久抵抗，消耗敌人，然后移驻湖南平江。

十一、政治部长工作

11月25日，蒋介石在南岳召集军事会议。蒋指示全国部队分三期轮流整训，三分之一配备在敌军后方担任游击，三分之一布置在前方抗战，三分之一到后方去整训，一年之内把全国军队整训完毕。

南岳会议结束，陈感到兼职太多，便向蒋请辞兼职。1939年1月31日，湖北省政府主席由严立三代理；4月7日，第九战区司令长官由薛岳代理。陈集中精力于军事委员会政治部工作。

陈在任政治部部长期间，即着力于部队中政工制度的建立和完善，加强政工人员在部队中的责权，提高部队的士气，以增强战斗力量。对团队的政治指导员，尤其注重他们在部队中所发挥的教育功能。此外，对民众的组训工作，希望能够发挥宣传作用。为此，在各地普设军民合作站，以加强军民合作。有好些抗战歌曲，如"军民合作垦春泥""我们军民要合作，挖战壕，送子弹，抬伤兵，送茶饭，我们有的是血和汗"等，都是为配合军中政工的目标而作的。

陈诚在政治部期间，一面加强政工人员的责任与地位，一面增加和外界的联系，时常招待新闻界与文化界人士进行座谈，交换对时局及国事的意见。那时物质条件极其简陋，开会坐的是长条硬板凳，每人面前只有一杯白开水，话说多了润润嗓子，就很满意了。会议中，大家热烈地发言，表现了对国事的关心。

4月，陈诚由重庆到綦江杜市去看中央训练团设在那里的军训教官训练班。该班设在乡间的一个祠堂里，一切设备因陋就简，条件比较艰苦。当时参加受训的学员，有人当过部队的将校主官，有的是专员或县长，对训练班的生活，他们有些不满意，又听说结业后分发到各学校担任军训教官时，在阶级上还要吃一点亏。因此一班学员情绪低落，常发牢骚。学校由政治部第二厅主管，陈在该班住了五天，每天清晨领他们升旗，晚上和他们座谈，耐心地听取他们的意见，告诉他们，即使将来在工作级别上吃一点亏，也不要太介意。他以自己为例说："我于1924年9月初到黄埔军校工作时，校长任命我当上尉特别官佐，可是我原来在粤军第一师已经做过师部独立连的少校连长。我们只要所担任的工作本身有意义，一时职位的高低不必过于重视。"他又幽默地对学员们说："有人说当兵的人是'丘八'，学生就是'丘九'，'丘九'比'丘八'更难带。你们如果能在学校里把学生带好，做一个好教官，将来一定可以到部队里把士兵带好，做一个好将领。"学员们听了他的讲话后，深受感动，抛弃了许多成见和顾虑。临走，陈亲笔写了几句话交给班主任杜心如，请他印发给全体学员作为纪念——"为负重何妨忍辱，欲求全必须委曲。任劳任怨，无愧我心；为毁为誉，听之他人。"

1939年这一年，陈主要的任务是政工教育和组训工作。2月，兼任南岳游击干部训练班副主任。3月，兼任战地党政委员会委员，中央训练团教育长，调训党政军在职人员。

十二、湖北省主席政绩

　　1940年5月1日，盘踞武汉、豫南之日军向鄂北进犯，枣阳、襄阳、当阳相继失陷，逼近宜昌。该地号称"川鄂咽喉"，战略地位重要，但江防部队抽调一空，军委会才派政治部部长陈诚为右翼兵团长，陈仅带少数参谋人员赶到宜昌三游洞，情势已无可挽救。6月10日，宜昌沦陷。7月1日重设第六战区，包括鄂西、湘西、川东、鄂中、鄂南之一部地区，以陈诚为司令长官，政治部长改由张治中继任。9月，陈又兼任湖北省政府主席。陈到达鄂西恩施（战时省会），坐镇陪都的门户，亲理省政。

　　湖北全省共有71个县市，比较富庶的县都已沦陷，剩下来可以行使政权的鄂西、鄂北等31个县，都是贫瘠之地，人民以杂粮充饥。而且这些地方在军事上又分别隶属于第五、第六和第九战区，实施省政非常困难。陈诚到职以后，以建设三民主义的新湖北为目标。在民政方面，实行二五减租；在财政方面，以民生主义的经济政策为重点；在教育方面，以计划教育为依据；在社会方面，以取缔不良分子和土豪劣绅等恶势力、保障人民生活为目的。

　　鄂西的土地贫瘠，若遇天灾，民食军粮便发生问题。1940年年底，雨水稀少，天气干旱，陈发动各厅处的员工以及地方团队，协助农民车水灌溉，自己也抽空到田间观察督导。他觉得农民受地主剥削太苦，决定照孙中山先生民生主义土地政策的步骤，在湖北推行二五减租。实行以后，农民收益有显著的增加，农村逐渐繁荣，以至整个鄂西次第开发起来。

　　财经方面，订颁民生主义经济政策，其内容概括地说，即增加生产，征购实物，物物交换，凭证分配。在各县普遍设置交换站，以便农民以米、麦、黄豆、木柴等，到交换站换取日用品、食盐、肥皂、毛巾、布匹等。又在各县设置平价物品供应处，人民所需日用必需品，可凭证到平价供应处去买。此外，还在各县设"民享社"，除平价供应一般旅客食宿以外，更兼办婚丧喜宴，使人民不但享受平价，也获得方便。

对公教人员，以家庭人口多寡发给实物配给，有柴、米、油、盐、毛巾、肥皂等。每人半年配给白布三丈，每人每星期配给猪肉一斤。大家生活虽然清苦，但很安定。当时恩施地区公教人员连同眷属共有五万多人，在计口授粮的制度之下，人人按登记的数目领粮食，有条不紊，很少出现空缺及舞弊的情形。

抗战时期公教人员待遇菲薄，但在湖北每人吃的是配给米，穿的是土布制服，生活水准一致，谁都没有怨言。有中央官员公出到恩施，起初不习惯，如办公室里清一色的土布制服，谁是工友谁是职员也分辨不出，连陈诚自己也是一套土布衣服。但是几天下来以后，看见这个山城小县，处处充满兴旺气象，日里农民努力生产，教室里的学生埋头攻读，机关的公教人员奉公守法，整个鄂西秩序井然，社会安定，也不得不表示赞叹。

土豪劣绅是久已盘踞在鄂西、鄂北的地方恶势力，他们横行霸道，鱼肉人民，更私种鸦片，开设赌场。老百姓染上吸鸦片恶习之后，整天无精打采，哪还有精神工作？这也是当地经济困穷的原因之一。陈诚把有关整治治安法律的规定找出来，再以军事长官的名义配合运用军法，法纪严明，任何人违犯法纪，他就严加惩处。有两个县长在任内贪污，一经告发，查证属实，立即判以重刑。所以不到两年时间，当地的鸦片和土豪劣绅两害，便被扫荡绝迹了。

陈诚喜接近民众，每次出巡各县时，都会有很多地方人士和老百姓向他提建议和意见，或反映情况，他都一一记在手册上。他除了勤政爱民，也爱护青年学生，尤其对他创办的联中，因为多是流亡学生，对他们更加照顾，时常亲自参加他们的活动，以资鼓励。有一位鄂北联中分校的学生陈振绅，他记得在1941年秋，陈诚到鄂北专员公署主持军政会议，还特地抽出时间到学校向他们讲话。联中学生是公费待遇，军政会议上多数人都认为军粮负担重，应该取消学粮。陈力排众议，说这些流亡学生就是我们的子弟，我们怎么能让他们挨饿。他还勉励同学，读书的机会是多么难得，要努力求学；敌人虽然在我们周围，但抗敌御侮，由他负责，学生的责任就是安心读书。陈振绅说，陈兼校长的话他永远记得。他后来加入空军，也是受了陈的感召，从军报国。

十三、奔波于滇鄂之间

1943年，陈诚任远征军司令长官，六战区司令长官则由孙连仲代理。早在1938年10月广州失守后，我国的海外交通联络被日军封锁，只靠海防、仰光两条国际通路，用来运输军用物资。可是自1940年6月，法国将越南这条陆路通道封锁；7月，英国又将缅甸这条陆路封锁，使我国陷于与外界完全隔绝的困境。就在此时，国际形势发生了重大的变化。这年9月，德国、意大利、日本结成军事同盟，与英、美形成对立。10月，英国考虑切身利益，宣布重开滇缅公路。11月，美国总统罗斯福发表谈话，宣布中、美、英三国要维持密切的关系，并借款援助中国。此时意大利对英、法进行宣战，1941年德国相继进攻苏联，促成英、法、苏的联合而与德、意对抗。世界形成两大壁垒，于是中日之战，自然成为世界大战的一部分。中国果然需要国际援助，英、美也需要中国以牵制日本的军力，这是第一个对我有利的国际形势转变。"珍珠港事变"以后，日本又对东南亚以及美、英等国的殖民地展开突袭，于是英、美等10余个国家向日本宣战，日本也对英、美宣战。中国单独抗战了四年，此时转变成中、英、美对日本的共同作战。1942年元旦，中、美、英等26个国家，在华盛顿签订了一个共同宣言，一致对德、意、日轴心国联合作战，并且共同推举蒋介石为中国战区的最高统帅。1月19日，美国派史迪威将军担任中国战区最高统帅部参谋长。8月，中、美双方参谋人员，共同修订由军委会研拟的练兵计划，拟编训30个师，完成后担任收复缅甸的主力。1943年1月，陈诚和外交部部长宋子文及美国总统代表史迪威就练兵细节，做进一步磋商。2月11日，陈诚奉令为远征军司令长官仍兼原职，第六战区司令长官则由孙连仲代理。这时，打通滇缅路，训练新兵，准备总反攻，是当务之急。3月，陈与史在重庆晤谈之后，决定在昆明建陆军训练基地，调集各部队干部8000～9000

人，空运到印度兰姆伽训练营，对新式武器的性能和使用方法加以操练。3月底，陈诚赴云南楚雄远征军司令部到任，次日赶往大理训练基地，对干部讲话说："这是中印缅战区的联合作战，对中美两国有莫大的关系，倘若一战成功，就可以开辟由印度到中国的陆路交通供应线，这不只是抵御日军侵略的自卫战争，也是争取同盟国全体胜利的战略决战。"

5月初，陈拟订远征军作战计划，预计在8月底完成作战准备后，就以恢复中、印、缅水路交通，以及协助英印盟军收复缅甸为目的，向日军发动攻势。

正在这时，六战区当面之敌，为击破我鄂西主力，打通长江中游航线，攫取我洞庭谷仓，并摧毁我重庆门户计，乃抽调其精锐部队七个师团，总兵力约10万人，分别集中于华容、藕池口、弥陀寺、宜昌附近地区，同时于汉口、当阳集结飞机百余架，由其十三军司令横山勇指挥，于5月5日向我疯狂进犯。

陈诚在云南获悉日军西犯，乃又飞回恩施指挥作战，命令各部队以坚强的抵抗予敌以不断的消耗，并将敌诱于渔洋关、亘石牌之线，然后转移攻势，压迫敌人于大江西岸而歼灭之。5月24日，敌于清江两岸及攻击石牌之部队，总兵力约六万人，敌十一军军长高木义人亲至宜昌指挥，似有一举攻占我第一线要塞，威胁恩施、巴东之企图。际此关键时刻，我重庆最高统帅部当即严令江防各守备部队诸将领，明确指出："石牌要塞乃我国之斯大林格勒，为聚歼日军之唯一良机。"我军各级指挥官奉令后，均抱与要塞共存亡之决心。如守备石牌第一线之十八军十一师师长胡琏，当战斗激烈时，陈诚司令长官打电话问他："守住要塞有无把握？"胡斩钉截铁地回答："成功虽无把握，成仁确有决心！"其英雄气概，颇为陈诚所赞许。

26日、27日，江防军方面激战最烈。全体官兵先后毙敌3000～4000人。正面之敌经我猛攻，敌第三、十三师团之后方被我截断。此时我出击部队攻克渔洋关、聂家河等，继续扩大战果，而敌对石牌正面之攻势，亦告顿挫。同时，地面我军在空军的配合下，全力反攻，遂将日军向长江沿岸压迫。5月30日，陈诚司令长官下达全线追击命令，各军不分昼夜向溃退日军追击，曾在聂家河、宜都、枝江等地，几经激战，击毙伤敌一万多人。我先后克复宜都、枝江、松滋、沙道观、公安、申渡、班什垱、陡湖堤等地，敌退守华容、石首、藕池口，我军完全恢复5月5日以前之态势。此役，陈诚以下有功将领如胡琏等，均获青天白日勋章。鄂西战役胜利结束，陈诚仍回云南楚雄，继续筹划远征军的训练及作战计划。

侵华日军于鄂西会战失败后，忙于整理补充，加之我各战区不断对其进行局部反攻，有四个多月，未有进扰行动。嗣后，鉴于太平洋盟军之攻势逐渐增强，敌海上航路渐有中断之势；而英、美、苏三国于1943年10月23日起，在莫斯科举行外长会议，同盟国军对日、德、意作战到底的形势，愈加坚定；尤其中、美、英三国首脑会议亦将于11月间在开罗举行，势必又将加强对日作战的全盘战略计划。日军出于战略目的，由各地抽调约七个师团的兵力，于1943年11月2日，再次开始向我第六战区发动全面攻势，由敌十三军司令官横山勇驻沙市之观音寺，亲自指挥，分路向我正面进犯。

战斗开始后，司令长官陈诚由滇飞回恩施，指挥全盘战役，代司令长官孙连仲到湘西沅陵设前进指挥所。陈根据敌情所进行的战略布置是：将敌主力吸引于沅江两岸地区，以正面逐次抵抗，而我主力由西北方面之轴心攻击，将敌压迫于洞庭湖畔而歼灭之。

这次战役，敌在鄂西和澧水沿岸遭到我军的痛击，又在常德鏖战多日，经过激烈之争夺，到12月22日，我军已先后克复安乡、南县、澧县、津市、公安、松滋、枝江等地，迄12月30日，各路来犯之敌均被我击溃，敌妄想占领我常德之企图，遂被我完全粉碎。

此次常德会战，战斗异常激烈。第九战区及时派第十军增援，七十四军五十七师坚守常德。我空军先后出动261次，使用轰炸机280架次，驱逐机1467架次，以轰炸及扫射常德、华容、石首、藕池口等处敌之人马、物资、仓库、码头、船只及其他军事设施，均给予毁灭性打击。在空战中，我击毁敌机25架，击伤19架，同时在地面摧毁敌机12架。陈司令长官对空军将士之英勇作战，当面对其第一路司令张廷孟表示嘉奖。我地面作战将士，不顾雨雪交加，朔寒凛冽，前仆后继，果敢杀敌。总计毙伤敌军第十三师团长赤鹿里、第三十九师团长滋田赖四郎以下四万多人。我军伤亡亦大，暂五师师长彭士量、预十师师长孙明瑾、一五〇师师长许国璋以及一九九师的团长叶迪等多位将校，均于是役壮烈殉国。

常德会战以后，陈诚又回到云南。他在远征军司令任内最感头痛的是史迪威和龙云两人。史迪威常擅自更改中国战区最高统帅的命令，将远征军看成他私人的部队，于他有利的仗才打，而不管我们的需要。对罗斯福批拨给中国的军用物资，他也另作别用。对之须得小心应付，才能维持合作。龙云在云南，取得该省政权，割据坐大已久，财多兵众，实力雄厚，好似一个土皇帝。此人不易相处，比史迪威犹有过之。

陈向以诚信待人，因此许多需要交涉或缓解的事，蒋常派他去斡旋折冲，使之归于协调。即使不易相处的龙云，陈还是和他处得不错，1943年10月10日，国民党中央在重庆召开十一中全会，龙云原来不想去参加，陈坦诚相劝，说国难当头，不要有意气之争，应推诚置腹、共体时艰；而且一个人要有气度，什么事不能只看眼前，还要看将来。经过他一番肺腑之言，龙云欣然赴渝参加十一中全会。

十四、抗战最艰苦的一年

1944年是中国长期抗战过程中最艰苦的一年。这一年的军费支出是1938年的138倍。国库支出，物价高涨，人民生活困苦。日军为开拓大陆交通线和南洋的联络，由东北抽调准备进攻苏联的一部分兵力入关，这年春天，日军发动"一号作战"，首先进攻河南，打通平汉铁路线，继而进犯湖南，打通湘桂铁路线，确保他们在南洋的通路和在中国大陆的补给运输线，当其发动"一号作战"时，我军比较精锐的主力，正在缅甸北部和云南西部与敌作战，第二、第九两战区在豫、湘的防御力量薄弱，被其各个击破，郑州、洛阳相继沦陷，长沙、衡阳、桂林、郴州也先后弃守，局势出现最危急的情况。

陈诚于6月间，曾奉命前往西安，协助整顿西北局势，对于辖区军队及军事委员会所属单位有指挥整顿之权，对各党政机构为配合军事，也有指挥之权。7月，陈被任为第一战区司令长官兼冀察战区总司令，前往豫西、西安分别召集部队长及政治部主任举行作战检讨会，又召集党政干部检讨中原战役的得失及改进措施。这时他身负统一指挥监督考核豫、陕、冀、察、苏、鲁的党政军一切事宜，所辖的部队共有9个集团军，下辖23个军。

日军"一号作战"共动用了40万军队，7万马匹，1.2万辆汽车。而我军因交通的困难，配备的不足，及部队缺员不能及时补充，节节败退。兵役行政上的弊端，如不改进，我军作战的能力就难以发挥。11月，陈奉命担任军政部部长，负责整饬军政。

这时，重庆国民政府鉴于史迪威无法与之合作，与美国政府几经磋商，罗斯福将其召回国，另派魏德迈来担任中国战区参谋长，魏能会是奉命来共谋联合作战及改善中美关系的。12月初，中美联席会议举行第一次会议，陈诚与魏德迈各自代表中国与美国领衔出席，双方用友善而相互尊重的态度来解决面临的问题。中美联席会议每周一次，战时各项设备虽很简陋，但陈却将会议室布置得十分完善，通信设备、各地战况及各项情报也准备齐全。魏德迈建议成立专门指挥中国野战军的总司令部，并向蒋、陈建议：缩编军队，提高部队待遇，主张全国军队应提高到和驻缅甸、印度军队一样的标准。中国抗战十四年，沿海富庶地区先后沦陷，财政短绌，难以做到这一点，但裁编军队和改善部队生活却势在必行。

整饬军政是要充实军队担负反攻任务的能力，以及普遍改善官兵的生活。裁并机构、淘汰冗员是整体计划中的两大项目。陈诚计划的第一步，做到配合国家预算的程度，就要裁去120万兵员。他决心先从自己所在的一、六两战区着手，一战区裁去陈金城、刘安祺、马励武等几个军，六战区裁去朱卿卿、罗广文、刘尚志等几个军。刘、马、朱、罗诸人都曾在十八军任过职，是他的老部下，陈、刘两人也曾在战区归他指挥过多年，他是下了决心的。至六战区裁去的师有预四师、暂一师、暂六师、暂三十二师、暂三十四师、暂五一一师和六一七师（部队拨补三十军，仅留番号）。这些师长如王中柱、勒力三、留光天、阮齐、吴啸亚、李才桂等，都是跟随他多年的老部下。这种不徇私情的风度，推动了整编计划的顺利进展。

陈在军政部长任内，提倡科学救国和建国，选拔优秀教授和学者，送往美国研究现代科学，以备将来发展国防科学的需要。当时兵工署长俞大维，就推荐物理教授吴大猷和另外几位数学、化学教授出国深造，他立即批准，并规定每位教授可以带两个助手同行。吴大猷便带了李政道去从事物理学方面的研究。这两位在学术上都有很高的成就，在国际上颇有声誉。吴大猷后来回到台湾，李政道于1957年获得诺贝尔奖金。

1945年5月，陈诚当选为国民党第六届中央委员。6月，兼任国防研究院副院长。他服务军职以来，除了常任军队主官，经历遍及党、政、训练、教育、军事学术研究等各项重要职务，他的才能是多方面的，对国家和民族的贡献也是多方面的。

在这一年多的时间里，我向陈诚推荐了王严、王中柱、勒力三等任副军长，杨勃、周天健等任师管区司令，彭战存、高魁元、邱行湘、李仲辛、留光天、王士翘、杨达等任师长。

1945年5月1日，德国法西斯头子希特勒自杀，9日德国投降，所谓德、意、日轴心国已经解体，欧洲战场战争已经结束，只剩日军孤军作战。太平洋上的美军于4月1日在硫磺岛登陆，6月30日完全占领冲绳，大批美国飞机轰炸日本本土，日本已呈现土崩瓦解之势，抗日战争胜利的曙光已在亚洲的东方展现。

十五、接收和整编

1945年8月15日，日本向同盟国宣布无条件投降。抗战十四年以来，我国军民浴血奋战，艰苦备尝，终于获得最后的胜利，欢欣鼓舞，难以言宣，鞭炮齐鸣，响彻原野。官兵群众争相奔走呼告："日本投降了！我们胜利了！"

8月下旬，陈诚由重庆到汉口、南京、北平等处巡视。这时日军有100多万军队在我国境内，我军必须立即赶到广州、长沙、武汉、南昌、安庆、南京、上海、杭州、青岛、济南、郑州、石家庄、北平、天津、山海关、太原、归绥、包头等20多个重要城市，解除日军的武装，维持当地治安。武汉是由侯镜如和我指挥的两个军将日军武装解除的。

9月初，陈在南京部署有关日军受降事宜。9月9日，我国派中国陆军总司令何应钦将军代表中国政府接受日本投降。

复员工作中最重要的是部队的整编。抗战胜利后，这项工作更显得迫切。11月25日，陈诚在公开演讲中指出：自1937年抗战开始，到1945年，国内计有124个军，354个师，36个独立旅，28个独立团，15个独立营。10个月来，裁减了31个军，111个师，28个独立旅，23个独立团，10个独立营。同时军事机构原有4550个单位，裁并了1779个；军事学校原有92个，裁并了70个。总计原有兵员590余万人，整编后是430余万人。经过这次整编，军中员额数比较实际，减少了国库的开支，也树立了新的军纪。

12月，陈奉派担任中央军事结构改组委员会主任委员，蒋介石特别指示：以国家利益配合目前及将来的需要彻底调整，改组时要参考美国的军事系统与组织原则，希望在1946年5月底完成。

1946年1月在重庆召开的政治协商会议通过了五项议案，其五是关于军事问题的协议。这个协议规定有"军事三人小组应照原定计划尽速商定中共军队整编办法，整编完竣"；国民党军队"依军政部原定计划，尽速于六个月内，完成其90个师之整编"；"上两项整编完竣，应再将全国所有军队，统一整编为50个师或60个师"。据当时武汉行辕副主任郭忏，到两党军队统一整编时，内定以胡琏的十八军和宋瑞珂的六十六军及中共中原军区李先念所部，各编成一个师，归武汉军区司令郭忏节制。

1946年2月底，陈诚在上海医治胃病，我和十八军军长胡琏于南京整编会议闭幕后，即联袂赴沪探望。陈殷切希望整编军队工作能按计划完成。我说整编原则公开，三个师的军裁去三个团，两个师的军裁去两个团，我六十六军按新编制六个团，多余1000余人，遣送回籍，多余军官照原级送往军官总队。这两项工作做细致一点，当无问题。地方部队（有人称他们为杂牌）裁去三个或两个团，可能还补不足额。并说了在会上有人对整编计划表示怀疑和不满。陈喟然叹曰：平时任何富有国家，也养不起大量的军队，何况我们是穷国。战后百废待举，要发展经济，改善人民生活，军队不裁不行。我说："这话委员长和魏德迈在大会上都说过了，但是现在有人竟不顾国家民族利益，说什么'整编是消灭杂牌军，扩充中央军'。"陈又说："我们秉公办事，或毁或誉，听之他人。"

到1946年5月和6月，各军都按计划整编完成。5月军事机构改制，6月成立国防部，陈诚出任参谋总长兼海军总司令。

十六、东北挫败

全国人民渴望和平，讵料1946年7月内战爆发，我国人民又陷于灾难之中。

1947年5月，我因公赴南京，适陈在徐州顾祝同的陆军总部，顾请他出见我。我说国共两党曾合作北伐，又合作抗战，我们都是炎黄子孙，都是中国人，都希望能够合作建国。谁料刚罹十四年抗战的痛苦，今又面临内战扩大的灾祸，人间的悲剧真非当年您我投身革命始料所及。陈说，整编我虽按计划完成，但未能统编，是国家的不幸。言下彼此叹息不已。

抗战胜利之初，国民政府派熊式辉为东北行辕主任，负责接收事宜；而以杜聿明为东北保安司令长官，主持军事。1947年8月25日，陈诚奉令以参谋长兼东北行辕主任及东北行辕政务委员会主任委员。9月1日，他到沈阳就任。东北是一个资源丰富的好地方，帝俄、日本都打这个地方的主意。从"九一八"事变直到抗日战争胜利，日本在这块土地上制造伪满洲国。日本投降之后，由于接收人员的贪污，军队纪律的败坏，国共两党又启战争。陈在一次公开演讲中说："在这里，官多于兵，兵多于枪，各部队不负责作战，反而去做生意，做政治活动；各级地方政府收编杂色游击队伍为保安团，将保安经费数字列在预算第一位；这些保安团打了败仗，各自逃走了事，这简直是祸国殃民的行径。"

陈诚决心从整饬军纪和惩治贪污做起，而又从行辕本身做起，从科长以上人员着眼。例如有个叫田湘藩的中将，公开办的是"兵学研究会"，暗中却开赌场，陈就把他逮捕归案。本溪区有个保安司令李耀慈，弃职潜逃，捉到后，立即以弃守处以极刑。某管理处有个少将李修业，利用职权勒索钱财，便加以拘捕。有一少将刘少辉收编军队买空卖空，被逮捕法办。沈阳警备司令彭某亦被撤职。当报纸披露这些事情后，大快人心，机关及其他部门负责人知其厉害而收敛得多了。辽宁省参议会议长马愚忱开玩笑说："熊式辉是内科大夫，只给点药，治不好病；陈主任是会开刀的外科大夫，对东北的恶瘤开刀，大家可以给亲属签字信任。"

东北有复杂的历史背景，胜利后复员接收的工作又没有做好。陈诚到后，虽竭力整顿军政，改善人民生活，但情况已不可挽救。他的胃病复发，仍带病坚持工作，病情日见严重，溃疡部分时常见血，蒋介石曾特派内肠胃科权威戚寿南大夫到沈阳去替他诊治。

1948年1月20日，国民政府宣布设立东北"剿匪"司令部，任命卫立煌为总司令。2月5日，陈自沈阳飞返南京，稍作停留，即往上海，住进国防医学院，接受治疗。5月12日，遵医嘱辞去参谋总长兼海军总司令职。10月，自上海移居台北草山疗养。

1948年12月29日，陈诚临危受命，出任台湾省政府主席。

十七、周恩来说：陈辞修是爱国的人

1947年7月在鲁西战役我被俘后，几近20年，虽间或从报章上、从昔日袍泽来往中，获悉辞修先生在台湾的政、经举措，颇多建树，然天各一方，未获一晤。因此只能回忆在大陆的20多年间的往事。综其立身，给我的教育、感受颇深，再补记一二。

陈单名诚，他立身、行事与待人，也最重诚字，确是人如其名。他痛恨谎言诬语、巧言令色，他厌恶说大话、说假话、说空话、不做实事的人。因为诚，立身行事，从不苟且，是就是是，非就是非，不容丝毫假借；因为诚，爱人如己，疾恶如仇；因为诚，不轻然诺，重信守约。

陈的勇与他的诚相映生辉。他作战勇敢，往往在最危急的时刻，他出现在第一线，力挽狂澜，转变局势。他勇于任事，勇于负责，勇于任怨，勇于任谤，勇于言他人所不敢言，勇于为他人所不敢为。尤其当重大问题需要处理时，稍有迟疑、畏缩或瞻顾，便造成严重的后果，或错失良机，因为他勇敢，就能当机立断，防患于未然，定大计，决大难。

陈凡事以身作则，禁止赌博、吸烟，自己先做到，而后要求部下。因之他的助手郭忏、周至柔都不敢在他面前吸烟。夏日行军顶着烈日，不戴斗笠。他要求服装整齐，即使在酷溽盛暑，他起床后即打好绑腿，直至晚上就寝才解脱，从任团长时起到师长、军长，直到任总指挥时都是如此。我曾任他总部警卫团长两年多，我看他天天这样，从未松懈。这样一位高级将领，还以身作则地严格讲究遵守军风纪律。他之敢于严惩贪污人员，首先因为他本身廉洁。

黄少谷先生回忆与陈相处的印象，就以四个字来概括，即忠、诚、勇、拙。拙就是乡村的淳朴之风，简言之，就是乡气。他以拙制巧，以简驭繁，直道而行，不耍手腕，就是拙；他身居高位，仍布衣粗食，过勤俭艰苦的生活，保存一份乡气；他喜欢打网球，不喜欢那种近似奢侈的"高尔夫"球，这也与乡气有关。这乡气就是拙。

更难得的是他的夫人谭祥女士，真是端庄大方的贤内助。她出身于名门显贵之家，又是留美学生，却一生和陈辞修过着勤俭朴素的生活。回忆我三次见过她的印象：第一次是在江西南城，1934年春，陈任总指挥时，我陪他视察城堡，看完后，陈说我家离此不远，你去休息一下再走（当时我住南丰）。他的住所是租用的民房，到他家后，夫人出见，将她大女儿陈幸带在我面前，命她叫我伯伯。我见她穿着阴丹士林布旗袍、布鞋，不施脂粉，与一般少女服装一样。第二次是在1937年7月的一个星期天，这时陈在庐山办训练团，我有事到他牯岭寓所，坐落在后面山坡上的住房，又矮又窄，夫人的穿着仍是布旗袍和布鞋，勤俭朴素，平易近人。第三次是1945年6月，在重庆山洞寓所，平房比牯岭的房子稍微宽敞，但比其隔壁龚某（曾任江西建设厅长）的房子要差些。夫人穿的浅淡色的布旗袍，和蔼可亲。这时陈任军政部长，比起前面川军某师长的房子差得更远。这样一位身跻要位的将领，施政廉洁，治家淳朴，怎能不令人景仰而敬佩！

　　1965年7月18日，周恩来总理来上海欢迎李宗仁来归，到虹桥机场欢迎的有党政军负责人陈丕显、曹荻秋、陈东生等多人，有从北京来的陈毅、叶剑英，还有各民主党派及各界人士赵祖康、贾亦斌、吴和轩、刘靖基、王造时、沈体兰、胡德培、赵超构、李储文、罗冠宗、张家树、马人斌、沈克非、陈长捷等50余人，我亦列于欢迎者之中。在李宗仁来到之前，周总理在候机室谈及台湾问题时说："……陈辞修是爱国的人，他坚决反对美国制造两个中国，可惜他身体不好……他临终时留有遗嘱。台湾当局要修改发表，他夫人反对，说要不就不发表，要发表必须原文发表。"旋即说了一遍陈诚的遗嘱（编者按：遗嘱全文始终未提到"反共"等字句，参见本书附录）。这是我直接听到的、对陈辞修盖棺论定的评述。

我所知道的陈诚

杨安铭*

一

1919年秋，保定陆军军官学校第八期开学。我于这年8月从日本回国后被派到第五队当上尉分队长（全队学生120名，有中校队长一，上尉分队长三）。该校自第一期起各队系按兵科单一编组，及至第八期，仿效日本士官学校的兵科混合编组，从第一队到第八队，皆为混合队。第五队学生中有名陈德者，身材矮瘦形容邋遢。由于校方效法日本陆军学生（军官、士兵同）不许蓄留长头发，因此他那个"癞子头"更显得寒碜。1919年秋末，学校又恢复旧日的单一兵科的编组，于是我去当步兵第三队的分队长。陈德编进了炮兵队，分队长先后为钱大钧、黄琪翔、李大同、朱乾元等人。这位陈德就是后来鼎鼎有名的陈诚。陈诚那时为什么叫陈德呢？北洋政府训练总监部招考第八期学生的时候，硬性规定要以证书为凭的高中毕业生。于是借用别人文凭报名投考者颇多，陈诚即其中之一。有的人于开学后编造理由要求改名。陈诚的文凭上是否更正，无从忆起。

第八期（约1000名，计步兵四个队，骑、炮、工、辎各一个队，每队

---

* 作者系保定军校第八期分队长，曾任国民党陆军整理处中将副处长。

约为120名）自1919年秋开学起至1920年夏初，各兵科教育同以前各期一样。1920年夏，皖直战争爆发，军校校长贾德耀与段祺瑞是同乡，皖系色彩浓厚。因此，以保定为根据地的直系头子曹锟、吴佩孚为充实实力，以"借用"为名，将军官学校第一期校长蒋方震惨淡经营遗留下来的枪、炮、马匹、弹药、器材、车辆、工具等掠取以去，迫使军校不得不停顿解散，学生各自回籍听候召集。陈诚回到浙江。迨1921年秋初，贾校长向各方呼吁，才勉强复校，召回学生开课。可是，这时候在教育方面，只有啃书本，纸上谈兵，每日操场野外的教练演习，步兵科没有步（机）枪，骑兵科没有乘马，炮兵科没有火炮和马骡，工兵科没有各种器材和工具，辎重兵科没有车辆和骆驼、挽马。加之自1922年春以降，教职员闹欠薪，不断地罢教，学生挨到1923年毕业，挣到文凭离校，各奔前程。

二

我跟陈诚第二次见面，系在1934年3月。这年2月中，所谓杂牌部队的华北各军、师、旅将领，分批南下到南昌，进见正在指挥"剿共"的蒋介石和参观所谓"新生活"运动。为了吸取"剿共"经验，指定了黄杰（达云）、李端浩（养吾）和我领导这批头目二三十名（东北军、西北军的中将师长和少将旅长）乘车南行到南城——南丰，参观所谓"公路碉堡政策"的公路和碉堡。我遂于南城第三路总指挥部见到总指挥陈诚。当时陈诚为了表示"与士卒同甘苦"，穿的是灰布军装、布鞋、打绑腿，又故示"俭朴"而以四菜一汤来招待我们这批远客。他讲述了"剿共"的战略、战术和所谓"公路碉堡政策"的"成绩"。当我们要求看看他所谓"士气旺盛"的"剿共"部队之时，才知道他手里没有掌握总预备队，已经倾巢而出地看守碉堡去了。最后他只得把约500名穿着半军半民服装的所谓"铁肩队"的队伍，摆列出来，让我们检阅。我们检阅毕，陈诚要我代表来宾对铁肩队讲话。当时我没有准备，只得临时瞎编胡诌了一篇演讲词，说是"中国上古军民不分，农民就是兵。兵字由'丘八'二字组成，即说明上古井田制的实行，是八家共耕公田然后各种自己的田，无事耕种，有事则这八丘的农民就持干戈去捍卫家国，所以才将'丘八'称为兵。因此，希望铁肩队好好服务，捍卫乡里，完成'剿共'大业……"我们离开南城时，陈诚赠给每人江西景德镇瓷器——茶壶一把、小杯四只。壶上印着"礼义廉耻"和"陈诚赠"字样，价值不过一元钱。受礼者背地皆道："这小子真'小店'（北方土语'吝啬'之意）。"

三

我与陈诚第三次见面和相处，是1934年8—9月。1933年夏，蒋介石为了"剿共"，曾在江西庐山设立暑期军官训练团，分三期轮流召训"中央军"的各级军官。1934年2月华北各杂牌队将领到南昌进见后，蒋以为"众心归附，将士可用"，乃于这年夏季又在庐山续办军官训练团，专门召训各杂牌队的将校级军官，分三期入团受训。计6—7月为第一期，7—8月为第二期，8—9月为第三期。每期总额为1500名，分三个营，中将级军长充当营长，中（少）将级师长充当连长，上校级团长充当排长……这里只就有关陈诚的情况做些叙述。

庐山"军训团"系蒋介石兼任团长，陈诚任副团长，主持团内一切事务。这年4月，我带着东北军步兵108师蹿入鄂、豫、皖三省边区进行反共"驻剿"。8月中，我在宣化店接到三省"剿总"主任张学良电报，嘱我赴庐山"军训团"当战术教官。我到庐山五老峰下团部报到，见到陈诚即问道：师长级不是都当连长吗？我为什么当教官，还要备课？陈答道：这里的队职人员和职员以及学员，系以"兼团长蒋中正"名义下"派令"或命令，唯对于教官和讲师则下聘书，这是"尊师重道"的意思，所以要请"老师"来当教官。这时庐山"军训团"的教育训练，首先要发扬"尊师重道"的"师统观念"。蒋介石每次"训话"中已隐然以"老师""家长"自居，最后要求达到替他效命疆场、屠杀人民的目的。居第二把交椅的副团长陈诚就是根据这一意旨来计划和施行这一反动教育的。陈诚来个"以身作则"，首先自己"尊师"以求人之"尊师"。因此，他以"重礼"聘请昔日（1919—1923）在保定陆军军官学校当过教育长的刘文岛来团讲"道"。陈对刘当面称"老师"，对众称"刘老师"，众以"刘老夫子"称之。当时规定，凡蒋、陈"训话"和几位"大人物"（如汪精卫、何应钦、黄郛等）以及"刘老夫子"的讲"道"，无论何人都要去听。刘系我的旧长官，我为了服从规定，只得克服备课之忙，听了两次。一次似乎讲"尊师重道"的原理，好像把韩愈的《原道》和《师说》两篇文章糅合起来阐述一遍。一次讲的是"中国道统"，把尧、舜、禹、汤、文、武、周公、孔子、孙中山、蒋介石，说成是"中国正统"。刘大捧特捧"蒋委员长"之同时，大骂共产党是"匪"是"寇"……以刘文岛为首的"法意派"，成天在鼓吹所谓"世界三杰"——希特勒、墨索里尼、蒋介石统治世界，来配合"中国正统"人物的统治中国。据悉，刘文岛之不顾肉麻来捧蒋，乃200元之故——陈畀刘以挂名参议，月支干薪200元（直至其死）。

陈诚还自以为是，盛气凌人。每次讲话除大骂共产党外就是骂北洋军阀，而说蒋介石是"革命领袖"。这在当时受训的对象来说，无异于"当着秃子骂和尚"。某日升旗后，蒋介石"训话"毕，陈诚接着讲了一通，越讲越冒火：你们这些军阀余孽，还想像过去那样当军阀祸国殃民吗？要知道北伐成功了，军阀当不成啦！你们要当"匪"吗，尽管去，我有本事剿你……可是他在讲话中，把"马革裹尸"说成"马草裹尸"，把"蔺相如"说成"兰相如"。听众怒形于色，不欢而散。我到团附将官（上将级）室去闲聊。孙连仲对我说道：刚才团长先讲的那些话，我都接受啦！可是后来副团长又把它掏出去了。你们在保定怎么教出这样的徒弟？我答道：他就是这个脾气嘛！1934年庐山"军训团"第三期结业前夕，陈诚的部下薛岳（第一营营长）对该营全体学员官长讲话时，效法陈诚的作风，大骂"军阀余孽"，犯了众怒。解散回宿舍后，有的连长将薛岳所赠的相片撕毁或退回，并声称翌日"结业典礼"不参加。陈诚听到这一消息，大为恐慌，乃找李端浩和我前往调停，把这一小风潮平息下去了。

陈诚的又一作风是与"尊师重道"相联系的"怀旧报恩"。1926年北伐之际，陈诚充当二十一师师长严重（字立山，湖北人，保定军官学校第五期出身）部下的团长。1927年宁汉分裂，严辞去师长职位而保举陈诚继位。之后，北伐军与孙传芳作战，陈因"作战不力"被何应钦撤职。严又拉陈当他的副手（军政厅副厅长）。于是陈对严感恩怀惠，时溢言表。1934年夏，严与蒋介石闹矛盾，不愿做蒋家王朝的官，特于庐山之下结茅庐隐居，躬耕自食。据闻蒋曾往访严，严故避走；独于陈之过访，则促膝谈"天下事"，对蒋之措施亦多所批评，并希望陈对蒋有所诤谏。陈劝严出山"共济时艰"，严没有答应。陈乃留下财米以周严之贫困，并于归团之后对我们娓娓道及此事，说"立山先生清高可钦"云。

四

我与陈诚第四次较长期间的相处，是在武昌武汉行营陆军整理处时期。1934年，张学良以东北军大部和其他杂牌军之一部（如郝梦龄的五十四师）共约五万人，"围剿"鄂、豫、皖三省边区徐海东所部红二十五军万人。同年10月底，红二十五军为了抗日全部北上，于是"三省剿总"改组为武汉行营，组成班子大致如下：

主任张学良（汉卿），秘书长杨永泰（畅卿，以后接张群后任湖北省主席）

参谋长钱大钧（慕尹）

主任办公处　处长谢珂（韵卿）

第一科（机要）　洪钫（丽生）

第二科（特务）　陈昶新（旭东）

第三科（特务）　戴笠（雨农）

第四科（警卫） 谭海

第一处（参谋） 晏勋甫，副处长刘祖舜（效仿）

第二处（经理） 闵湘帆

第三处（总务） 米春霖（瑞风），副处长马兆琦（效韩）

第四处（秘书） 吴家象（仲贡），副处长周从政

第五处（交通） 蒋斌（乃时）

第六处（军法） 赵鸿翥

以上处长中将级，副处长少将（上校）级。

要塞工程处少将处长郭尔珍（孟珩）

陆军整理处上将处长陈诚（辞修），中将副处长杨正治（安铭）

此外还有高级参谋、高级副官、参议、附员等人，如戎纪五、杨毓珣、孙铭久、王维新、刘静远、陈瑞明、王抚洲、杨春圃、王化一、郭维城、张慎修等人。

陆军整理处设置于远离武昌徐家棚（行营所在地）20里的南湖前陆军第二预备学校旧址，是一个独立式的庞大机构，它的内部组织依目下记忆所及，大致如下：

研究委员会：首席委员魏益三（友仁）。

委员：朱怀冰、郑大章、门炳岳、冯庸、刘耀扬……以上系中将级。

办公厅：中将主任郭忏（悔吾），副主任邹洪（若虚）。内分几科，现下不能确记。计秘书则有杜伟（时霞）、柳克述、何联璧、郭骥等人。

陈诚前妻之弟吴子漪（中学毕业）在经理科当少校科员。办公厅组织庞大，主要是前十八军的班底儿，大部分系浙江籍（连派给我的司机，也是浙江人）。

第一组（军政） 中将组长吴冠洲（军政部参事，浙江黄岩人，陆大出身）

第二组（军训） 中将组长徐国镇（字公辅，江苏镇江人，保定军官学校第三期暨陆大出身，训练总监部步兵监调兼），少将副组长毛福成（字履之，成都人，日本陆军士官学校第12期出身）

第三组（参谋）　中将组长张襄（陆大出身，从参谋本部调来）

第四组（政训）　组长袁守谦（字企之，长沙人，从总政治部调来）

第五组（经理）　中将组长陈良

第六组（军医）　中将组长卢致德

附设军官教育团少将团长张卓（贵州人，日本士官学校第13期出身）各组内各科长已不能记忆。另有校、尉级附员二十几名。

1935年1月，张学良派江维仁奉命令到河南商城接充我的师长职位，把我调充陆军整理处副处长。我于交代之后，由广水车站坐火车径返北平，没有去武昌行营报到。我在北平晤见旧同事、旧长官如秦德纯（字绍文，宋哲元二十九军的参谋长）、商震（字启予，三十二军军长）等人谈及此事，都以为这是蒋介石巧立名目，以整理为由，对杂牌军来个变相的编遣。各杂牌军首领怵于陈诚的狠辣，乃劝我放弃个人之得失，照顾全局往就这副职。特别是商震于宴席间，公开表示要我"笔下留情"。当时虽是带些幽默语气，但也可以见到他们内心对于整理的惶惑不安。因此，我于这年（1935）3月由北平乘车到武昌晋见"行营"主任张学良。张对我谈话的大意是："各处'剿共'告一段落，委员长提出以'人事统一''经理统一'和'训练统一'的'三大统一'为目标，来整理军队。因此，在武汉行营内设置陆军整理处以整理华北军队（东北军、西北军及其他杂牌部队）。我曾经保委杨琪山充当整理处副处长，委员长已经批准了，去年（1934）冬在南京召开的整理会议，杨业已代表我参加过，可是陈辞修拒绝杨琪山到差，说杨琪山是'军阀余孽'，是'驸马'①。我曾经对陈说道：'辞修，你别误会，我不是给你荐人，而是委员长要我保举一个副处长，你不接受就算啰！'这事僵了一个多月，后来还是他向我将你提出，说你熟悉北方军队的情形，又是他在保定（陆军军官学校第八期）的'老师'，可以合作得来。我以为你是带兵官，哪能调当副差使呢……陈辞修

---

①　杨琪山系晚清山东巡抚杨士骧之子。杨士骧之妻系袁世凯朝鲜籍妻之女，杨后来长期在北洋政府中任职。

脑筋不清楚呀！上次他曾经要保举何柱国（东北军五十七军军长）去南京训练总监部当骑兵监，遭到了拒绝……这次他说是'国家的需要'，我才派江维仁把你替下来，希望你去干一个阶段再说。不过陈辞修的个性很强，不见得能听你的话，但是最低限度我可以得到消息吧……"我听了张的这一席话，也理解到张的苦衷。他和其他北方部队首领一样害怕先从自己开刀，如果要开刀，也希望"笔下留情"或先通个信息。我乃答道："陈辞修上月曾寄亲笔信，促我到差，我去干着试试看吧！"

我抱着你们俩闹矛盾，拿我来做缓冲器的晦气心情，去当副处长。1935年3月我到武昌南湖陆军整理处报到。陈诚正在开会，看到我的名片，说"副处长到了"。乃派他的大头目郭忏来迎接我。郭把我领到楼上，进入一间仅有方桌一张、椅子一把的小房子里（文房四宝还是第二天我从家里带去的），傲慢地说"这是你的办公室"，说罢扬长而去。良久，会议散，陈诚带着处内包括办公厅主任郭忏在内的各单位正副主官和研究委员，与我在隔壁屋他的办公室相见。当陈诚介绍完毕，末语说了一句副处长是我从前在保定军校时候的"老师"的时候，郭忏才稍稍有点动容。一会儿，陈邀我在办公室外间与几位研究委员同吃午餐。这里的伙食，种种不一，各级官佐在南湖附近各村赁房住家者（汽车阶级则住武昌市内）则早来晚归，中午在处内吃午餐一顿；单身汉住在处内宿舍的，则全日开伙。伙食费12元、9元不等（士兵5元）。我们这一桌只六七人吃午餐，仅合3元来钱的代价。当时物价虽廉，也不能顿顿有鱼肉鸡鸭和一些海味，这就由办公厅暗中贴补了。由于陈诚患胃病，需要多吃水果，于是每饭后端上来一盘水果——美国橙子，广东鲜菠萝、鲜荔枝，烟台的梨，辽东半岛的苹果等。这些费用，是办公厅经理人员在"经费开支上的运用"，没有叫"国事萦怀"的上将处长知道，他也无知晓之必要。可是，有一天饭后，陈诚言道："我们12元的伙食，吃得这样好，有点浪费，应该减为9元才对啊！"具幽默感和快言快语的研究委员朱怀冰首先答道："他们各单位正副主官那一桌12元，吃的就不是这样啰！"陈诚似乎装没听见。朱补充一句道："处长知道这一盘水果要多少钱吗？"陈答道："不过三五角钱吧！”朱续道：“三五角？一块二角！”陈懒洋洋地说：“哪要这些钱？”边说边用小刀削苹果，不再说下去。几天之后，朱怀冰提议说，为了正副处长便于商谈国家大事，他们几位研究委员另外和各单位正副主官在楼下一起去吃了。后来，朱背地对我说：“这顿菜饭和水果好吃，就是长时间的‘训话’难受，还是副处长陪着处长吃吧！”原来，每日午饭吃罢，勤务兵撤下残肴，送上水果和香茶后，陈诚就打开了话匣子，训话式地起码讲一小时，大家静坐“听训”，确实令人烦腻。从此以后，只我一人陪着这位大处长谈唠。所谈内容，包罗万象，时隔30年，全凭回忆，姑且拉杂地写在下面：

（1）陈诚首先说到调我来当副处长的理由，是不愿意“军阀余孽”——“驸马”掺进这一“革命机关”。张主任（学良）初不同意，经他（陈）说明这里职务比一个师长所起的作用重大，才把问题解决了。

（2）说到“陆军整理处”的组织内容。陈诚以“人才内阁”自诩，说是除了从军委会各部——军政、训练、参谋、政治调用现职人员外，还任用了一些与各方面——东北军、西北军、中央系、地方系有关系的优秀人员，不分领域，不问学籍。其实，陈诚后来（抗战期间）得了一个绰号是“二八佳人，三昌将军”。“二八”指他重用保定军官学校第八期同学（包括一部分老师）和前十八军旧部。“三昌”指抗战期间丢失南昌、武昌和宜昌。他说“不分领域”，纯系欺人之谈。

（3）陈诚对于研究委员冯庸很“赏识”，说冯是军阀（冯麟阁）的儿子，能够“毁家兴学”（设立“冯庸大学”于沈阳），没有公子少爷习气，确是难得云。冯对陈也恭维备至。冯妻龙竞（冯庸大学女生）走陈妻谭祥的内线，更觉得亲密无间。

（4）谭祥（曼怡）面貌白皙，体躯肥顽，高于陈诚一头，平居寡言笑，性温婉，保持着大家闺秀风度。她是湖南茶陵谭延闿（组安）的“二小姐”。某日午饭后的训话式谈话中，陈诚问我有几位太太。我答称只有一个。陈续道：“好！顶好不要讨姨太太。组安先生因为是庶出，他中举后回家祭祖，只能拜他的大母，而不能拜他的生母。每饭，他同他的父亲

（钟麟）和大母一起吃，而他的生母始终站着侍候。组安先生以后当了官，他的生母还不能够穿裙子，还不能够与他的父亲和大母平坐。这是组安先生一生最痛心的事。所以组安先生生前每劝人勿纳妾。现在谭二小姐谈及此事，也劝人不要讨小，这确系中国的坏风俗……"我乘机问陈诚同谭祥结婚的经过。陈不讳言地说："谭曼怡拜宋夫人（美龄）为干妈之后，立志非英雄人物不嫁，组安先生生前亦以此托付夫人为她物色一乘龙快婿……"陈诚于师长（二十一师或十一师任内，现不能确记。似应在1931年的十一师长时期。因为谭延闿死于1930年9月）任内去见蒋介石，蒋对宋美龄夸陈之"英武"，为宋所看中而介绍之于谭祥。因此陈诚也成了蒋、宋的"干女婿"。陈此后之飞黄腾达，这也是一个终南捷径。至于陈、谭结合之前，陈诚当然要与其原配吴氏办妥离婚手续。吴氏早年嫁陈，系"凭父母之命、媒妁之言"的旧式婚姻。陈当官后，打离婚，当然不成问题。但陈诚总觉得亏心，乃提携吴氏的弟弟子漪[①]，并对离异后的吴氏在经济上有所帮助（听说吴氏还有一个儿子）。吴子漪矮小黧黑，口吃讷拙，一切唯陈诚之命是听。陈与谭祥在武昌城内同居时期，吴从不"走公馆"，免招谭起嫉忌，因而为陈所嘉许，逐步加以提升。1942年，我在重庆两路口一个茶馆内见到子漪已穿上了中将军装，问之，答称已当上了军委会政治部第四厅（经理）厅长。

（5）陈诚虽然患重胃病，但嗜酒如故，唯非好酒不喝。某日，有人赠以茅台两瓶，陈邀我同饮（似乎还有第四师师长汤恩伯）。谭祥并不劝陈节饮，食间很少言笑，连指使仆人也是陈诚开腔。陈频频劝她吃所爱吃的菜，恭顺维谨之情，表现于言辞箸匙之间。陈曾对我说过，他们夫妇是相敬如宾。陈在家时少，谭守空房时多。僚属的家眷，很少去串门子，谭祥亦不与人往来。

———————————

① 据《青田县志》及杜伟《我所知道的陈诚》（载《文史资料选辑》第十二辑），陈诚于1918年与吴舜莲结婚，系由陈同乡同学吴子漪介绍。吴子漪是吴舜莲之胞兄。谭祥为谭延闿的三女儿，陈、谭于1932年元旦在上海结婚。

（6）孙中山曾亲笔写过"天下为公"横额赠给蒋介石，希望他终生拳拳服膺而实践笃行之，而蒋走了与此相反的道路。某天午饭后，我与陈诚从"天下为公"谈起，谈到蒋介石由于"编己遣人"的"天下为私"，而引起陇海、津浦两路上的中原大战。当然，陈诚站在他那立场，口口声声诅咒阎（锡山）、冯（玉祥）、李（宗仁）等人是大军阀，割据争雄，不服从中央命令，祸国殃民。谈到祸延八个月的战争时，他兴致勃勃绘形绘影地如数家珍。但他也不讳言他打过败仗丢人的事。说他十一师当面的劲敌是西北军孙良诚、吉鸿昌部。在归德—杞县—太康线上的战斗中，十一师在杞县附近被吉部（第二师，吉系总指挥名义）打败过。由于十一师是六个步兵团加上特种兵共达万多人，加以武器精良，才不至于溃败。更因为西北军将领在战术方面一向是稳扎稳打，缺乏旺盛的攻击精神，所以虽然把十一师打败了，并没有获得决定性胜利。几个月间的拉锯战，蒋军并没有占着上风。迨战争末期，阎、冯两军之所以败，除因东北军首领张学良发出"巧电"（1930年9月18日）以武装调停弥战所起作用外，据陈诚言，在陇海路洧川县境同吉鸿昌部对峙中，蒋介石拿出40万元由陈诚交给吉的代表，于是吉对冯玉祥倒戈，战事才得结束。吉投降后，畀以总指挥名义。但至1931年夏，石友三叛蒋（介石）张（学良），由保定以南北攻之。吉鸿昌以所部编为第三十军附和石友三，失败后才蛰居下来。1933年后，吉又在察（哈尔）北参加冯玉祥所组织的抗日同盟军。翌年同盟军结束，吉在天津日租界当寓公，某晚被蒋帮特务六名绑架，押送北平模范监狱加以秘密杀害。或谓此与陈诚有关，可是各报纸以蒋政权的授意，说是吉鸿昌遭人暗杀于天津以掩饰其事。

（7）陈诚篡夺第十一师师长职位的经过，他也无隐讳地对我叙述过。1928年，蒋介石派陈诚到皖南整编十七军曹万顺所部。陈以充实部队实力为由，而插进中央军警卫团两个团，加上原来的四个团，编成六个团的第十一师，曹充任师长。陈对曹说，为了靠拢中央和办事便利起见，自己情愿当曹的副师长，曹对陈有感激之意。之后，陈又釜底抽薪，把曹部的下（中）级军官，以调训为由，逐渐更换了自己的人。后来，由于曹部中两个团的暴动（闹欠饷或谓遭受歧视）而缴其械。1929年，陈诚利用蒋桂战争的机会，把曹万顺挤掉而自任十一师师长。

（8）陈诚升充了只有一个师的第十八军军长，觉得不够威风，乃运用"尊师重道"的手段来达其政治目的。当他谈到行营参谋长钱大钧时，每称"钱老师"而不名。有一天，我到钱家去闲聊。钱大钧问我道：在陈辞修那里干得怎么样？好吗？我答道，当"伴食宰相"呗！有什么不好！不过他（陈）无论在大庭广众之下还是在彼此闲谈间，"老师"叫得令人肉麻。就是谈到你阁下，也称道"钱老师"如何如何。你是他的"亲老师"（炮兵科），我还是"叔伯老师"（步兵科），有点受宠若惊，担当不起。钱说道：陈辞修是人小鬼大，不要听他那一套！什么老师不老师。他要利用你的时候，怎么都可以，不用你的时候，是翻脸无情，六亲不认。他当面管我叫老师，比骂我的老子还厉害。我听到钱大钧末句气愤语，觉得很奇怪，乃问他个究竟。他吞吞吐吐地只讲了个梗概。后来打听别人，才知道陈诚为了个人创造实力，挖了这位"钱老师"的墙脚。事情是这样的：1931年间，钱大钧充任中央军官学校武汉分校主任，兼教导第三师师长（还兼武汉要塞司令）。这个师初为九个团，后来拨出三个团成立工程旅，另六个团编为两个旅的甲种师，驻任武昌附近（分校在武昌左旗）。陈诚参加讨石（友三）后回驻武汉，自以为功勋彪炳，不甘于充当师长和顶着虚名的军长（十八军），乃在实力充足的教导第三师上面打主意。这年冬，陈诚同钱大钧从日本观操归国途中，对钱说道：委员长说"老师"当主任兼师长，恐怕忙不过来，打算要我带这个教导师，不知"老师"意下如何？钱大钧不假思索地答称："本来当初成立这个教导师，就因为要替这分校的毕业生谋出路，我既要办教育，又要带兵，哪忙得过来？既然委员长要你带这个师，我哪能不愿意？"陈诚去见蒋介石说道："钱主任说他既办教育又带兵，实在忙不过来，愿意交出教导师归我带，以充实十八军。"蒋于是下令将这个教导师拨给陈诚。陈把它改编为第十四师，自兼师长，以他保定军校第八期的同学周至柔充当副师长，而将十一师让给他的部下团长萧乾升充。这个十八军才有了第十一、第十四两个师①。1934年陈诚充当第三路总指挥时，仍兼这个军长，陈到整理处后，才将军长职位让给罗卓英。

陈诚拉过教导师之后，钱大钧去见蒋介石。蒋介石说道："辞修说你愿意交出教导师，专办教育。好！好！"钱于此才知道受了陈诚的骗，从此始终不与陈诚合作。1945年春，陈诚当上军政部长之后，钱正当该部次长，闻陈诚至，乃向何应钦辞掉次长。陈曾经派人向钱疏通，请钱留任，钱不顾而去。此是后话。

（9）1935年，西欧政治舞台上正是意大利褐衫党魁墨索里尼活跃猖獗的时候，除了与纳粹德国的希特勒互相勾结，企图宰割欧洲、称霸世界外，又以武力侵略非洲的阿比西尼亚（现名埃塞俄比亚）。当这侵略战争正激烈之际，整理处第一组长吴冠周向陈建议：中国为了学习新战术的运用和新兵器的使用，应当派遣学术优秀的军官，组织参观团，前往战场实地学习。陈诚初颇以为然，嗣经研讨，认为这事牵连太大而作罢。但是陈盛赞墨索里尼之"英武有为"，尤其对墨氏之身兼七部事务，誉为"为国为民"不辞劳瘁，并自豪地以墨氏自况。因为这时陈正身兼八职。我乘机说道：处长兼这么多职务，够忙碌够辛苦的了！陈答道：那有什么办法呢？人家替长官任劳任怨，我应该替委员长分劳分怨而且分谤，在庐山训练团不知挨了多少骂，但是为了效忠于领袖，我认为是分内的事。所以凡是挨骂的事，我都挺身去承当。1934年夏在庐山训练期间，他在当众讲到"拥护领袖"时，特别强调地说："我们拥护的是革命领袖，因为委员长是革命的，所以我们要拥护他，如果他不革命，我们还是不拥护他。"蒋介石当时坐在旁边，频频点头。

（10）当陈诚问到我：当年（1920）为什么不同钱老师、黄老师（琪翔）离开保定（军官学校）南下呢？如早来到革命阵营，不也早当军长什么的了吗？我莞尔地答道：那也不会赶上你，因为你的"见识高"又"真

---

① 第十一师师长由副师长罗卓英升任，萧乾任十一师三十二旅旅长。

能做"。不过我在东北（军阀）也爬得不慢，如果南来，也许被你们收拾了也未可知啦！彼此嘻哈一阵。

（11）我从东北来到蒋中央，一切均感到陌生。头几个星期一，早晨做"总理纪念周"的时候，陈诚"公出"，照例须由我代理主持。我首先感到抓瞎的是"读总理遗嘱"。明为读实须背诵。因此，某日午饭后，我将此事对陈诚谈及。陈借此便谈到总理如何伟大，三民主义如何适用于中国，以及为什么要"剿共"。当时，我对于三民主义一窍不通，对于共产主义也莫名其妙，乃问陈诚道："剿共"打了几年啦？兵祸连绵，还是消灭不了它，日本有两个政党——政友会、民政党，美国有两个政党——民主党、共和党，英国也是两个党——保守党和工党，为什么中国不能有国民党和共产党两个党来竞选？陈诚冷笑一下答道："老师的想法太天真了！你想，委员长如果容纳共产党，不是失掉三民主义的立场了吗！那怎么算得上是'总理的信徒'呢？"当时我只得嗯哼地答了一阵。

（12）谈到1919—1922年在保定军官学校时期的生活时，陈诚首先对校长贾德耀表示不满，说贾克扣学生的伙食费，以致学生得不到好菜饭吃，在高压之下又不敢闹，只得忍气吞声下去。我答道：中国的官僚谁不贪污呢？前清我不知道，民国的官儿只要有机会，个个贪婪，只不过有程度大小之别而已。陈诚似乎不服气地说道：不见得，我在军队多年，就不许贪污……我续道：像处长这样有几个？不过你的部下要贪污，那也管不了许多吧！陈续答说：查出严办，决不留情。陈诚同我谈这段话后的某日，我与郭忏于闲谈中问道："悔吾兄（郭之别号），处座说他历来严禁部下贪污，又不津贴幕僚。那你们跟他这些年，若光靠'国难薪'过日子，你怎么能够坐得起汽车呢？"郭答道："各搞各的嘛！"我补充他的话道："噢！八仙过海，各显神通呀！"

以下再谈谈他在整理处的一些作风。

（1）"不务正业"——这是陈诚的同期同学刘绍先（保定军校八期步兵第二队学生）给陈取的外号。刘跟陈往上爬，也爬到中将副军长（十八军）的高位。这时（1935年在整理处），刘没有适当位置安置（又患肺病），陈仅委刘一个中将参议名义，每月领几百元"国难薪"，倒还安稳自在。不过，刘绍先正当强壮之年，不甘居闲曹，乃说陈诚是"狗揽八堆屎"（北方土语，骂人之贪得无厌），时常发个牢骚。有一天，刘对我说道："现在的人们，忙的忙个死，闲的闲个死。您看咱们处长（陈诚）身兼七八职，每日东跑西颠，忙得发晕，委员长走到哪里，他跟到哪里。委员长坐汽车，他坐汽车，委员长乘飞机，他乘飞机，真够他受的。委员长叫他整理军队，这是他的本职，理应好好干吧，可是他'不务正业'，成天不在整理处，就是一旦回到武昌，他今天到武汉大学去讲演，明天邀请些教授、学者或名流谈话，或者召集什么人开会。武汉三镇虽大，不够他颠的咧！"我插言道："他身兼七八职，自比墨索里尼，哪能不忙呢？"刘续道："唉！南湖（整理处所在地）太小啦，哪在他的眼里。整军工作好像与他无关似的，或者干得不够口味。有时听说他回到家了，处里有事找他，他又溜啦！处内事务交给老师，我看替他负不了责任，也办不通吧！"

（2）从当"伴食宰相"到替陈诚负责的过程。1935年3月，我到南湖就整理处副处长职位后，感到"识时务者为俊杰"，乃打定主意来个"徐庶进曹营——免开尊口"。最初几次陈诚主持"总理纪念周"对200多部属的讲话，不是骂共产党，就是骂军阀，而自诩是"革命者"，是"革命团体"。当时我对于陈诚，虽只是正副主官之分，而不是他的直属部下，但当他提到"军阀"或"军阀余孽"，总觉得有些刺耳。而且在这一庞大机构中，我没有一点儿"股份"，除了十八军的班底外，大部分是中央各军事部门的人员。总的说来，他们是中央系统，而我是他们所认为的"杂牌军"分子，"国家大事"少干预为佳。何况陈诚的作风，正是承受蒋介石的衣钵。他揽他的，我落得清闲。于是我自到差那天起，除了一块儿吃午饭，饭后如上所述听完"训话"之后，上班的铃一响，我就返回自己的办公室读书看报消磨时光。陈诚则回到他的屋子处理公事，各单位主官陆陆续续前来接洽"要公"或"请示"什么，他不找我，我也不去打扰他。好在下班铃一响，我就乘车回武昌城家里而去。翌日上班，照旧享受那顿比我家里还好的午餐和中美水果。如是两三个月之久。有一天，忽然由行营主任转来蒋记军委会的来电，嘱咐陈诚到南京去参加整军会议。这位大处长不知咋的忙得难以抽身，于是把我叫去，给我看完电报之后说："老师到南京去一下吧！"于是，我来个临阵磨枪，要各单位送来各项表册和研究委员与有关单位所拟订的各种整理方案，连夜审阅一遍，使它在脑子里打了个转，然后乘轮下驶去南京。会议是在黄埔路口励志社由蒋介石亲自主持举行的，到会人员为各军代表（多半为将级）和军委会各部主管官共百名。先由各军队代表报告他们整理的情形，轮到我报告时，像煞有介事地讲述了武汉行营陆军整理处的整军方案。最后是蒋介石训话，勉励各负责整军人员，为实现"三大统一"（见上）而努力整理部队，以达到"军队国家化"之目的。会议毕，大嚼一顿。翌日晚餐，军政部长何应钦做东道主，假铁道部招待会议代表。铁道部系宫殿式的新建筑物。由此，我感觉到，幼年所读"金陵王气黯然销"的诗句，在此时说来已非现实了。我为了收集整军有关资料，尚须逗留一两日，乃忽接陈诚的驻京办事处转来陈的电报，嘱即日回武昌。于是我当天下午乘飞机回到武汉，往见陈诚，才知道他又将有远行。

6月某日，我的旧长官周亚卫（晋文）来到南湖访陈诚，说要搭乘陈的专机飞四川。周见了我，讶然地说："噢！安铭兄，你在这里，好极啦！你是庐山军训团的名教官，这次峨眉山的训练团不能少你，我们一起去吧！"为了训练四川军阀部队的军官，蒋介石把军训团设在峨眉山上，蒋仍兼充团长，陈诚还是副团长，周担任总教官，同1934年的庐山军训团一样。当陈诚一听周亚卫要拉夫，急答道："晋文先生，杨老师是我的副处长，我们两人不能同时离开整理处啊！"周才恍然大悟。我心想两三个月来，我仅仅是在当"伴食宰相"，犹如聋人耳朵，乃插言道：不要紧吧！郭悔吾可以代理处务嘛！陈似乎急了，道："不行！来人！把郭主任请来！"郭忤到，陈言道："下个命令，说我离处期间，处务由副处长代理……"我又说道：不必下命令吧！在法制上，理论上，主官不在当然由副主官代拆代行啰！陈说：下命令慎重些！郭去令人草拟命令，陈又指点几件应办的重大公事。当天，我们同吃过午饭后，陈偕周乘专机飞四川：

陈诚走后,我这"小铺"才开始有"顾主"、有"生意",不似从前的冷落了。

(3)1935年秋初,武汉行营将要撤销。蒋介石要张学良带领东北军去西北"剿共"并在西安设立"剿总"。某日,张学良于南京见蒋后,自己驾驶波音机由南京飞西安路过武昌,我同湖北省政府主席杨永泰(畅卿,不久被刺殒命)等高级官吏到机场迎张至杨的官邸同吃午饭。饭后,张托言如厕,以目对我示意同至僻处,对我说道:"我要到西安去设立'剿匪总司令部',参谋长一职,慕尹不愿意干,跟我一块儿去吧!"我答道:"陈辞修外号'不务正业',平日很少在整理处,目下他正在峨眉山军训团不能回来,我怎好离开!副司令可以打电报给他商量一下。"

不久,陈诚从四川回来,一见面即说道:"张主任曾经打电报给我,要调老师去当参谋长,被我婉辞拒绝了,接着委员长派晏道刚去当那里的参谋长。所以纵使张主任保举你,恐怕委员长也不会批准……"我心想:蒋介石当然要派一个能够监视张汉卿的人啰。可是后来张学良与杨虎城还发动"西安事变",晏道刚始终蒙在鼓里。事后,蒋一怒,把晏撤差永不叙用。此是后话。

约在1936年春,张学良于西安王曲设立军官训练团,嘱王以哲(六十七军军长)写信给我,要我去主持,又被陈诚拒绝了。我与陈相处约两年,陈是不是看我是个"人才"将有所借重呢?不!一则他专门拆别人的墙脚,而不让别人拆他的墙脚;二则诚如钱大钧所言,陈诚要利用谁,是一套,不需要时,就一脚踢开。所以后来我不等他踢开就借故离去了。

(4)陆军整理处的改组。陈诚对于东北军,首先惦着它那重要家当的骑、炮兵。在这方面的初步整理方案,是削弱这个兵种的力量,取消旅改为独立团;其次在人事方面以"刷新学术"为由,调训它们的下级军官,而代之蒋记陆军军官学校学生,希冀搞垮一切"杂牌军"。可是依当时的情况,恰恰给了张学良对这方案以针锋相对的斗争之机。张利用国内形势的矛盾,率领东北军赴陕北"剿共"后,说共军善于打游击战,行动飘忽,非加强骑兵的编组不可。于是首先将原来的骑兵旅扩编为骑兵军,调步兵五十七军军长何柱国充任骑兵军长，辖三、四、六、七、十共五个骑兵师。这不是削弱，而是加强。同时何柱国保委了整理处中将研究委员门炳岳（湘文，保定军官学校第三期骑兵科暨陆大出身）去当他那第一师师长，挖了陈诚的墙脚。

约在1935年冬初，武汉行营主任张学良带着他那班底到西安成立"剿总"后，行营撤销，原为行营之一单位的陆军整理处大有"皮之不存，毛将焉附"之感。于是各组人员大部分各自返回军委会各部、厅原职，一部无原职者，有的自谋出路。旧十八军老班底儿的办公厅人员，则由陈诚以"清剿鄂西共军"为由，说是得到蒋介石的允准，改设武汉行辕，陈当主任，要我当副主任或参谋长。于是陆军整理处寿终正寝。

五

武汉行辕之成立。南湖陆军整理处剩余下来的人员改组为武汉行辕，陈诚当参谋长，以下设办公厅，郭忏赓续当主任。此外设第一处（作战）中将处长刘耀扬，第二处（教育）中将处长杨正治、少将副处长毛福成，第三处（政训）……处下设科。原行营内的要塞工程处系准备修建长江一带——田家镇至城陵矶的炮台，不能跟去西安，乃拨归武汉行辕，更名武汉城防组，由杨正治兼任组长，郭尔珍任副组长，下设三个科，以监修沿江炮台。

武汉行辕的主要职务，是指挥驻鄂各地的中央军——汤恩伯（第四师）、陈大庆、樊崧甫等10个师以对鄂西一带共军（贺龙、肖克两军所部）进行"清剿"。陈诚虽然还兼着这个委员、那个干事等几个职位，可是他对于打仗比较感兴趣（陈曾为此语我）。于是他成天不是召集各师长在"公馆"开会，就是往宜昌跑，很少到南湖来。第二处虽是监督指导上述那十个师的教育训练，可是他们哪有工夫训练？我们只得像煞有介事地以书面"训令"他们"剿共不忘训练"来进行"战地训练"，教条地指示他们施行"重点教育"——近战技术、强行军、夜行军、夜间战斗、山地战、游击战等。这些由二处副处长去办，我则经常偕同郭副组长或组员奔走于各工地去监督指导建筑江防炮台。蒋介石拿出100万元来，用兵工建造江防炮台。这年（1936）夏初，第四师工兵营拨归"城防组"指挥，兼雇用技术民工，由汉阳龟山和阳逻（汉口东60里属黄冈县）两处同时施工修建"钢筋水泥"的炮台各一座，然后，再陆续建造他处炮台。它的厚度，以能抵抗游弋窜扰于长江内的日本舰艇的炮击为主。它的体积以能放列15~24门的大炮为度。于是"交通指挥部"每日以小火轮拖驳船载运沙石、水泥、木材、器材、工具和人员往来武汉江面。这期间，我借以视察江防为由，而上溯到城陵矶和岳州，登临岳阳楼，纵览洞庭湖上的飞鸥和帆影。又游览君山凭吊娥皇女英的幽灵，饮真正的"君山茶"。因为城陵矶辖于湖南，又以"接洽防务"为由，回到离别二十几年的长沙，往见湘主席何键（芸樵）。何殷勤招待，使我得游览长沙岳麓山和五岳之一的南岳衡山。可见当时我们如何在准备"抗日"的一般了。

武汉行辕的撤销。1936年秋传来消息说，鄂西"清剿"完毕，武汉行辕撤销，所有人员全部迁往羊城，归并于广州行营（主任李宗仁）。10月中，行辕全部人员、家具、档案，分载两列火车（我带领第二列车）由武昌开往广州。第二天正午到达长沙东站加煤上水时，我因发高烧下车进城住了仁术医院，而命副处长毛福成率领前往广州，我从此脱离了陈诚。

六

我与陈诚的最后见面，是1939年冬初在广西桂林。桂林设有西南行营，军训部长白崇禧兼充行营主任。陈诚那时当第六战区司令长官，因公来同白接洽，见了我，讶然问何以至此。我答系黄琪翔（时任军训部次长）介绍来当"部附"，3月到差。白插言说，杨部附还兼充军训部驻桂办事处主任和行营军训处长。陈不再往下问。这时，正值陆军军官学校第四分校（在广西宜山）有一个总队学生毕业，该校主任韩汉英（屏夷）电请白崇禧去主持毕业典礼。陈诚、李济深（任潮）因系中央军校校委，也要前去。白似乎不愿与陈偕行，乃推诿事冗而派我代表。于是我与陈、李同乘汽车到宜山，由李任潮主持毕业典礼及训话。典礼完毕，偕往郊外凭吊蒋百里先生墓。翌日回到桂林，白崇禧为陈诚饯别。宴后，陈约我至僻处，要我到第六战区工作，并谓带兵或当幕僚长，任我选择，且说黄琪翔到彼处后干得很得意云。我想起往事，且意味到他又在挖白崇禧的墙脚，乃予以婉拒。但他只不过表现愠色而已。从此后，我同陈诚除了在公共集会见面外，不再单独晤谈了。

　　陈诚与其他几个大头目的矛盾。陈诚同张学良的矛盾，已如上所陈。其次是同何应钦的矛盾，远在1926年北伐之际，国民革命军在同直系军阀孙传芳部的鹰潭战役中，陈诚强调自己胃病严重，曾经坐着轿子随部队行军，被何应钦（总司令）、白崇禧（前敌总指挥）以"有失体统"或"作战不力"的考语，将陈撤职。因此，陈对何、白始终怀恨在心。1945年春，陈把何应钦的军政部长拱掉，取而代之，说者皆谓系陈诚的报复。至于同白崇禧的矛盾，处处表现为表面化、尖锐化。1938年，军委会改组为四大部——军令部（原参谋本部）、军训部（原训练总监部）、军政部（仍旧）和政治部（原总政治部），陈诚当政治部长（黄琪翔当副部长）。白崇禧以"副参谋总长"（另一副参谋总长为程潜，总长系何应钦）兼军训部长。加之，黄琪翔虽然由于陈诚拉去当副手，可觉得这位"学生"不好处，表示不愿意干（1938年春我过汉口时，黄对我做过如此表示）。因此，这年秋，白挖陈的墙脚，将黄调到军训部来当次长。不过日子久了，黄不甘于坐"冷衙门"，又由于内部人事矛盾，于是陈再挖白的墙脚，于1939年10月间畀黄以总司令（十一集团军）高位调往第六战区去了。陈诚包揽成性，抗战军兴以降，在各战区设立男女兼收的战时工作干部训练团（简称"战干团"），直辖于政治部，自兼团长（各战区长官负监督指导之责），内设教育长主其事。因此，白崇禧认为陈诚侵犯其教育权，每表不满。1939年冬，军训部直辖的军官第三分校（在江西瑞金）学生毕业，该分校主任吕济（普生）电请白崇禧前往主持毕业典礼。与此同时，在江西雩都（于都）的"战干团"（教育长唐冠英）的学生，也届毕业之期（六个月），须陈诚前往主持典礼。陈电约白同去，白不愿同他偕行，乃诿以他故而派我代表前往。及我到瑞金事毕转至雩都，陈诚还不能"动驾"，我只得又代表他草草主持了其事。我在军训部期间（驻四川璧山），白崇禧在他主持的每周部务会报或每月部务会议席上，不断地揭露过陈诚同他的矛盾。某次，白曾愤然言道："陈辞修太不像话，前天在黄山（重庆南岸）官邸会报，他竟然干涉我们部里的教育权（好像是指军事学校招生问题，记不大清），我不由得同他吵了起来，还是委员长主持公道，压制陈辞修说：'你不要这样讲，健生（白崇禧）说得对，应当照他那样办……'总长（何应钦）每每不作声，我不大高兴……"会后，我曾经问过老资格的同事：为什么他们"三巨头"每次开会，都要吵呢？这位同事答道："这正是老蒋的狠处，表示只有他才能够统率得起来。这是老蒋善于利用矛盾。老蒋同刘备一样，是个枭雄，尽管关羽、张飞与诸葛亮不睦，或者看不起赵云、黄忠，但是只有刘备能够统率他们……"及至1946—1948年间，陈诚当上国防部参谋总长，掌管军事、人事、经济大权，白崇禧徒具虚名，白当上内阁阁员之一的国防部长时，两人之间矛盾则更复杂化、尖锐化了。

（1966年5月）

陈诚及其军事集团概况

覃道善*

黄维（全国政协文史资料研究委员会专员、原国民党军第十三兵团司令官）审稿意见：覃道善这份资料简明扼要，基本符合陈诚和十八集团军的历史事实，可与宋瑞珂所写的关于陈诚军事集团的资料互相核对①，作为基本素材来使用。

陈诚是蒋介石集团中的核心人物，在蒋介石的支持下，在军阀混战中、在反共反人民战争中，壮大了自己的军事势力，逐步形成为蒋介石嫡系部队中权势最大、最受宠爱的一个军事集团。笔者自1928年陈诚在南京任南京警备司令时任警卫第二团连长，陈诚在武汉任第十四师师长时任营长起，一直没有离开陈系军事集团。随着陈诚基本部队的发展，我先后任该部所辖的十八军十八师师长，整编后的整十八旅旅长、十一师副师长及第十军军长等职，直至淮海战役中全军覆灭为止。

---

① 即宋瑞珂《陈诚及其军事集团的兴起和没落》一文，刊载于《文史资料选辑》第八十一辑。

＊ 作者随陈诚21年，曾任国民党军第十八军十一师副师长、十八师师长、第十军军长等职。

关于陈诚本人及其军事集团的全貌，我个人受条件的局限，不可能都知道。这里，只就我所直接间接了解而又记忆到的历史事实，分别概述于后。

一、陈诚的简历及其个性、特点、作风

（一）简历

陈诚，别号辞修，浙江青田人，汉族。保定军官学校第八期炮科毕业，后分发到浙军见习，后升充排长。1922年投入粤军，在邓演达为团长、严重为营长的第一师当连长。1924年随邓、严入黄埔军校，任特别官佐。直到黄埔军校第二期，始任炮兵队区队长。

1925年第二次东征陈炯明、攻打惠州城时，陈诚任教导团炮兵连连长。因陈发弹命中城楼和陈炯明正在主持开会的会议厅，从而攻下惠州城，受到蒋介石的赏识，随即于1926年任命陈诚为黄埔军校第四期炮兵队队长。

北伐战争期间，1927年在广州成立二十一师，派陈诚升任该师团长。不久，蒋介石发动"四一二"反革命政变，二十一师师长严重不满蒋介石的所为，乃请假离职，蒋随即升任陈为二十一师师长，部队驻京、沪一带。1928年冬，蒋介石收容军阀残部，整编军队，成立第十一师，陈诚任副师长（师长为率部投蒋的曹万顺）。

在军阀混战期间，1929年，第十一师在安徽芜湖参与争夺武汉，打桂系李宗仁、白崇禧；在襄阳樊城参与打冯玉祥；在平汉路打唐生智，连续建立汗马功劳，屡次受到蒋介石的垂青。

1930年秋，陈在陇海东段和津浦北段积极参加蒋冯阎军阀混战，所部在津浦线，首先攻下济南城；在陇海线，抢先进驻郑州。蒋介石升任陈为第十八军军长兼十四师师长，辖第十一、第十四两个师。

蒋介石在江西发动"围剿"红军的战争中，1931年，陈诚的第十八军奉蒋命由武汉入赣，参与第三次"围剿"，被红军拖得精疲力竭，撤至吉安整补。第四次"围剿"时，陈诚任中路总指挥及抚河流域指挥官，在草台岗、固冈、西沅等战役中，所辖的五十二师、五十九师、十一师均被歼灭殆尽，受到蒋介石的处分。1933年陈诚改任为庐山军官训练团教育长。1933年第五次"围剿"时，陈任总指挥。第五次"围剿"后，陈任预备兵团总指挥，1935年任国民党军事委员会陆军整理处处长及峨眉山军官训练团教育长。

在抗日战争期间，1937年淞沪抗日战争，陈诚任第十五集团军总司令及前敌总指挥。1938年任武汉卫戍总司令兼湖北省主席，同时又兼珞珈山军官训练团教育长。接着在长沙任第九战区司令长官，不久调重庆任重庆军官训练团教育长，以后任第六战区司令长官及军委会政治部主任。1943年调云南楚雄任远征军司令官，次年冬在重庆任军政部部长。

1946年，陈诚在南京任国防部参谋总长。1947年秋兼任东北行营主任。1948年在上海养病。大概于10月间赴台湾养病，旋即任东南军政长官兼台湾省政府主席。1949年任国民党台湾省政府主席。

（二）个性、特点、作风

陈诚的个性、特点、作风，是在他的政治生涯中逐步形成和发展的，在他建立自己的嫡系部队、吞蚀杂牌部队、拉拢各方势力，发展壮大自己的过程中，体现出来的。

1. 沽名钓誉、献媚捧蒋

陈诚玩弄的重要权术之一是沽名钓誉、邀功献媚、百般捧蒋。他每见蒋介石，则毕恭毕敬；同蒋介石打电话，如有人在旁，则故作立正姿势；每逢总理纪念周或集合部队讲话时，总是称颂"领袖"如何如何，提到"领袖"或"蒋委员长"时，就带头"立正"。他并规定凡讲到或听到"领袖"二字或"蒋委员长"时，都必须立正，一则使蒋介石本人闻之则喜；二则使他手下的黄埔学生以为服从他，就是服从蒋介石。所以当时有人议论陈诚的手段是一举两得。

每逢部队打败仗之后，一般人多虚报伤亡，既争补充，又吃空缺。唯独陈诚别出心裁，在蒋面前，强调说他的部队损伤较少，粮服弹药不缺，表示他不吃空缺，不吞蚀军饷，不贪污肥私。他卸任十一师师长和十八军军长办理移交时，不但没有亏欠，而且还有公积金10余万结存，全数移交给罗卓英，用以博得蒋的欢心，取得部属的拥护。

陈诚认为红军打胜仗的原因，是红军军风军纪好，政治宣传工作好，因而得民心，受民众欢迎；又认为有些杂牌军队军风军纪不好，士气消沉，生活腐败，打不得仗，留着他们成事不足，败事有余。所以他在蒋介石面前表示，一面要大力整肃自己部队的军风军纪，开展政治宣传工作；一面要相机改组掉一些无用的杂牌军队，都得到蒋介石的默许。从此陈诚确实不择手段地吃掉了一些杂牌军队，壮大了自己的力量。至于政治宣传工作和整肃军风军纪，虽然也号召搞了一下，其实也不过是流于形式而已。

1940年陈诚在重庆任中央训练团教育长时，正值日军进犯鄂西，宜昌吃紧，蒋介石表示自己要亲去指挥。陈诚立即向蒋表示："领袖不宜去，万一弄得不好，事关领袖威信，要去只有我去。"蒋盛赞陈的意见，乃派陈去成立第六战区，任命陈为司令长官，指挥宜昌会战。结果失败，宜昌陷落于日军手中，而陈诚却受到蒋介石的又一次宠信。

2. 骄横跋扈、争夺权势

陈诚无论在政治上或在军事上，都是一贯自命不凡，独断专行，不但部属提出的意见听不进去，就是资望深或地位比陈高的何应钦、刘峙、顾祝同、蒋鼎文等人，也不放在眼下，不仅暗地诽谤他们，有时在一些公开场合也放肆地指责他们。甚至连蒋介石对他的处理不合他意时，他也拒不接受。如蒋介石收容曹万顺率来投降的军阀残部，收编为第十一师，任命曹为师长，陈诚为副师长。陈不甘为曹的副手，拒不受命，愤然出走上海。直至蒋介石派人把他找回来，亲自许以副师长只是暂时的过渡，实权仍在陈手，陈始欣然应命。但他与曹之间的矛盾，有增无减，摩擦甚烈，直逼得蒋介石不得不将曹调离十一师，正式升陈为该师师长。第十一师是由曹万顺率来的军阀残部和陈诚前任南京警备司令指挥的两个警卫团合编而成的。陈诚接任师长后，大刀阔斧地撤掉曹万顺的人员，将行伍出身的军官换成黄埔学生。这些黄埔学生，大多是陈诚前任二十一师师长时的旧干部。第十一师经过陈诚的彻底整肃，就成为以陈诚为中心的军事集团起家的资本。他决不让任何其他派系中的人插手进来，凡是该师的正副师长、旅团长等主要人选的更换，都须经陈本人决定。

陈诚带领十一师在军阀混战中赢得蒋介石的青睐，升任十八军军长。唯当时该军只有十一师一个师，徒有军的虚名。他多次向蒋要求增拨一两个师。他窥测到蒋有将钱大钧的教导第三师拨给他的意向，乃乘机在蒋面前密告该师纪律废弛、官兵骄惰、战斗力差，钱大钧又不过问，表示他自己能把这个师整理好。蒋同意该师拨给他，作为十八军建制，并将教导第三师番号撤销，改为陆军第十四师，陈自己兼任师长。

陈诚有了十八军的两个师做核心以后，还要不遗余力地四处钻营，拉拢各方面关系，尽量争来为己所用；不择手段地吞并杂牌部队；收容被日军击溃的部队；派自己的基本部队打入别的派系的部队中去拉拢争夺。甚至除了陆军以外，他还直接向蒋力保十四师师长周至柔，钻进空军系统中去掌握势力。海军总司令一职，起初陈诚自兼，以后交给积极依附陈的桂永清升充。

陈诚本人更是醉心权位，蓄谋排斥何应钦，企图取代何应钦的职务。他为此不知费过多少心血，告过多少暗状，终于在1944年冬夺得了何应钦的军政部部长职位，1946年又争得了参谋总长的权力。当时国防部长白崇禧在蒋介石面前坚持他的主张：参谋总长必须秉承国防部长的意旨，才能行动。而陈诚本人却置之不理，仍坚持认为参谋总长可以总揽一切权力，国防部长不得过问，弄得非常僵。对于国防部一些重要的主官，陈诚都极力安插了一大批陈系心腹，从中掌握实权。

3. 利用各方矛盾，控制内部

陈诚统治他的军事集团，巩固他的统治地位，最忌部属暗中联合捣他的鬼，唯恐部属搞党派组织秘密团体活动。所以他公开严令禁止，如有察觉，则必撤职查办，严惩不贷。因此他对部属闹矛盾、不团结、彼此互相攻讦、向他告状、矛盾重重等类情况，满不在乎。他认为有这类现象，就可以放心部属不致联合起来在下面捣他的鬼。事实上，陈诚所属部队的主要干部之间，彼此互相攻讦、明争暗斗的现象层出不穷。陈诚对此从不认真解决。他不但不以此为忧，而且睁一只眼闭一只眼，装作不知道；知道也不过问；或者不置可否，哼哼了事。他只是利用矛盾，让其起到一定的互相监督的作用，从他们互相告状、背后物议中，了解他们各方的实际情况，从而他心中有数，便于掌握控制。陈诚精心培植特别重任的两员主要干将罗卓英和周至柔之间，就是相互摩擦、彼此攻讦的典型。1931年周至柔任十四师师长时，罗卓英在十四师的大会上，见会场上的烟气重，就指桑骂槐、借题讽刺说："十四师充满乌烟瘴气。"弄得周至柔非常难堪，亦很恼火。罗卓英任十一师师长时，借了十四师五万元，坚不肯还。周至柔坚持要还，以致闹到陈诚那里。陈诚只是听听而已，不置可否，不了了之。霍揆彰在罗卓英的十一师任独立旅旅长时，与罗之间矛盾也很深。当霍旅一团长吕国铨不听霍的命令，罗不但不予追究，反而支持吕国铨的行为。霍甚为不满，乃至出走。陈亦不予追究。西安事变时，霍揆彰不顾罗的反对，不听罗的节制，自行带领十四师从常德驻地开赴潼关，直至蒋、陈飞返南京，始返回原地，罗对此亦无可奈何。

陈诚本人是保定系头目，军中领导权多在保定系手中。但陈依靠蒋介石，不能不以黄埔系为军中骨干，中下级干部大多起用黄埔学生，因此保定系与黄埔系之间的矛盾，亦时有发生。保定系的傅仲芳认为黄埔学生当军官，没有战斗经验，打仗时胆怯懦弱、指挥无能，而行伍出身的中下级指挥官经验丰富，战斗能力强，从而对黄埔学生心存鄙视，有意排斥。傅升任九十九军军长时，对其部属黄埔四期的师长高魁元，借故将其扣押。陈系中的黄埔学生对保定系的领导重用行伍出身的人，不用或少用黄埔学生，时有责难。四十三师师长李士林是保定系，因而遭到黄埔学生的经常责骂。

陈系中黄埔学生相互之间亦有矛盾。黄维任十八军军长时，彭善任十一师师长。黄维派陈建中去十一师当团长，彭善毫不顾黄埔同学关系，借故把他撤职，双方关系弄得非常紧张。

陈诚为了扩大自己的权势，在陆军大学的每期毕业生中，都要物色起用一批陆大学生，吸收到自己的军事集团中来。而黄埔系学生则认为他们进来，妨碍了黄埔系的发展，侵占了黄埔系升官的地盘，从此黄埔系与陆大系之间的矛盾亦时有所闻。胡琏任十一师副师长时，指使部属反对师长叶佩高，拒不接受叶命，闹到陈诚那里，虽然矛盾极其尖锐，但陈也只是将叶另调了事。

总之，陈系军队内部虽然矛盾丛生，但陈诚本人正是看到这些人都是为了要依靠他升官上爬，而不是为了反对陈本人，所以不但不予追究，而且利用矛盾，达到掌握控制，巩固自己统治的目的。

4. 喜怒无常，难以捉摸

陈诚有一套爱恶喜怒无常，叫人捉摸不定，无法掌握他性格的诡谲伎俩。兹举笔者知道的数例，用以说明。

（1）有一次，陈诚集合十四师营长以上的官长讲话，说"现在有一个团，搞得不好，中校团附不帮着做事（按：明知是指彭善）"，骂了一顿。八十四团中校团附黄埔一期的彭善当即起立询问："报告师长，中校团附应当怎样做事才对？"陈诚没有答复。陈讲话完毕之后，彭就骑着马不辞而别了。副师长周至柔报告陈，说彭善走了。陈诚立即派人把他追了回来。当时人们都为彭善捏了一把汗，这样当众顶撞了师长之后，又不辞而别，必然惹怒了陈诚，将不知遭到如何严厉惩处。事实却出人意料，陈诚立即手谕：将八十四团团长史克斯撤职，将彭善升充该团团长。

（2）阙汉骞当十四师营长时，担任十四师师部（师长周至柔）的警卫。阙为十四师师部修建了一所花园，为大门亲笔写了一副对联。陈诚辞去十四师师长兼职、专任十八军军长期间，一次去巡视十四师。人们担心一个师部修建一所花园，会不会受到陈诚的责难。但是没有想到陈诚问：这个花园谁修的？门上的对联谁写的？周至柔介绍是阙汉骞修的、写的。陈诚非常满意，认为阙的书法很好，个儿又高大，不久即升阙当中校团附，以后并相继提升为团长、旅长、师长及五十四军军长。

（3）又一次，八十二团团长张伟民报请旅长李及兰向陈诚保荐陈烈当中校团附（因该团没有团附，陈诚已计划调一个人去），陈诚接见陈烈的时候，同时也接见了原计划调去任团长的那个人（忘了姓名）。结果陈诚将张伟民的团长撤职，调为军部服务员，直至不久开除，任命陈烈接任八十二团团长，原计划调去任团长的那人只以中校团附任用。陈烈当八十二团团长不久，陈诚认为他把八十二团带得好，当时有七十九团搞得不好，又叫陈烈当七十九团团长，去整理七十九团。不久保送陈烈去陆大特别班受训，毕业后先后升任十四师四十旅旅长及十四师师长、五十四军军长，一直受到陈的宠信。

（4）十四师八十二团中校团附高魁元在庐山军官训练团受训，陈诚当教育长。在陈诚参加的一次游戏中，陈诚叫大家唱戏，很多人不敢出来。等了好久，高魁元主动起来说："我不会唱，我爱听戏，我就唱一段我爱听的《狸猫换太子》吧！"当时高魁元唱的是："为国家、尽忠信、食君禄、报皇恩……"陈诚赏识高魁元在大家都不敢出来唱的情况下敢于大胆出来，特别是赞赏他唱的这段唱词很有意义，不久升高为八十二团的团长。

（5）李弥在第六战区的一个训练班受训时，一次陈诚在该班参与学员游戏，要大家讲故事。轮到李弥讲时，他说："我'穿黄马褂'（按：指黄埔毕业的干部），没有'戴绿帽子'（按：指陆大毕业的干部），叫我讲，我有什么可讲的。"用以讽刺军中陆大毕业的干部。当时陈诚问吴奇伟："此人是谁？"吴说："当年在江西永丰围歼五十九师时，拒不缴枪、带领一团逃跑的，就是他。"当时人们认为李弥如此放肆大发牢骚，如此指桑骂槐地大骂陆派的人为"戴绿帽子"的人，这还了得，何况以前他还有一段逃跑拒不受编的往事。殊不知陈诚不但没有处分李弥，而且立即发表他升充荣誉一师师长。

二、陈诚军事集团的形成、发展和消灭过程

（一）陈诚军事集团的形成是从争得国民党第十一师开始的

1928年，北伐军打败福建军阀周荫人，周残部由曹万顺率领投降国民党，被编为第十七军。同年冬北伐完成后，整编全国军队，将第十七军缩编成四个团，并将当时陈诚任南京警备司令所指挥的警卫第二团和第三团共六个团，合并编成为第十一师，由曹万顺任师长，陈诚任副师长。蒋介石并将该师人事经理大权全部交陈。

1928年春，蒋介石叫驻在安徽芜湖的十一师参加对盘踞武汉的桂系李宗仁、白崇禧的战争。结果蒋介石以收买李宗仁的第七师旅长李明瑞叛李投蒋的阴谋手段，兵不血刃地打败李、白，蒋军得以进驻武汉。十一师内部曹、陈之间的矛盾日益尖锐。该师原属陈诚警卫团的官兵，不服从曹命。团长萧乾极力拥护陈诚，借曹委派私人到该团当连长的事件，宣扬曹排挤警卫团人员，向何应钦和蒋介石告密，结果将曹另调他职，将陈升任第十一师师长。陈接掌十一师后，大力清洗曹的旧部，撤换成黄埔学生，而这些黄埔学生又都是陈诚原任二十一师师长时的亲信骨干，罗卓英为副师长，所属旅团长全是陈系清一色的亲信班底。从此陈诚就完全掌握了十一师，成为以后不断发展壮大军事势力的核心。

陈诚总是自诩他的十一师，原来是三支残破复杂的部队，经他亲自整顿训练后，成为一支勇敢善战、屡建功勋、具有"光荣历史"的部队。他只爱听人家恭维十一师的好话，听不进人家对十一师的批评意见。据说陈诚当第六战区司令长官时，在一次军事会议上听取各部作战经验的报告，十一师参谋长尹作干在会上向陈报告说："十一师士气不振，攻击不力，以致使宜昌会战受了影响。"陈诚大怒，当即打断尹的发言，愤怒地说："谁说十一师士气不振！十一师是好的，只有你的士气不振。"立即下手令撤除尹作干参谋长的职务。陈诚袒护十一师，视十一师为他起家的资本，谁也不能说十一师半个不字。

（二）陈诚军事集团的嫡系十八军是在军阀混战中卖力得来的

1929年秋，冯玉祥部张维玺军由陕南进驻襄樊，蒋介石命陈诚率十一师从武汉北进，协同蒋鼎文的第九师、夏斗寅的第十三师迅速消灭张军，收复襄樊。

同年冬，唐生智和蒋介石闹翻，在洛阳通电反蒋，联合石友三东、西两线威逼蒋介石。唐相约石友三出兵浦口，威胁南京；唐挥师南下，直指驻马店，企图进窥武汉。时逢河南天降大雪，交通梗阻，补给困难，阻滞了唐军的前进。陈诚率军星夜奔驰河南，抢先进驻确山，凭险阻击南下唐军，战斗甚为激烈。陈诚亲自带领特务连上前线与唐军直接硬战，坚持战斗，不后退一步。蒋介石又令杨虎城部由南阳袭击驻马店。唐军腹背受敌，饥寒交迫，难以支持，全线崩溃。陈诚带领十一师乘胜猛追到漯河，全歼唐军，缴获全部武器。陈诚在这次战役中，为蒋介石立了一次汗马功劳。至于东线石友三出兵浦口的阴谋，由于夏斗寅向蒋告密，蒋迅即返回南京。石友三邀请蒋介石去讲话，蒋不去。石警觉到蒋已察觉其阴谋，即刻出走，返回河南。至此，唐、石合谋倒蒋的阴谋，未能得逞。

1930年夏，冯玉祥、阎锡山联合倒蒋，在中原地带爆发了大规模的新军阀重新混战的局面。陈诚率十一师马不停蹄地转战津浦北段和陇海东段。起初，陈诚的十一师驻守归德附近阵地，抵御冯玉祥的冲击。陈诚命令死守，不准放弃一寸阵地。溃退下来的团长刘天铎，是刘峙之侄。陈不顾多方说情，坚持依蒋介石所定的连坐法，将刘枪毙了。冯军始终未能攻下陈的阵地。正当蒋、冯两军在陇海前线战斗激烈、相持不下的紧急时刻，阎锡山带领兵马突然南下，过黄河、占济南、围曲阜，动摇徐海，威胁南京。在此千钧一发之际，陈诚奉命带领十一师连夜赶赴津浦，每天以120华里的急行军速度，日夜赶到兖州，协同十九路军蔡廷锴部向阎军展开全面进攻，一举取得解曲阜之围的胜利，随即继续北下追击阎军。蒋介石下令先入济南者重赏。陈诚抢先攻入济南。阎军被歼灭后，蒋军全力集中陇海线，对冯玉祥展开全面进攻，猛追猛打。冯军无力抵抗，纷纷西逃。蒋介石又悬赏巨金，奖给先攻入郑州者。陈诚乘隙疾追，到达郑州。当时上官云相部队与陈诚部队同时入城，但他只是一味搜索冯军遗弃物资，放任部下劫掠民财。而陈部先入郑州城的团长萧乾，随军带有15部电台，迅即以十万火急电报，向蒋介石报告十一师先攻占郑州城，并已张贴安民告示，蒋介石甚喜，大为嘉奖，立即将奖金如数奖给陈诚的十一师。陈诚分了一部分给上官云相。蒋冯阎中原大战，至此结束。蒋介石嘉奖陈诚，升任陈诚为第十八军军长。

从此陈诚精心经营，不断壮大发展十八军，使之成为陈系军事集团的嫡系部队。

（三）将钱大钧的教导第三师改编为第十四师，完成十八军建制

陈诚升任为第十八军军长之初，仍然只有原来的第十一师一个师，徒有军的空头番号，而无军的实际编制。按军的编制，至少管辖两个师。陈曾多次向蒋介石要求补足编制。蒋有意将钱大钧的教导第三师拨给第十八军。由于钱大钧贪污腐化，少理军事，以致该师战斗力差，军风军纪坏，曾被红军消灭过两个团，弄得信誉扫地，钱亦不管。陈诚窥视出蒋介石对此心怀不满，乃乘机向蒋报告该师腐败情况，表示他能带好这个部队，整饬好军风军纪。至此蒋介石才做出最后决定：将教导第三师拨归第十八军建制。为了便于整顿，将其番号改为第十四师，陈自己不兼原十一师师长，改为兼任第十四师师长。将十一师二十一旅旅长周至柔调升为十四师副师长。所遗十一师师长职，将该师副师长罗卓英升充。于是该十八军在武汉正式建成。

但是由于原教导第三团的团长们大都继续拥护钱大钧当师长，不愿跟陈诚，在第二团团长夏楚中家开会反对改建，拒绝陈命。不料夏楚中和第六团团长张鼎铭看出陈诚受蒋信任，向陈告密。陈诚对夏、张两人甚为称赞。夏、张因此从钱大钧的部属转眼成为陈诚的亲信骨干，不久夏楚中升任为十四师四十旅旅长，张鼎铭为十一师三十一旅旅长，其他不愿跟陈的团长全部陆续被撤换干净。陈同时提拔一批拥陈的黄埔二期学生为该师中下级干部。及至1931年8月，陈诚见副师长周至柔与全师各级干部相处融洽，取得部下信任，陈诚在该师的统治地位已臻巩固，乃宣布解除自己兼任十四师师长职位，由副师长周至柔升任，由柳际明任十四师参谋长。

十一、十四两师成为陈诚十八军发展军事势力的两只巨掌，十一师辖

三个旅：三十一旅旅长张鼎铭、三十二旅旅长萧乾、独立旅旅长霍揆彰；十四师辖三个旅：四十旅旅长夏楚中、四十一旅旅长李及兰、攻城旅旅长李延年。全军各级领导骨干，由保定、黄埔、陆大三大系组成，其中保定系的权最大，黄埔系的人最多，陆大系的人逐渐增多，亦受到陈诚的重视。其他杂牌的人极少，不可能得势。全军每个旅辖三个团，六个旅共有18个步兵团。每个师还有师部直属部队：炮、工、通、辎各一营和一个特务连。十四师还有一个骑兵连。全军总兵力共约四万人。从此陈诚的十八军有了第十一和第十四两个基本师的正规编制，奠定了陈诚军事集团不断发展壮大的基础。

（四）在第三次反革命"围剿"时吞并杂牌部队，两年扩编为六个师

1931年夏，陈诚奉命将十八军的两个师全部调入江西，充当第三次反革命"围剿"的主力部队，经南丰、广昌、宁都转进东固，因系炎夏行军，沿途被红军拖打得精疲力竭，损耗很大，急需整补。陈诚见进入江西参加"围剿"的杂牌部队番号甚多，蓄谋伺机合并。陈诚摸透了蒋介石的意图，是利用"围剿"红军的机会，借刀杀人，让其充当炮灰，以除后患。他于是向蒋献策，说这些杂牌军队军风军纪坏，战斗力差，畏缩不前，行动迟缓，成事不足，败事有余，与其让它们妨碍"围剿"大事，何如收编改组。这个主意，得到了蒋的默许。

陈诚首先看中了盘踞安福附近郭华宗的四十三师。1932年春，他亲自带领十八军十一、十四两个少师，从赣州进驻吉安整补，无所顾忌地在安福附近对郭华宗的四十三师实行突然袭击，一举而围歼之。然后他一面整顿，一面安抚，将四十三师番号纳入十八军建制，从而达到了一个军辖三个师的目的。

四十三师原是北洋军阀孙传芳残部投降收编而成的杂牌部队。师长郭华宗当时被突然袭击搞得措手不及，气愤已极，拒不缴械，坚决死拼。陈诚一面收买郭部旅长孔令恂，使其叛郭投陈；一面与郭本人直接谈判，

答应郭本人带走军款十余万元出走了事。于是四十三师人枪全被吞并，以十八军参谋长刘绍先任四十三师师长，并派一批高级军官进去。对待部属的态度，比之原先旧军阀作风较为温和，取消了打骂等体罚制度，薪饷按时发放，赢得了全师官兵的拥护，直到抗日战争时期，才将师团级以下干部，逐步改变为黄埔学生。

陈诚夺得四十三师后，接着又将老军阀部队韩德勤的五十二师吃掉。该师在第三次"围剿"中被红军袭击，只剩残部三四千人，韩德勤本人只身逃出。为收拾这点残部，陈诚蓄意断其补给，虽经几次报领，亦置之未理，弄得韩无法存在下去，只得一走了事。陈诚借整理军队名义，把它接管下来，从十一师中拨去独立旅的三个团补该师的建制，派十一师副师长李明升任五十二师师长。

陈诚扩增了两个师之后，吞并杂牌军队的瘾更大了。当时，有一支杂牌部队张英的五十九师驻在吉水县，是何应钦培植的亲信部队，是何向蒋担保从四川调入江西参加"围剿"的。这支部队的背景，既然是当时南昌行营主任兼负"围剿"总指挥的何应钦，他自认为靠山坚实，别人不敢去动他，但是没料到陈诚仗着靠山蒋介石，一心要吃掉他。因为陈诚早在1927年蒋介石第一次被迫下野、旋又复职的过程中，察觉到蒋介石已看出了何应钦有寻机夺取蒋地位的野心和动向。蒋、何之间，实际是貌合神离。陈诚胸中有数，乃越过南昌行营，直接向蒋告密，说五十九师不服从命令、军风军纪坏。他亲自率领十一师、十四师，借口赴乐安解救四十三师被红军包围的名义，先令张英的五十九师从吉水开赴永丰；然后以两个师的兵力包围永丰，结果驻在城内的师部和三个团全被缴械。只有李弥一个团突围逃去南昌，向行营告状。陈诚派人去追赶，也没有追回来。一时南昌方面对陈诚这种横暴野蛮的搞法，纷纷指责，结果只是将李弥的这个团编到熊式辉所属周浑元的第五师。陈诚保留五十九师番号，由十八军统辖，派十一师副师长陈时骥为五十九师师长，从十一、十四两师中各拨出一个独立团编进去，彻底整顿一番，归陈诚直接节制指挥。何应钦亦无可奈何。

1933年，大别山区的红军经常活动于平汉铁路南段，使该地段的交通遭到威胁。蒋介石急需派一支部队去护路，又苦于无军队可派。陈诚乘机献策，表示愿将十八军的部队抽调一部分，去担负护路任务。他向蒋请求，将十四师攻城旅的三个团及一部分勤杂部队，编为一个陆军师，开赴平汉南段。蒋介石当即批准，颁给九十八师番号。陈乃调十四师四十旅旅长夏楚中升任为九十八师师长。

至此十八军只用两年多的时间，就扩大为拥有十一、十四、四十三、五十九、五十二、九十八共六个师，由原来四万多人猛增一倍多，将近10万人。

此外，当时抚河流域还有孙连仲的二十七师驻抚州，毛炳文的第八师驻南丰，许克祥的二十四师驻黎川，李云杰的二十三师驻南城。陈诚和罗卓英探知这些部队都存在一定的困难和弱点，乃密谋将十八军两个师从吉安开进抚州，以便就近拉拢这些部队，代他们领经费和军械；替他们向中央说话；帮他们解决一些困难问题，用以笼络这些部队，使之附陈，听其指挥，扩大第十八军的声势。

（五）在第四次"围剿"中惨遭失败后，仍受蒋的重用，扩编为八个师

1933年第四次"围剿"，陈诚担任抚河流域中路总指挥。他请准蒋介石将十八军的五十九、五十二两个师拨出，成立一个第五军，调十一师师长罗卓英升任军长。命令刚发表，第四次"围剿"即已开始，罗未及到职，军部组织机构尚未组成。五十二师在行军途中，被红军拦腰截成两节，各个歼灭，师长李明重伤自杀。五十九师陷入红军的埋伏圈，全师覆灭，师长陈时骥被红军俘获。第五军顿成泡影。陈诚立即将十八军从南丰改向东黄陂前进，填补被歼灭两个师的空虚，并调李延年的第九师和吴奇伟的九十师增援。结果由于十一师师长萧乾骄傲，拒不接受叫他靠拢第九师的命令，被红军攻破，全线崩溃，旅、团长伤亡过半，师长萧乾负伤，全师覆灭。第四次"围剿"，宣告失败。陈诚受到蒋的责难，跑回南昌，

居家不出。

蒋介石决定新的"围剿"计划后，考虑再三，觉得只有陈诚担当这个计划的执行人比较适当，所以还是继续重用陈诚。蒋对十八军部队，非但不因他打了败仗而裁减，而且为了满足新"围剿"计划的需要；为了"进剿"行动轻便灵活，便于指挥，将十八军扩编为九个师。首先将被歼灭的十一师在抚州附近补充恢复后，再将原十一、十四、四十三各师取消旅一级的指挥单位，各分编成两个师，共为六个师。即将十一师分出三个团，编为六十七师，师长以旅长傅仲芳充任。将十四师分出三个团，编为九十四师，师长以旅长李树森充任。将四十三师分出三个团，编为九十七师，师长以旅长孔令恂充任。将被歼灭的五十二、五十九两个师番号取消，残余部队合编为九十九师，派中路军总指挥部高级参议郭思演任师长，调驻武汉整训。同时将原在平汉铁路线担任护路任务的九十八师，亦调回江西。在"追剿"时又恢复第五军番号，派薛岳任军长辖九十二师和九十九师。九十二师师长是梁汉明，该师是新拨归陈的。

这样一来，陈诚的十八军不但没有因打败仗而减少部队，反而扩编为拥有十一、十四、四十三、六十七、九十四、九十七、九十八、九十九、九十二九个师了。此外陈诚还想尽一切办法，要尽一切手段，拉拢各方面的杂牌部队，比如利用封建乡亲关系；或者利用十八军多余武器，施舍给人；或者利用自己与蒋介石接近的关系，替人在蒋面前说话等小恩小惠，使之成为十一军的附庸，同十八军一致行动。广东军队吴奇伟的第四军归属陈诚，就是利用吴投靠广西遭到拒绝、处境困难的时机，派罗卓英利用与吴奇伟是广东大浦同乡的关系，进行拉拢。陈亲自向蒋说话，补充其械弹，调入江西，听陈指挥。还有江西部队的七十九师、浙江部队的第六师，都被陈拉拢，成为陈系军事集团的附属力量。

1935年秋，陈诚任全国陆军整理处主任，负责分期整理40个国防师。第一批整理第十八军的十一、十四、六十七、九十四四个师，整编为十一、十四、六十七三个整编师，九十四师番号取消。整编后的师，为每师两旅四团制。调整十一师，由原六十七师拨入一个团，编为三十一、三十二两旅共四个团。调整十四师，由原九十四师拨入一个团，编为四十、四十一两旅共四个团。调整原六十七师，由原九十四师的两个团和原六十七师的两个团，编为一九九、二〇一两个旅共四个团。整编后的主要人选为：整编十一师师长黄维，旅长叶佩高、莫与硕，团长胡琏、朱鼎卿；整编十四师师长霍揆彰，旅长陈烈，团长阙汉骞、王中柱、杨勃、高魁元；整编六十七师师长李树森，旅长李芳郴、蔡炳炎，团长覃道善、傅锡章、李维藩、朱志席。原六十七师师长傅仲芳调任九十九师师长。至此除九十四师番号取消外，其余八个师的番号，均一直保留至抗日战争开始。

（六）抗战时期，陈诚军事集团约有8个军20个师20余万人

1937年冬淞沪抗战，国民党许多非嫡系部队被击溃后，徒剩番号虚名，无人过问。陈诚则不放过这些机会，乘机收编这些部队，掌握这些番号。当时十八军控制了两个军的番号，一个是五十四军，一个是七十九军。由十八军发表十四师师长霍揆彰升任五十四军军长，九十八师师长夏楚中升任七十九军军长。五十四军开始只有十四师一个师。陈诚运用他老婆谭祥是谭延闿女儿的关系，将从上海败退下来的两支湖南部队：原属谭系的朱耀华十八师和岳森五十师，拨归五十四军建制，调六十七师一九九旅旅长李芳郴接充一八师师长，以后又改调罗广文接充；派杨文瑔任五十师师长。

七十九军开始也只有九十八师一个师，陈一度拟将军阀部队王凌云的七十六师拨给七十九军。王凌云看出陈有吞并七十六师的企图，乃设法摆脱了陈的控制，投靠李延年的第二军去了。1938年武汉沦陷后，陈诚将一九四师郭礼伯部拨归七十九军建制，另派九十八师旅长龚传文升任为一九七师师长；又将湖南部队王育瑛的一九八师拨归霍揆彰的五十四军建制，原属五十四军的十八师拨出归十八军建制，调曾任过十一师师长的叶佩高接任一九八师师长。还有罗树甲的一九九师，也是从上海撤退到湖南的湖南部队。陈诚为了拉拢收编这支部队，将罗调升为十八军副军长，另

调十一师的老亲信宋瑞珂接充一九九师师长，拨归十八军建制。

万耀煌率领湖北部队十三师由上海败退下来后，为了讨好陈诚，请陈诚派一师长去接管十三师。陈诚对万耀煌印象很好，在蒋介石面前大力推荐吹嘘万，在短短几个月内将万耀煌连升两级，调万当陆大教育长。陈诚先派吴良琛任十三师师长，因吴能力差，搞得军心涣散，怨声载道。陈得悉后将吴调走，改派方靖去当十三师师长。方到该师后，精心整顿，得到官兵好评。陈于是将这个师和一九九师编为六十六军，由宋瑞珂任军长，成为陈诚军事集团基干力量之一。

1938年陈诚任武汉卫戍总司令兼湖北省主席时，将叶蓬所建的武汉警备旅扩编为一八五师，派武汉卫戍总司令部参谋长郭忏兼任该师师长，将该师旅团长全部撤换成十八军各师抽调去的干部。陈诚又运用自己武汉卫戍总司令名义，将原属韩复榘的五十五师曹福林部进行整顿，先调曾任十四师参谋长的柳际明任该师师长，后又改调曾任十四师四十一旅旅长的李及兰继柳为师长，将该师编入九十四军建制。后来因该师作战不力，将五十五师番号取消，所有官兵编入一一八师。

1938年夏，原属张学良的东北军一一八师在江西南得铁路阻击日寇，伤亡惨重，撤到后方，不但无法补充兵员武器，连官兵生活亦无法维持。陈诚乃派十一师旅长王严去当这个师的师长，补充训练。五十五师番号取消后，将其官兵全部编入该师，建制完备。至1943年将一一八师编入第十八军建制。

1938年秋十八军从皖南调去赣北修武线作战以后，又转移到湘鄂边区，所属六十七师留在皖南，列入第三战区战斗序列。第三战区司令长官顾祝同派人勾引六十七师师长莫与硕，以升莫为八十六军军长，将六十七师交顾派人接任师长为交换条件，从而六十七师被编归顾的体系中去了。陈诚对此大为不满，抓住蒋介石对顾在浙赣线丧地逃跑非常恼怒之际，将第三战区原属顾的残破部队王敬久第十集团军所辖的八十六军、暂九军，调到第六战区整顿，毫不犹豫地将属于顾祝同、俞济时一派的军长、师长及其他军官，一律撤换干净。十八军副军长方靖调为暂九军军长，以十八师副师长吴啸亚升任该军所属的暂编三十四师师长。该军所属的三十五师师长劳冠英因能力强，表示愿附陈效劳，得以保留一个短时期，以后仍被另调他职。八十六军军长方日英免职后，派十三师师长朱鼎卿升任。副军长兼六十七师师长陈颐鼎免去师长兼职，专任副军长，另派十一师政治部主任罗贤达升任六十七师师长。六十七师重新回到陈系集团，罗对其中陈颐鼎任用的干部，一律借故撤职或调离。

盘踞云南很久的龙云，与蒋介石本来就是貌合神离。龙云严防蒋军势力进入云南，蒋介石则一心想插进云南。1939年，陈诚秉承蒋介石的意旨，选派一个精明能干、机警稳健、善于应变的亲信骨干，带领一个军相机开进云南，应付龙云，为蒋军继续大规模进驻云南打开局面。陈诚选定当时在衡阳游干班任政治部主任的陈烈，认为他最符合这个条件，当即调升陈烈任五十四军军长，辖十四、五十、一九八共三个师。陈烈进入了云南，旋因牙病不治病故。陈诚调黄维前往云南接任五十四军军长。1943年，走何应钦路线的关麟征在昆明任第九集团军总司令，五十四军被列入第九集团军战斗序列，受关指挥。关麟征企图趁机夺走五十四军，乃向军政部长何应钦诬告黄维贪污，将黄撤职，以第五十二军副军长张耀明调五十四军军长。不久陈诚出面将张耀明撤换，将五十四军拨归宋希濂十一集团军指挥，另调现任十一军军长方天接长五十四军兼十一集团军副司令。关麟征阴谋夺走五十四军的企图至此破产。

1943年，江防司令吴奇伟驻湖北宜昌三斗坪。陈诚的基本部队十八军归吴奇伟指挥。驻三斗坪附近的十八军军长方天，辖十一、十八两师和一个后调师（五十五师），十一师师长胡琏、十八师师长罗广文。十一师守石牌要塞，十八师担任石牌要塞的外围阵地，都做有坚固的防守工事。1943年4月，罗广文升十八军副军长，所遗十八师师长一职，调我升充。5月1日，我到职接掌十八师完毕，罗广文尚未离开师部。5月2日，宜昌的日军向石牌要塞及三斗坪进攻，企图占领石牌要塞，消灭吴奇伟所指挥的江防部队。十八师固守阵地，与日军激烈战斗一星期，虽伤亡数百，而日军亦伤亡惨重，败退而归。战斗结束，蒋介石亲自到恩施第六战区司令部，召集军师长会议。蒋介石在会上问胡琏防守石牌的情况时，胡琏说："我只用上两个营的兵力，就打退了日寇的进犯。"蒋介石大为嘉奖，叫各师都要学胡琏的指挥作战，节省兵力，当即颁发军长方天、副军长罗广文、师长胡琏三人青天白日勋章。不久，方天升任十一集团军副司令兼五十四军军长，所遗十八军军长一职，由副军长罗广文升充，副军长缺由胡琏升任仍兼十一师师长。

1944年春，十八军参加常德会战，部队驻桃源、常德、澧县、安乡一带。这时胡琏专任十八军副军长，遗十一师师长职调刘云瀚升充。不久，罗广文调任八十七军军长，同年冬又调任原属卫立煌的十四军军长，驻重庆。胡琏升任十八军军长。由于刘云瀚与胡琏发生矛盾，刘另调他职，遗缺以副师长杨伯涛升充。这时，陈诚将王严的一一八师拨入十八军建制，胡琏即将后调号五十五师番号取消，将官兵编入一一八师，王严升任十八军副军长，原五十五师师长戴朴改任一一八师师长。于是胡琏的十八军辖十一师（师长杨伯涛）、十八师（师长覃道善）和一一八师（师长戴朴）共三个师。

1941年陈诚任第六战区司令长官时，为了拉拢七十三军，对军长彭位仁表示好感，彭亦愿意靠拢陈诚。陈诚便先后派柳际明和韩濬任该军所属的七十七师师长。不久彭调升他职，七十三军军长由韩濬升任，但以后该军拨归了王耀武第四方面军。

1944年，中国驻印军决定向缅甸日军发动攻势。陈诚借口驻印军力量不够，乘机抢先抽调五十四军的十四师和五十师空运印度，接受美械装备。驻印军组成新一军、新六军时，则把五十师编入新一军，把十四师编入新六军。实际上这是陈诚企图掌握新一军和新六军的准备。五十四军抽走了两个师后，将原属宋希濂七十一军中的三十六师（师长李志鹏）拨归五十四军建制。

1945年，王耀武第四方面军驻湖南湘西怀化、芷江一带。十八军驻桃源，所辖十八师驻益阳马迹塘；十一师驻常德；一一八师驻桃源。是年夏，日军一一六师团长凌田中将指挥一一六师团和七十四师团，经邵阳大举进攻怀化、芷江，企图击败王耀武的第四方面军，占领芷江飞机场。一一六师团向怀化前进；七十四师团企图进占新化县后，再转向溆浦，对怀化、芷江采取包围措施。王耀武的七十四军在芷江、怀化东南方面，抗击一一六师团；韩濬的七十三军在新化抗击七十四师团，节节败退，使日军七十四师团一个加强联队进占了洋溪，距新化县城只有20华里，新化县岌岌可危。十八军军长胡琏率领十一师、一一八师，由桃源、常德出发，赶至怀化、芷江东南方向，增援七十四军；我率领十八师，由益阳马迹塘出发，经安化赶至新化，增援七十三军。我到达新化后，即与韩濬商议：由十八师派五十二团团长夏建勣，率领两个营到洋溪，阻击日军的加强联队；我率领十八师主力，绕道到洋溪南面，袭击七十四师团司令部。当时美国联络官普罗门中校已到十八师联系，研究美空军参战如何配合陆军进击等问题（此时日军制空权已经丧失），决定先由美空军对日军一个步兵连占领的一个山头阵地进行轰炸，投掷固体汽油烧夷弹，将日军占领的山头阵地全部炸毁，然后由十一师袭击七十四师团司令部。十八师的陈仲泉营很顺利地占领了日军的一个山头阵地，打了一个星期，日军伤亡惨重，并迫使日军七十四师团的主力部队投入战斗，形成拉锯战形势。最后蒋介石空运新六军由曲靖到芷江，日军见势不妙，乃全部仓皇撤退，战斗随之结束，俘虏了一些日军士兵和枪炮弹药。十一师在追击中也俘虏了许多马匹。陈诚对十八军参加芷江会战，将日军击退，非常高兴，亲自到怀化第四方面军司令部召见胡琏、覃道善、杨伯涛，并一起会餐。第二天，陈又亲到麻溪铺十八师师部，对十八师官兵训话，勉励大家要更加努力，以期达到抗日战争的全部胜利等语，不久即将十八军十一师、十八师改为美械装备。

陈诚军事集团在抗日战争期间，使尽种种手段，不断壮大自己的势力，先后拥有十八军、五十四军、七十九军、六十六军、十四军、八十六军的番号。所辖的师，计有十一、十四、四十三、六十七、九十四、九十七、九十八、九十九、八十二、十八、五十、一九七、一九九、十三、一八五、一一八、三十四、三十六、七十七等20来个师，共约20万

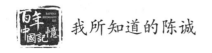

人的兵力。

抗战胜利后，陈诚军事集团在接收日军投降部队时，所取得的军用物资装备自己部队的具体情况，就我个人极有限的了解，大致如下：

1945年日军投降时，第十八军在湖南，军长胡琏率领一一八师接收长沙；杨伯涛率领十一师接收湘阴；我率领十八师接收岳阳。

当时岳阳是日军在湖南的补给基地，驻有十七独立旅团；以后凌田中将的一一六师团亦开来岳阳。十八师接收岳阳这两部分日军的军用物资，计接收日本马两千多匹，首先分配给十八师所属炮兵营、输送营、骑兵连及各团迫击炮连、炮车防御炮连、机枪连等单位使用。按编制配备足够数量，马共千余匹，其余则分配给十八军的其他各师使用。所有营、连都分配有电话机。接收的汽车，分配给十八军每师30辆，军师团都留有小汽车自用。弹药拖车，师部及团、营、连，都留用充足。十八师的营、连均增配有线电话机。一一八师装备山炮一营。十八师的官兵每人皮鞋一双。

宋瑞珂的六十六军接收武汉时，也装备了日本山炮一营及其他军用物资。阙汉骞的五十四军随罗卓英到广州接收，情况不了解。十四师空运到南京接收，情况也不了解。

陈诚军事集团的主要领导骨干，从1928年成立十一师起，至抗日战争结束期间，首先是以陈诚保定系的保定军校同学罗卓英、周至柔两人为其左右手。1933年，陈诚报准蒋介石将周至柔派赴美国考察各国空军情况，回国后就任航空学校教育长，从此陈系军事力量，深入空军系统中去了。此后陆军方面就是罗卓英为其出谋献策。1945年罗调任广东省主席后，陈的身边就以郭忏为其心腹骨干。陈系军事集团的干部基础是黄埔系学生，其中主要领导者有萧乾、霍揆彰、夏楚中、黄维、李及兰、李树森、彭善、陈烈、方大、莫与硕、王严、方靖、宋瑞珂等，都是极端拥护陈诚的骨干。1933年第四次"围剿"，十一师全军被歼后，师长萧乾调离十八军，任福建省保安处长，从此十一师即以黄维升任师长。黄维好读诗书，没有别的不良嗜好，深得陈诚的信任。为了培植黄维，陈于1936年派他去德国留学。1937年秋淞沪抗战爆发，陈诚即调回黄维，任为六十七师师长，不久即接任罗卓英的十八军军长，1948年又调升为第十二兵团司令，指挥第十军、第十四军、第十八军、第五十四军共四个军。陈系集团的主要干部中，陈烈也是陈诚很重视的一个。陈诚第一次接见陈烈，谈话后就以团长任用，不久又升任旅长。为了培植他，陈保送他入陆大特别班，毕业后即调任为十四师师长，1939年调任衡阳游干班政治部主任，不久派他任五十四军军长，带领十四、五十、一九八共三个师，秉承蒋介石的意图，开进云南，为蒋军在云南监视龙云，打开了一个继续深入发展的局面。陈烈病死后，陈诚又派黄维前去接任。

（七）第三次国内革命战争时，陈诚军事集团继续扩充，全被歼灭

抗日战争胜利后，蒋介石召开了一次全国整军会议，为适应今后对共产党作战的需要，实行整编，汰弱留强，精练建制，加强实力。1946年夏即开始整编：将军缩编为师、师缩编为旅，一旅辖两团。原有杂牌部队辖有三个师的军，缩编成一个整编师辖两个整编旅共四个团。即所谓"两旅四团制"。陈诚自己的老本第十八军，则为整编师辖三个整编旅六个团，即所谓"三旅六团制"。将十八军改为整编十一师。原十八军所辖的十一、十八、一一八师，改为整编十一、十八、一一八共三个整编旅，各辖两个团。直属部队保留不变。原属陈系的其他各军师，整编后仍属陈系军事集团的势力。蒋介石又调拨一个战车营，有十余辆战车和一个美械架桥连、一个重迫击炮连，归整编十一师指挥。

1946年冬，陈诚为了夺得整编六十九师和整编七十二师，派自己的亲信戴之奇去当整编六十九师师长；派杨文瑔到王陵基四川部队的整编七十二师当师长。结果到手不久，即于同年冬在苏北宿迁归胡琏指挥，被新四军歼灭，戴之奇自杀；七十二师于1947年夏在山东泰安被解放军歼灭，杨文瑔被俘。1946年冬，陈诚又收编从枣庄败退下来的东北军周毓英五十二军残部，调升整编十一师副师长王严为五十二军军长，整补后开赴苏北前线作战，以后亦杳无消息了。

1947年，整编十一师又恢复一师三旅三团制。我调任整编十一师副师长一个月，又升调整编第三师师长，并将十八军所属的十八师，拨归整编第三师建制。整编第三师辖整编第二旅、第十八旅、四十九旅共三个旅，每旅三团制。胡琏升任整编第十八军军长，辖整编第三师和整编十一师。1948年，整编第三师改编为第十军，所辖整编十八旅改为十八师；整编第三旅改为一一四师。另有整编四十九旅改为四十九师，归第十八军建制。原属十八军的七十五师归第十军建制。整编十一师又改编为第十八军，辖十一师（由整编十一旅改编成的）、一一八师（由整编一一八旅改编成的）及四十九师（由整编四十九旅改编成的），于是将第十八军、第十军、第十四军和八十五军共四个军，组成第二十兵团，黄维任兵团司令，胡琏任副司令，另一个副司令吴绍周兼任八十五军军长，我任第十军军长、杨伯涛任第十八军军长、熊受春任第十四军军长，四个军共约12万人。

1948年冬淮海战役时，十二兵团奉令由河南确山、驻马店经阜阳、蒙城奔赴苏北、皖北，援救黄百韬兵团，被解放军拦阻在双堆集，除十八军的四十九师由后方调来，尚在蒙城行军途中没有加入战斗外，整个兵团全被歼灭。

1947年秋，青年军二〇六师驻洛阳，因该师毫无战斗经验，经解放军一打，就龟缩城内，惊慌失措，连电告急。陈诚乘机向蒋进言，说二〇六师师长不行，更换一个有战斗经验的师长，则可挽救危急局面。陈得到蒋介石的同意，立即调九十四军所属的第五师师长邱行湘升任青年军二〇六师师长。邱到任后严厉整饬，建筑工事，企图顽守洛阳，但至1948年3月经陈赓兵团围攻洛阳，部队全被歼灭，邱本人被俘。

1948年7月，陈诚信任的参谋人物刘云瀚任八十六军军长，辖二十六师、五十五师及东北保安部队编成的一个师（忘记了番号），归天津警备司令陈长捷指挥，天津解放时被解放军四野歼灭殆尽。

1947年，陈诚的基本部队宋瑞珂的整编六十六师在鲁西南羊山县被刘邓大军消灭，宋本人被俘。1949年2月，陈诚的基本部队方靖的七十九军在鄂西当阳一带，被解放军歼灭。

1948年，陈诚的基本部队廖耀湘兵团所属潘裕昆的新一军和龙天武的新三军，都在东北辽沈战役中于辽西被歼灭。1949年，蒋介石住奉化，陈诚的基本部队阙汉骞的五十四军调驻奉化担任警卫，以后逃往台湾。1948年，十四军军长罗广文离开该军到重庆，以后成立一个军，又组成过兵团（番号均不清楚），1949年在成都起义，罗本人以后（1956）患高血压病死。

总之，陈诚军事集团在蒋介石反动统治的年代中，曾经耀武扬威，疯狂一时，但毕竟还是一只纸老虎，在共产党领导下的人民解放军面前最后只落得全军覆灭的下场。

（1979年12月）

大革命时期的陈诚

陈应东*

一、陈氏家世

陈诚，字辞修，浙江青田高市人，1898年（清光绪二十三年十二月十二日）1月4日生。高市距青田城西70华里，位于瓯江南岸，距石门洞5华里，与芝溪斗隔江相望。高市分里村和外村，陈诚的家在外村，坐南朝北，类似北方的四合院，前排五大间，后屋五大间，东、西厢房各三间，陈诚原住东厢房。

陈诚的父亲陈应麟，字希文，逊清秀才，又在浙江省两级师范学堂初级班毕业。陈诚的五叔祖陈一鹏，是前清廪生，希文依靠一鹏的提携，曾任青田县城敬业高等小学校长十余年，服务教育事业，以终其身。

陈诚有兄弟三人，他居长。

次弟陈愿，字正修，留学法国，学化学。1932年回国，在国民政府兵工署兵工研究委员会任少将研究委员。1936年在广州珠江南岸任四十二兵工厂厂长。1937年抗日战争爆发后，该厂内迁广西柳州，改为防毒面具

---

　*　作者浙江松阳人，曾当陈诚英文秘书10多年。此文根据他生前的口述整理而成。

厂，1939年又迁到贵州遵义四面山，正修一直担任厂长。1948年当选为立法委员。

三弟陈敏，字勉修，上海交通大学毕业，留学英国，习经济。1941年回国，在重庆担任中国农民银行重庆分行经理。抗战胜利后回南京，担任中国农民银行南京分行经理。1948年与无锡秦汾（财政部司长）之女结婚。同年11月去台湾。

陈氏三兄弟的面貌都酷肖其母洪氏，身材都很矮小，像是一个模子里铸出来的。陈诚还有一姐姐，叫陈锦花，嫁在青田高市里村，不曾生育，领徐松如为养子（徐现为青田县政协委员）。

二、青少年时代

陈诚幼年争强好斗。他家里的房屋，窗棂都是纸糊的，同村的儿童常来吐口水，把他家的纸窗戳穿，陈诚很恼火，在纸窗上写上"男盗女娼"。陈诚的父亲看到斥责说："你骂的是谁？"陈诚为此挨打，就泄恨于村上儿童，经常殴斗不懈。

青田城里当时只有一所高等小学，陈诚的父亲便是这所小学的校长，教学极为严格。

1907年陈诚9岁时，入学读书，1912年小学毕业。他的两个弟弟以后也在这所小学读书。

1913年2月，陈诚到了丽水，考入省立十一中学。后来他的二弟正修也考入十一中。当时中学读书是自费的，兄弟两人都要缴学费，家庭不堪负担，陈诚中途改读处州省立十一师范，因为师范是公费。十一师范在丽水城内太保庙背后莲城书院旧址，学制预科一年，本科四年。当时和陈诚同班的同学有李瑷（青田人）、杜芳（缙云人）、邱学银（宣平人）、陶镕（缙云人）、阙维熙（丽水碧湖人）等。校长华国，字郁文，临海人；体育教员程孟渊（温州人）。陈诚对功课不甚用功，经常和校长的侄儿华文宽（任该校会计）一起打球，感情很好。他爱好体育，平台、铁杠、木马、跳远、跳高，样样参加，也爱好骑马。十一师范开第一次运动会，陈诚得了个人总分第一。

学校有个乐队，指挥曹竞，大鼓何鹏，小鼓潘焕钧、郭耀奎，马号杨达、陈诚，小号叶碧炎、阙仲瑶。每逢参加社会活动，或者远足旅行，乐队走在前列。陈诚身材矮小，他吹着马号，总是走在队伍的最前列。

陈诚在校读书时，一度染上赌博恶习，几次输了钱，还不起，同学叶光多次替他归还赌债，劝他不要再赌。学校当局发觉后，要开除其学籍，唯校长华国不同意。陈诚怀着对校长的感激，从此戒赌。陈诚得势后，思念叶光的旧情，邀叶光担任经理处长。

1917年12月，陈诚在十一师范毕业，回青田高市，就和吴子漪的妹妹吴舜莲结婚。婚后跟他父亲到青田城内敬业小学，恰巧校内缺少一名体育教员，校内有老师建议，留陈诚担任体育教员。陈诚的父亲说："现在青田一批士绅正在找我的缺点，我若用自己的儿子，正好授人以柄。"坚决不同意，后经陈诚的同学曾志超（宣平人）介绍去宣平农村任小学教员，薪资菲薄，仅能糊口。陈诚的父亲在高市开设一家中药铺，要陈诚辞退小学教员，回家经营药铺，他不干。

1918年暑假，陈诚到了杭州，考入南星桥一所体育专门学校。他的妻子吴舜莲拿出陪嫁钱供他读书。

三、进入保定军校

1919年冬，陈诚在杭州体专毕业后，准备回青田，恰巧杜志远来到了杭州。

杜志远，青田北山人，南京江南陆军学堂毕业，和陈诚的父亲陈希文是逊清同科秀才。杜志远在段祺瑞麾下当过营长、团长，升任师长。当时皖系实力只有三个师、一个旅，在段祺瑞执政时期，杜志远成了炙手可热的人物。

杜志远的专车抵达杭州时，陈诚和当时在杭的青田同乡一道，前往车站迎接。杜志远离杭时，陈诚又跟着同乡到车站欢送。陈诚上了专车，和杜志远的卫队（都是青田人）攀谈得很起劲，火车开动也没有发觉，稀里糊涂地同车到了北京，杜志远问了情由，才知道陈诚是青田同乡，又是同科秀才陈希文的儿子，便留陈诚住在北京处州会馆，和缙云同乡王惟才住在一起。

1920年，经杜志远向保定军校校长曲同丰（与杜同属皖系）保送，陈诚投考该校八期炮科。由于陈诚身材矮小，考试成绩又差，未被录取。再经杜向主考官魏宗翰（北洋政府陆军部陆军司司长）疏通，才以备取资格入学。当时杜志远还保送青田九都人高文同时考入保定军校，高文以后曾任汤恩伯的参谋长。

陈诚在保定军校时，与罗卓英、邓鸣汉（都是广东人）是同学。他们三人身材都较矮，出操排队，都站在排尾。陈诚和邓鸣汉私交弥笃，结拜为兄弟，订生死交。当时邓演达任保定军校分队长。

陈诚进入保定军校，是他投身军界的起点。

四、分发返浙

陈诚于1922年在保定军校毕业，经杜志远写信给他的儿子杜伟（那时杜伟在绍兴浙军第二师第三旅当少校副官），安排陈诚在浙军第二师（张载阳任师长）第三旅（盛开第任旅长）六团三营当见习官（连长为樊崧甫）。当时周至柔、周搏风、李进德同为见习官。1923年，陈诚升任少尉排长。

这时，夏超（字定侯，浙江青田万阜乡九都人，前清武备学堂毕业）在杭州当浙江警务处长，正在积极扩充部队。陈诚的父亲陈希文与夏超有旧交，托人向夏超求情，要求夏超提携陈诚。夏超召见时，问陈诚在保定军校学什么，陈诚回答："学炮科。"夏超出了几道题当面测验，陈诚

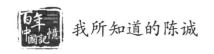
尚能解答。但夏超认为陈诚初出校门，没有实际军事经验，便介绍他到宁波。当时杜伟已从绍兴调到宁波当警察所长，陈在杜手下工作，月薪几十块钱，也就暂时安顿下来。

五、南下广东

这时，陈诚的保定军校同学邓鸣汉（广东客家人）已在广东粤军当连长，写信给陈诚，邀他去当排长。因陈诚与邓是拜把兄弟，便欣然到了广东，在邓鸣汉连当第一排排长（编者按：据《民国人物传·陈诚传记》载，1922年，陈到上海投靠粤军，随同邓演达南下。邓演达任粤军第一师三团团长，陈诚任三连连长）。

1923年5月，陈诚参与讨伐沈鸿英，在肇庆与冯葆初部作战，与连长邓鸣汉在同一战壕内指挥战斗，一颗子弹穿入邓鸣汉的胸膛，邓鸣汉当即阵亡。陈诚也受了轻伤，包扎医治后，不久痊愈。陈诚递升为连长。邓死后，邓母十分悲伤，陈诚安慰邓母，并由他赡养。当时连部有个排长，是广东人，他有个弟弟担任事务长，管理军需伙食。兄弟俩因赌博亏款，把领到的全排军饷拐带潜逃。出事后，陈诚急得直跺脚，计无所出。这时陈诚的妻舅吴子漪（又名蕴玉，浙江青田人），任连部军需，对陈诚说："我去抓他们回来。"吴子漪孔武有力，懂拳术，但到哪里去寻找呢？事竟凑巧，当吴子漪由广州出发，到了韶关，刚下火车，就在车站附近的一家旅馆门口碰见了他兄弟俩，把他们逮住，送往当地警察局，押解回部队，陈诚处分了这两兄弟。

六、进入黄埔军校

1924年5月，孙中山在广州创办黄埔军校，委派蒋介石为校长，廖仲恺为党代表。这时邓演达任粤军第一师团长，兼任黄埔军校教练部副主任，又兼入伍生总队长。陈诚因邓的关系，进入黄埔军校，担任上尉教育副官。

黄埔岛距广州市40华里，通小火轮。有一天，陈诚到广州市区玩耍，第二天清早就乘头班轮船回到黄埔军校，到操场上翻铁杠。恰巧这天蒋介石也很早到校巡视。蒋走到陈诚面前，看到铁杠旁放着衣帽和书本，陈诚向蒋立正敬礼。蒋问："看什么书？"陈诚把书奉上，一看是《三民主义》。蒋随手翻阅，见书上圈圈点点，写满小字，蒋连连夸奖其阅读认真，渴求上进，留下了好印象。

七、参加两次东征

1925年，陈炯明叛乱，蒋介石率领黄埔学生军第一次东征，讨伐陈炯明。黄埔军校教导一、二两个团，协同粤军为右翼。陈诚在右翼军任炮兵营第一连上尉连长。2月15日攻打淡水之役，陈炯明部被围困在淡水城内，由于城墙坚固，一时攻不下。陈诚指挥的炮兵，因炮打久了，炮膛发热，不能继续发炮。蒋介石十分着急，一面命令教导一团团长何应钦坚持攻击，一面对陈诚说："几门炮都打不响吗？"陈诚一急，亲自去点炮，由于已停放了一段时间，一炮打响，全连火炮也打响了，军威大震，把城墙东北角打陷了一个缺口，围城部队架起云梯，蜂拥入城，攻占了淡水城。陈炯明残部败退棉湖，陈诚指挥炮兵阻击敌军。在棉湖战役，陈诚指挥之炮兵发挥了威力，使战局转危为安，克敌制胜。蒋介石称此战役"万一惨败，不惟总理手创之党军尽歼，广东策源地亦不保"。何应钦事后称赞陈诚："不论步兵前进有多迅速，总使炮兵能够配合得上，每次都达到任务，实在是一件非常难得的事。"（何应钦：《陈副总统的勋业与道德》1965年）

6月，东征军回师广东，讨伐杨希闵、刘震寰部。这时，赵成梁师由韶关调驻广九铁路布防，滇军第三军旅长胡思舜率部赶来广州市白云山支援杨、刘，又把驻东江的曾万钟旅调回广州阻止东征军前进。

东征军进入石牌车站，占据石牌车站的敌军在构筑工事。陈诚的炮兵连，在苏联顾问指挥下，向石牌车站炮轰，正中赵成梁的指挥部。赵成梁正在床上吸大烟，恰巧一炮命中。敌师长被击毙，敌军纷纷向瘦狗岭逃窜，东征军兵不血刃，占领了石牌车站。东征军在白云山展开激战，敌军被打得落花流水。12日，在北校场会师。杨希闵部向观音山反扑，也被消灭。

不到两天，全部消灭杨、刘主力，广东趋于统一。

9月，第二次东征，攻打惠州城，敌杨坤如军坚守惠州城。围攻两天，攻城军伤亡惨重，第四团团长刘尧宸阵亡。东征军组织敢死队，陈诚督炮兵连。黄夜架炮，仰射惠州城墙上的敌军机炮阵地。在炮火压制下，七团党代表蒋先云、八团党代表张际春、九团党代表傅维钰、补充团党代表王逸常等，带头率领敢死队爬城，一拥而上，攻克了惠州城，拔了洪兆麟、林虎的老巢，杨坤如残部向闽赣边境逃窜。攻克惠州城后，蒋介石给广东国民政府告捷电称："惠城夙称天险，有宋以来，从未攻下……今为我革命军一鼓攻克。"（见民国十四年10月《政府公报》12号）在两次东征中，陈诚立了战功，受到蒋介石的嘉许，提升为炮兵第二营营长。

八、回家奔丧

1924年5月，陈诚的父亲陈希文在青田城内敬业小学逝世，陈诚在广州，回家奔丧。陈诚抵达温州，寓西门西阁檐同兴客栈（青田人开的），随即到了青田，随灵柩归葬，回到高市。父柩安葬在高市村后黄山岭，"文化大革命"中墓被毁，现经政府拨款修复。墓碑为严立三题，碑文："陈希文先生墓"。

陈诚回到家中，独自睡在楼上。陈诚的妻子吴舜莲感到夫妻分离多年，竟不同房，如此冷淡，一时想不开，便拿了一把剪刀，猛刺自己的喉管，鲜血直流。陈诚的母亲见此惊慌万状，急忙叫人杀了活鸡，用鸡毛包扎媳妇的喉管，幸而气管没有割断，经送往温州医院抢救治愈。村上把这件事当作新闻，不胫而走，到处传开了。陈诚感到很烦恼，在家中只逗留了三宿，匆匆办完丧事，就回青田城里，写了一封信给杜伟，信中说："此番回家奔丧，不幸家中出了事故，万分烦恼，灰心丧气，不想再回广州。"杜伟收到信后，力加劝慰，并汇了一笔钱，劝陈诚返粤。

九、参加北伐

1926年7月9日，蒋介石任国民革命军总司令，誓师北伐。陈诚调总司令部任中校参谋，随军出发。不久，升任预备第一师第三团上校团长，周至柔任团参谋长。

11月，部队经韶关到赣州；预备第一师改编为二十一师，严重为师长，陈诚的第三团改为六十三团，仍任上校团长。

严重，湖北麻城人，保定军校五期工兵科毕业。他每天写日记，当时他在日记中写道："陈诚来谒，畅谈两小时……将来救中国，必此人也。"足见严重对陈诚的器重。严重死后，陈诚在湖北任第六战区司令长官时，曾把严重这段日记向其部属公开，以示严重"慧眼识英雄"。

1927年1月15日，二十一师抵浙江衢州、龙游、兰溪一带，与孙传芳部卢香亭的部队遭遇，展开激烈战斗，2月1日攻占兰溪，歼敌2000人，继续进军桐庐。2月11日，孙传芳纠集了三个师反攻桐庐，被刘峙的第二师击退。但过了浮桥，刘峙师已不能支。陈诚率领六十三团在桐庐西北浪石埠架桥过江，与敌三师背水激战终日，伤亡甚众，营长赵敬统阵亡，宋希濂、王敬久负伤。陈诚率部黄夜袭击敌司令部，敌仓皇退却，二十一师乘胜追击。2月15日，攻克新登，19日占领杭州。陈诚擢升为二十一师副师长，仍兼六十三团团长（师长仍为严重）。

二十一师抵达杭州，何应钦的东路军亦由闽抵达杭州，浙江成立军政府。不久，二十一师开拔，进驻苏州。

1927年4月，蒋介石发动"四一二"政变。邓演达愤而出国；严重辞职，隐居庐山犁头尖，建平房三间，深居简出。

蒋介石召见陈诚，向其阐述国内形势。陈诚表示绝对服从总司令，蒋大为赞赏，遂委派陈诚接替严重，担任二十一师师长，以罗卓英为参谋长。

5月，陈诚率领二十一师由苏州进军蚌埠。8月，五省联军总司令孙传芳在江北集结重兵，反扑南京。

十、龙潭战役被免职

1927年8月，孙传芳军直扑南京，在龙潭展开激战。陈诚率领二十一师投入战斗，战斗极为激烈。时值暑夏，陈诚胃病严重，坐轿指挥作战，晕倒在地，经卫士石心志（河南人）负走20余里，始脱险境。事后有人说："陈诚在龙潭战役中不死，幸亏有'吉利星'才化险为夷。"从此，陈诚用石心志为随身侍卫，不离左右。

龙潭战役，孙传芳10万大军，在李宗仁、白崇禧的桂军夹击下，全军覆灭，孙传芳只身逃往扬州。

陈诚在龙潭战役中坐轿指挥，事后被何应钦知道，免除其师长职务，陈诚受处分后，愤愤不平，满腹牢骚，认为自己抱病上阵，几乎丧命，不但无功，反而受过，深怪何应钦偏信，失之公允，从此产生不可解的嫌隙。

陈诚怀着委屈忧郁的心情，离开二十一师，赴沪养病。这时严重又出任军委会军政厅厅长，陈诚由严重保荐为该厅副厅长，兼驻上海办事处主任。严重辞职后，陈诚代理厅长，并兼军委会教育处处长。

十一、任南京警卫司令

1927年11月，宁汉分裂，蒋介石受桂系李、白的胁迫，宣布下野，由南京回奉化溪口，出国去日本。陈诚表示同进退，辞去职务，偕同秘书张琢卿（青田人），到了上海闸北青云路信达利汇兑庄，会见赵志垚（字淳如，浙江青田小阮村人，与陈诚系处州中学同学），商谈今后出处，赵劝他静观时局变化。

1928年1月，汪精卫、冯玉祥、阎锡山通电"拥蒋"，蒋介石东山再起，由日本回国，恢复国民军总司令职务。

蒋介石重新上台后，任命陈诚为南京总司令部警卫司令。4月5日，蒋赴徐州，重新部署兵力，继续北伐，攻打张作霖，以参谋总长何应钦留守南京，任命陈诚为前线炮兵指挥，南京警卫司令职由参谋长应三山代理。

1929年春，蒋介石任命陈诚为十一师师长（十一师是蒋的一支主力部队）。

十二、成了蒋介石的"乘龙快婿"

谭延闿，是国民党定都南京后国民政府的第一任行政院长。

谭延闿，字组庵，湖南茶陵人。其父谭文卿是逊清湖广总督。谭延闿也是清末翰林，民国初年曾任湖南督军，后来追随孙中山，参加民主革命，当过广东和武汉国民政府主席，北伐中曾任国民革命军第二军军长。宁汉合流，蒋介石对谭推崇备至。谭死后，举行国葬，备极哀荣。

谭延闿的母亲是丫鬟纳妾，每餐侍立桌旁，为全家人添饭，不能同桌吃饭。死后灵柩不能出正门，只能从旁门抬出，谭延闿以长子身份，伏在灵柩上，才从正门出葬。谭延闿深恶封建门阀等级观念，誓不纳妾，生一子三女。长女才学并茂，精明强干，嫁与唐某（编者按：据杜伟遗稿是袁某），唐亦湘人，曾任青岛海关监督，其妻襄助，里里外外，井井有条；儿子谭伯羽，留学德国，曾任上海暨南大学教授，抗战时当过交通部长；次女谭祥，字曼怡，上海爱国女子学校（一说上海务本女校）毕业，擅长书法，在南京陆军子弟学校当过教员，与宋美龄在美国留学时为同学；三女嫁给华侨冯某，冯当过招商局广州经理（编者按：据台北《革命人物

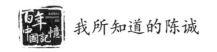

志》均谓谭祥是谭延闿的三女。可能是本文作者回忆有误）。

谭延闿任行政院长时，与蒋介石为腻友，经常到蒋官邸漫谈，每来必须携曼怡同行。曼怡口极甜蜜，称蒋为爸爸，称宋美龄为妈妈。蒋氏夫妇极为钟爱，视为己出。

1929年（编者按：应为1930年）谭延闿患脑溢血病故，蒋为之营葬于南京紫金山中山陵东侧，称为谭墓。

谭死后，曼怡经常在蒋氏跟前。蒋氏夫妇自然要为干女儿选择"乘龙快婿"。决定在年轻将领中，以胡宗南、陈诚两人择一而配。最后商量决定嫁给陈诚（这是曼怡自己嫁后语人）。

据说胡宗南的年龄比陈诚年轻（编者按：胡比陈年长），而且没有结婚，但考虑到胡宗南是黄埔军校的一期学生，是"天子门生"，对蒋忠诚不贰，可以放心。陈诚年龄较大，而且已结过婚，但陈诚早期与邓演达关系极深，以后才投靠蒋，为了笼络陈诚，因此决定许配给陈诚。

蒋氏夫妇商量内定后，征询曼怡本人意见。谭问："现居何职？"宋美龄回答："军长。"其实当时陈诚只是十一师师长。谭又问："是哪一军？"蒋介石在旁补充一句："十八军。"谭俯首无语。蒋事后擢升陈诚为十八军军长，宣布陈诚因讨伐阎、冯有功晋级。

经宋美龄作媒，陈诚与谭祥于1932年1月1日在南京励志社举行婚礼。男方由杜志远主婚，女方由谭泽闿主婚，证婚人为鲁涤平（编者按：据张维中的资料，证婚人为贺耀祖；另据台北出版的陈诚传记，陈、谭结婚地点是在上海，证婚人为蒋介石）。婚礼极为简朴，不登报，不发帖，不请客，不收礼，不铺张，只是举行仪式。来宾以谭宅方面者为多。新婚之夜，乃兄谭伯羽与宋子良（宋子文的弟弟）酒后兴浓，要闹洞房，深夜不离，陈诚请杜伟打圆场，说好第二天再闹，才罢休。

曼怡性格温存，落落大方，生活简朴，婚后夫妻感情弥笃。

陈诚与谭祥结婚之前，与上海劳动大学一个女学生陈德懿感情极好，来往已经四年。为与谭祥结婚，陈诚给她一笔钱，送她到美国读书，从此分手。

在婚前，谭祥知道陈诚已有原配，对陈诚说："你和她总得有个手续吧，可否给我看看。没有这个手续，我们的婚期只好推迟，再等一等吧。"几句轻言细语，急得陈诚急忙打电报，叫吴子漪赶到南京，要他赶回青田，要他妹妹写一张协议离婚证书。吴子漪星夜赶回青田，陈诚的原配吴舜莲大哭一场，死也不同意，可急坏了乃兄吴子漪，请来杜伟的父亲杜志远，再三劝导，才取得同意，但提出一个条件："生不能同衾，死必须同穴。"经陈诚同意接受。吴舜莲不识字，吴子漪代笔签名盖章，办了协议离婚手续。

吴舜莲被离异后，陈诚汇给她一笔款，作为生活费用，仍住在高市陈家，还是以陈家媳妇身份侍奉婆婆，婆媳相处和睦。

陈诚和谭祥结婚后，陈诚的初中同学，十八军驻南京办事处主任赵志垚和他的妻子叶耐秋，也是青田高市人，与谭祥关系搞得很亲热。谭祥经常到叶耐秋家，爱吃青田家乡口味的菜。赵志垚夫妇也经常到谭祥家里做客。谭祥屡次问及陈诚高市老家的情况，显然对吴舜莲仍以陈家媳妇的名分在陈家，心里总有点不踏实。谭一再在陈诚面前提出要一道回家看看婆婆，陈诚无奈，乃于1934年秋，陪同爱妻谭祥，一道回青田高市探望母亲。

谭祥一进门，便见到吴舜莲，连唤"姐姐"，倒使吴舜莲局促不安，相对无言。谭祥雍容华贵，纡尊降贵，对吴舜莲宽慰有加。乡亲们都夸谭："到底是书香门第出身，通情达理。"

陈诚夫妇回南京后，陈诚又汇了一笔钱，在青田城里新寺巷盖了一座楼房，让吴舜莲迁居城内，不再住高市陈家。

蒋介石和陈诚建立"翁婿关系"后，对陈诚更为宠信。

（章微寒　整理）

谈谈陈诚及十八军

方　耀*

　　1933年，陈诚从第四次"围剿"的失败教训中决心改变部队编制，重新整顿部队并改变作风。他深感部队编制过于臃肿，行动不方便，不宜于山地战，决定取消旅。7月间，陈诚将十八军各师改编如下：十一师改为十一师与六十七师，以黄维与傅仲芳分别任师长；十四师改为十四师与九十四师，以霍揆彰与李树森分别任师长；四十三师改为四十三师与九十七师，由邹洪和孔令恂分别任师长。师下辖三个步兵团。由于入苏区作战运输补给困难，从而影响战略战术任务的完成，因此他对部队运输力也做了相应的调整，即扩大师与团两级的运输部队编制，充实兵额。师部直属部队为特务营、炮兵连、工兵连、输送营、通信连及卫生队，团部增加输送连，师与团增加一个便衣队约60名。营与连增设两名输送兵，步兵团辖三个步兵营，营辖四个连（包括一个重机关枪连），每连士兵140余名（重机关枪连126名），一个步兵团有2200多名士兵。他又将原五十二师与五十九师合编为九十九师，派其参谋长郭思演任师长，并调至武汉补充训练，夏楚中任九十八师师长。这两个师均系两旅四团制。陈诚为了拉拢粤系将领，把北伐时任第一师师长的薛岳（广东人）升任第五军军长。陈诚

---

* 作者时系国民党军第十八军十四师八十一团营长。

自兼第十八军军长，罗卓英任副军长。此时的陈诚已拥有基本部队八个步兵师计八万余人了。

当时为了树立对蒋介石的个人崇拜，贯彻反共反人民的教育，在江西庐山设立了军官训练团。蒋介石任团长，陈诚为副团长，实际上由陈负责。蒋介石十分重视这个团，经常亲临训话。训练时间为两星期。十八军系统的各军、师，规定排长以上至军长均须轮训。开学典礼及毕业典礼时蒋介石都亲自参加。我也于1933年7月间率领十四师受训人员入第一期学习。该训练团由著名的军队将领、重要的中央政府头目、学者名流担任学术讲话，强调"攘外必先安内"的谬论，规定只要讲话中提到"委员长"时，全体人员必须立正。此制以后推广到全国，还制定了新的反人民的战略战术——集中表现于所谓《剿匪手本》，规定了行军、宿营、搜索、警戒、作战等一系列的行动，每个干部人手一本。

经庐山军官训练团后，十八军系统的各部队作风有了显著的改变，军官与士兵较前接近了，连长不准用小厨房，排长以上官佐一律不佩武装带，只在腰间扎一小皮带，官兵制服一样。这些规定，一方面是为了骗取士兵的好感，一方面也是为了减少在战场上的目标。规定上还要求军官的行李要精简，师长与团长在行军时须自己背米袋；军队政工人员在驻地与行军时要经常保持与地方行政人员的联系，帮助组织保甲制；部队作战时所缴的武器一部分补助地方武装，军队需要的民夫及生活物资通过协商获取，有时还召开军民大会进行法西斯教育借以巩固地方政权。

以往各师的炮兵部队都驻在后方，不随部队作战。庐山军官训练团时，陆军大学校长杨杰向蒋介石建议山地战要使用炮兵，让炮兵可以发挥其应有的威力。所以在第五次"围剿"时，炮兵部队也列入战斗行列。

第五次"围剿"时，蒋介石对进攻苏区实行"碉堡封锁"的战术，并结合公路政策，稳扎稳打，步步为营。这与前几次深入苏区狼奔豕突、被动挨打完全相反，而是有选择地按作战计划进行，攻占目标后利用地形构筑碉堡群以封锁之。县与县之间或县与重要的乡镇之间，以部队修筑简易公路，使其形成公路网，并由军队政工人员协同还乡团与地方官吏地主豪绅建立反动地方政权，推行反动政令，镇压革命人民。蒋介石妄想军事政治双管齐下，步步推进，以蚕食苏区。这也就是所谓战略上取攻势，战术上取守势，主宰战场，这样风险少而部队军心也较稳定，能进能退。

1933年11月间，陈诚以中路军总指挥的头衔指挥所属十一师等十几个师开始了第五次"围剿"。由罗卓英指挥十一师、六十七师、十四师、九十四师及九十八师在南丰地区集合，向南丰西南苏区进攻。部队一天行军四五十里路，下午二三时宿营完毕立即构筑阵地工事，天黑前筑好简易阵地，可以安插一道鹿砦，这样即使遇到红军袭击也不致吃大亏。当部队在东华山、三溪、枫林塘三线构筑碉堡工事时，遇到红军的攻击，战斗很激烈。九十四师六十三团团长戴之奇负伤。待红军转移后，继续完成了碉堡工事。

1934年1月，第六师在黎川县资溪桥构筑碉堡工事时，受到了红军的猛烈攻击，十八军奉令支援第六师。第六师和七十九师与红军的战斗打得很激烈，由于十八军的策应转危为安。十八军各师在黎川构筑碉堡工事、修筑马路后，就交给第五师与七十九师接替守备。陈诚即将十八军主力调至广昌以北地区准备进攻广昌。他认为广昌是苏区中央的重要门户，占领广昌就可深入革命根据地的心脏，所以十分重视广昌战役。他集中了十一师、十四师、六十七师、九十四师、九十八师、第五师、第九师、第十师、七十九师与九十师等十来个师参加战斗。从南丰到广昌，中间发生多次战斗，其中以广昌城北数里的战役打得最激烈，彼此人力、物力相差悬殊。红军英勇战斗了整整一天一夜，伤亡极重，终因寡不敌众而于深夜开始转移。当时我任十四师特务营营长。陈诚占领广昌后，汤恩伯率领第四师与八十九师从福建方面到广昌，归陈诚指挥。在广昌休息的几天中，南丰至广昌的碉堡封锁线与公路也先后完成。5月底，十八军各师继续向广昌以南的石城推进。

7月间，十八军四个师向广昌下坪前进，与广昌白水的汤恩伯部队取得联系。这天是十四师为前卫，八十一团是师的前卫，我的第三营正是前卫营。在下坪正准备上山占领阵地时，突然遇红军第一军团主力的猛烈攻击，战斗十分激烈，我营伤亡很大。红军从八十一团与七十九团阵地空隙插入，一直攻至师部指挥所。霍师长指挥特务营反扑，七十九团团长阙汉骞全力反扑，再加十一师、七十九师的支援才保持住了阵地。红军于晚上转移了。陈诚夸大成绩向蒋介石报告。蒋介石通令嘉奖。七十九团团长阙汉骞晋升为少将。

1934年10月，红军主力从江西突围，经湘、粤、桂等省开始了二万五千里长征。十八军的主力没有参加追击，而是编为预备军团，担任对苏区的"清剿"任务，陈诚为总指挥。陈部除破坏人民地方政权、搜捕地方武装人员外，还继续构筑碉堡封锁线，修筑公路，配合还乡团建立反动地方政权，协助建立地方武装力量，划定宁都、于都、兴国间三角地带为"清剿"重点，"清乡"部署是分区负责，互相拦截。

陈诚派第五军军长薛岳指挥十八军系统的九十九师（师长郭思演）、九十二师（师长黄国梁）担任对红军的追击；另抽十八军系统的九十七师孔令恂到陕甘地区，归胡宗南指挥，以堵击红军。由于苏区人民英勇不屈的抵抗，陈诚的"清剿"工作始终未能得逞。直至1935年6月底，十八军担任"清剿"任务的各师才开始全部撤出，集结到南城、抚州及进贤。十四师在清江等地整训。我也于是年9月间，应杭州中央航校教育长周至柔之邀，离开十八军，到空军去了。

（1979年）

第四次"围剿"前后的第七十九师

樊崧甫*

1931年5月，第六师师长赵观涛本着蒋介石电令，率部调赣，到达九江时，蒋电令升赵观涛为第八军军长兼第六师师长，参加第三次"围剿"中央苏区。当时，战斗序列为：以赵部为左翼集团"进剿"第三纵队指挥官，辖第六、第十师[①]，每师辖九团，入黎川，往广昌，进石城，转宁都，回掠黄陂，趋兴国，援莲塘、君埠、古龙风冈，再到黄陂援毛炳文，转调上同、沙溪，始终未遇红军，高山峻岭，奔命扑空，热暑行军，人马倒毙载途，经三个月，兵员只剩二分之一。"围剿"败绩，士气颓唐。我因反对贪污与纪律败坏，和赵不协，在沙溪辞职还乡。那时，第十八旅旅长陈时骥、独立旅旅长王云山均和我同走。于是，赵升周碞为第六师副师长，陈安保为第十七旅旅长，葛钟山为第十八旅旅长，张琪为独立旅旅长，宋澄为纵队参谋长[②]。

---

① 据查：第三次"围剿"时，赵观涛任左翼集团军第一路进击军总指挥，辖第六师。当时的战斗序列没有编组纵队，在"围剿"中第十师改归左翼集团军指挥。

② 据查，宋澄系第八军参谋长。

* 作者当时系国民党军第七十九师师长。

我到南昌见了何应钦,何虑第六师将领走得太多,会发生变故,坚留我和陈时骥等见了蒋介石的面再走。9月17日,蒋回南昌,立约我和陈于19日上午9时去见。届时,上官云相亦在候见。他和我说:"昨日沈阳被日寇攻陷,胡汉民、陈济棠在广东独立,蒋正在和陈铭枢密商,你俩今日还是不见为妙。"我俩就请随从转报:东北出事,委员长伤心,我俩改日求见。蒋嘱到南京会,我俩就东归。

蒋四面楚歌,"进剿"反转攻为守,赵观涛率第六师退出沙溪,辗转开至抚州(此时约在1932年10月间,战斗序列已撤销)。

1932年春,蒋介石便回南京任军事委员会委员长。当时,职权限制甚严,蒋衔恨陈铭枢,想解决第十九路军。"一·二八"抗日军兴,第十九路军声威大振,蒋虑其盘踞京沪为心腹患,阴谋将他调往福建,调赵的第六师回浙江,以威胁第十九路军。

第六师开到杭州补充整训后,赵观涛被任命为浙闽皖赣边区警备司令,率第六师至上饶,将反对刘珍年(第二十一师师长,当时驻上饶)的一个独立旅收服,刘珍年的副师长赵某升代师长。再将第七十九师王锦文部(原邓英部新编独立第十二旅,后由路孝忱接编为新编第十三师,再编为第七十九师,路死王继)与第六师之独立旅张琪部并编,成为两旅五团制之第七十九师,属第八军(原第七十九师四团缩编为第二三五旅,辖第四六九、第四七〇团及补充团)。

是时,第五师周浑元部主力驻贵溪,其一旅分防金溪之南黄狮渡,第五十三师李韫珩部驻东乡,不相统属。

1932年11月,红军攻克黎川,有进攻抚州之势。此时,第十八军军长陈诚任抚河方面前敌总指挥,调我任参谋长,带第四军吴奇伟部、第十四师周至柔部驰援,将吴奇伟的第九十师进驻浒湾,周至柔师移驻南城万年桥。陈诚赴南京谒蒋,以我代理总指挥职务。红军由南城东部窥金溪,势将攻黄狮渡,周至柔用电话告我,我判定必攻黄狮渡周士达旅。我急以电话告知周,迅速准备向浒湾撤退,而南昌行营参谋长贺国光和周浑元,以及周之父亲临川专员周钟岳等,均虑金溪有失(周为金溪人,乡土情深），周士达亦坚欲为金溪效忠，不肯后撤，反复劝告无效。交战竟日，果全旅败覆，只冲出800余人，周士达被俘后身死。南昌行营下令反攻，由吴奇伟指挥第二十七师（欠冯安邦旅）、第九十师和周至柔第十四师，分别经琅琚、左坊营，向金溪进攻。周师与红军第五军团战于左坊营，副军团长赵博生阵亡。而吴奇伟与红军主力战于琅琚，大败，退回抚州。红军分兵攻抚州、贵溪、弋阳。

1933年春节期间，国民党军以第十、第十四师及第九十师出击，收复金溪，红军退回黎川、建宁地区。这时，陈诚从南京回来，担任中路军总指挥，准备反攻红军，赵观涛部划归陈诚指挥，准备南进。

陈诚在第三次"围剿"中未遭损失，驻防吉安，整编了韩德勤第五十二师，兼并了第四十三师（郭华宗部）、第五十九师（川军张英部），收编了第四军吴奇伟残部，编为第九十师，连原有的基本队伍第十一、第十四师，共拥有六个师，每师两旅六团制，睥睨一时，想独立大举进攻中央苏区，赴南京与蒋介石商定，编成三个纵队，"进剿"红军。罗卓英为第一纵队指挥官，辖第十一、第五十二、第五十九师；吴奇伟为第二纵队指挥官，辖第十、第十四、第九十师，以及红军叛徒郭炳生的部队（号称一师，实不满1000人）共四个师；赵观涛为第三纵队指挥官，辖第五、第六、第九师，以及第七十九师的一部。

赵以我任陈的参谋长对他不利，第七十九师调一个旅"进剿"，也疑心是我拆散他；又以所属军官心中不服，可能发生叛变，用他的参谋长朱澄的计划，保我任第七十九师师长，把我放在他的属下，另由他的亲信师参谋长章培、第二三七旅旅长张琪在师内控制我。

1933年2月22日，我到金溪就任第七十九师师长，赵率第六师集中南城，我暂留金溪整训。就在2月27、28两日，第一纵队第五十二、第五十九两师，由吉安经吉水、永丰、乐安向宜黄南部集中途中，在登仙桥附近为红军所袭击，大部被歼灭，第五十二师师长李明毙命，第五十九师师长陈时骥被俘，只温良第一七五旅的一个团和独立团逃脱。第七十九师奉急令调南城集中。在南城整训旬日，以第一纵队罗卓英部第九、第十一师及第五十九师的温良旅由宜黄向东陂南进，陈诚命我师接守宜黄。3月中旬，第七十九师到达宜黄。21日，罗卓英部第十一师在东陂南战败，师长萧乾、旅长黄维均负伤。我师接急令进援，走到二十里铺，罗已退回。第十一师为陈诚基本部队，此师被歼，各军气馁。我师还守宜黄，罗部退龙骨渡补充整训。第二纵队急退南丰，红军乘胜尾追，郭炳生部断后，郭被击毙。右翼败绩，赵观涛左翼尚屯兵南城未动。赵素嫉陈，在战局紧张中，以胃病为辞，向蒋告病假赴后方医治，第六师就滞留在南城。

5月初，李默庵第十师接防宜黄，我第七十九师调崇仁西之公陂（属乐安）与第一、第二纵队会合，陈诚亲自指挥，策应乐安。乐安围解，退驻崇仁。蒋介石召开军事会议，陈诚、罗卓英主张再南进决战，做孤注一掷。我以精锐受挫，兵心动摇为由，提出应反攻为守，重整旗鼓。当时，郭忏讥讽我说："你现在是第八军的师长，不是总指挥部参谋长了。"

后来陈诚电蒋，将"进剿"部队分成东西两区"清剿"，自己到庐山办中央训练团去了。

陈诚部在第四次"围剿"中被歼记

周上凡*

杜聿明（全国政协文史资料研究委员会专员、原国民党军徐州"剿总"中将副总司令兼前进指挥部主任）审稿意见：作者限于当时政治指导员地位，对蒋军第四次"围剿"作战经过不可能叙述准确，而五十二、五十九两师被消灭是事实，十一师虽未被全歼，但也不可否认惨败的结局。作者当时任团指导员，六十三团突围战斗是他的亲身经历，对于陈诚、萧乾的矛盾有所揭露，对十八军的训练整理、军纪均有叙述，可做其他回忆文章的参证。

蒋介石鉴于第一、第二、第三次"围剿"遭失败，乃在第四次"围剿"中，调集陈诚等嫡系"王牌军"为"进剿"的主力军，连同非嫡系部队共约40万之众，区分为左、中、右三路，并亲自出马坐镇南昌行营，采取"长驱直入"和湘、粤、浙、闽、赣五省军队四面"合围"战略。其结果都同样遭到惨败。

第四次"围剿"的"进剿军"主力陈诚部在草台冈（当地人叫草鞋冈）、固冈、西沅等战役中，被红军机动灵活的战略战术，打得惨败不

---

* 作者原系国民党第十八军政治指导员、纵队政工处训练科长。

堪,最后于1933年3月21日在草台冈战斗(又称"3·21"战斗)中,全部彻底被歼。这是工农红军取得辉煌战绩的一次巨大战役。

当时,我在"进剿军"陈诚部第一纵队(第十八军)先后任团政治指导员和纵队政工处训练科长,随军参与了第四次"围剿"。关于陈诚部被歼经过,就个人所见、所闻简要记述于次,仅供研究史实参考。

一、陈诚是怎样爬上蒋家王朝第二把交椅的

蒋家王朝是一个以蒋介石为首的封建法西斯军事统治集团。他亲自豢养陈诚、胡宗南、汤恩伯三条狼犬,培植他们成为保定系、黄埔系、士官系三大集团的头目。陈诚是蒋介石嫡系部队中最受宠信、最有权势的亲信人物,一度登上蒋家王朝一人之下,万人之上的第二把交椅,其跋扈嚣张之气焰曾一时达到无可比拟之地步。陈诚之所以受到蒋介石如此深情宠信,爬到如此高的地位,绝非偶然,而是有其一定的根源和条件的。

首先,蒋、陈之间有其反共、反人民、搞封建法西斯统治的共同政治目的。因此,他们之间互相利用。蒋利用陈做打手,陈利用蒋争权势,于是蒋大力培植陈,陈对蒋献媚阿谀,吹捧奉迎,投机钻营,以期博得主子的欢心。在军阀混战中,陈诚为蒋介石打天下,排除异己,卖过不少的力;在反共、反人民的残酷内战中,为蒋家王朝的反动统治,立过不少"汗马功劳"。而蒋介石利用陈诚是保定八期毕业的关系,用以拉拢保定系的势力,陈诚则尽量起用黄埔系的人,用以讨蒋介石的欢心和获得宠信,至于其他地方杂牌部队,陈诚则千方百计诱骗、拉拢、控制,为蒋家王朝所用,或者编并、压缩、消灭,为蒋家王朝剪除异己,这也是蒋介石喜爱陈诚的一个方面。其次,蒋、陈都是浙江乡亲,有封建地域关系(蒋是浙江奉化人,陈是浙江青田人)。最后,蒋、陈还有私人裙带关系(陈妻谭三小姐是谭延闿之女,是蒋妻宋美龄介绍的,一说谭三小姐还是蒋、宋的干女儿)。这就不难理解陈诚在蒋家王朝登龙发祥,飞黄腾达,红得

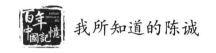

炙手可热的历史根源、社会根源和阶级根源了。

二、陈诚执行所谓"七分政治"的方针

所有国民党军嫡系和杂牌军，都有军队政工组织，包括胡宗南、汤恩伯所部都不例外，就只有陈诚的第十八军没有。蒋介石对陈诚部队很信赖放心，认为毋须用政工来控制。陈诚小集团不但不信任政工，而且还极端歧视政工，很害怕非亲信的黄埔学生，特别是害怕搞军队政工的黄埔复兴社分子渗入。这也是蒋集团中小派系间的不可克服的矛盾。

国民党军队第一、第二、第三次"围剿"一败再败，被工农红军打得晕头转向，蒋介石尤其是对人民拥护共产党，人民对国民党军坚壁清野，对红军则踊跃参军、后勤支援、侦探情报、军民配合作战那种鱼水相洽的关系怕得要死，恨得要命。于是蒋介石就挖空心思，在精心策划的"剿匪手本"中提出"三分军事，七分政治"，幻想以"攻心为上"来以求一逞。陈诚在第四次"围剿"中升任"进剿军"总指挥官。在蒋介石面授机宜下也就高唱起"七分政治"来了，并狂吠要"以彼之矛，攻彼之盾"。于是训令所属三个纵队（其实就是三个军，军长兼纵队司令）九个师所属旅、团一律设置政工机构，并向黄埔同学会负责人、复兴社头子、军委会政工处长贺衷寒要求派遣政工人员。1932年10月，我被调来江西陈诚"进剿军"第一次参加军队政工。贺衷寒等在南昌行营政工处多次集结从各地调来准备派任"进剿军"政工的200余人先后训话。并为了郑重其事，还率领到南昌图书馆（蒋介石官邸），蒋介石亲临点名训话，说是接见。我被分配在一纵政工处。11月5日，一纵政工处长李树衢带领我们到抚州陈诚总指挥部报到。从南昌去抚州乘汽车半日到达。沿途看到的是：田园荒芜，人烟稀少，壮年苦力肩挑背驮运送沉重的军粮等军用物资，病患、饿殍、流离载道，哨卡林立，碉堡栉比，这些惨状，引起了我们进入战地的初步惊觉。我们在抚州是要听长官训话、做报告、介绍情况。11月10日晚，陈

诚和罗卓英（接任第十八军军长兼一纵司令）同来训话。陈诚的训话出人意料的不是蒋介石"礼义廉耻，国之四纵，四纵既强，国乃复兴"、"大学之道"等，也非贺衷寒等"看不见的战术"、"剿匪手术""总裁言行""总理遗教""一得集""攻心为上""步步为营""坚壁清野、移民片村"那一套。陈诚是在地图上标示敌我态势，强调"我强敌弱"，大吹情况大好，坚定"必胜信心"。他说："我们是'进剿军'，要配合东、南、西、北四面'堵击围剿'，我们要主动闪电突击瑞金'匪'中心，彻底消灭'赤祸'，复兴中华民族。"他全篇讲话将达两小时之久，我们还听得感到新鲜。他后来又特别大声严肃地告诫说："政工人员不听命令，我们这里是不容许的，不客气地说，一律军法从事。"我们也还听得习惯，本来在军队里，军法、军纪第一，对我们受过法西斯军事教育者来说，这是无可非议的。到最后他说出几句刺耳的话，我们才产生反感的。他说："人说十八军骄傲，骄者朝气也，那有什么不好呢？我们就是要坚持这种朝（骄）气。"他说这几句话时耸耸肩膀，两手叉腰，头向左右晃动，翻眼向天，充分表现他那矮小身材，自命不凡的天之骄子的样子。散会后，有人背后就议论："什么'骄''朝'纠缠不分，词义混淆不清，不学无术，乱弹琴。"罗卓英送走陈诚后，轻言细语摆一下各纵队位置后，对"敌"情况不明表示忧虑不安。我们也就才知道一纵还在宜黄待命出发，二、三纵在向广昌推进中（第四军军长吴奇伟兼二纵司令、第六军军长赵观涛兼三纵司令），因此，二、三纵政工人员翌日出发前线到职，一纵政工人员仍留抚州继续听副总指挥薛岳、参谋长柳际明、办公厅主任柳克述、党政主任刘千俊和参谋处长、科长等训话、做报告、介绍情况，还分别做些私人访问活动。11月20日，李处长率领我们来到宜黄县，我被分配任第十一师三十一旅六十三团政治指导员（时改称政治干事）。不管是政治指导员，或政治干事，这里的军官毫不例外地叫我们为"膏药"。有次我碰到一个同学好友李福田（西沆阵亡），他刚调来第五十九师当营长，见面互叙离别后，他说："你也来卖'狗皮膏药'啦！你为什么要钻进这个'死胡同'？！"他舌头一舐继续说："你去找个旧长官，搞个带兵官是不难的，或是当个参谋也好啦！这里对政工看不上眼，比带兵官不止低下一等，士兵也不听你吹，你为啥要干这玩意儿！"好友直言关注，使我无限苦闷，什么"七分政治"，不过是鬼话骗人的把戏。不干不行，一天挨过一天，混日子。所幸团长宋瑞珂（现在上海市政协）和蔼待人，还可以混得下去。

三、一纵的紧张动员

1933年3月4日，在动员前夕的一个晚上，第十一师师长萧乾召集本师政工人员开会。萧师长身穿又脏又臭的灰棉军服，腰束小皮带，可能为了示范"官长士兵化"吧，他亲自端茶送烟招待我们，同我们坐在他的办公室里，声称："不是开会，更不是训话，就是没有什么好招待，请你们来谈谈天。"对我们极尽客气。李处长这时才介绍我们的姓名职务，他没询问我们什么，看来是存心不要听我们说什么的。他就滔滔不绝地颂扬"政工是军队灵魂"，勉励"政工要与部队密切合作"，他说："我们这个部队军纪是很严肃的，对人民可算做到'秋毫无犯'，我们的官兵的确很辛苦，我们'累死不拉夫，饿死不扰民'，官兵有的患了疥疮，有的长了虱子都毫无怨言，并保持精神抖擞，严守军纪，是可贵的。"萧师长自己不断抓痒，也可能是表现患了疥疮或长虱子似的。他面皮有了不少皱纹，看来比他自己当年40岁要老一些，高大个子，反动劲头十足，眼睛深陷，尖嘴巴，半福建土音夹杂点苏州话，勉操普通话不很流利。我这时一边听一边暗想心思：李处长对我说过："萧师长也是复兴社同志，他同贺衷寒同属黄埔一期同学，极尽友好，第十一师政工好搞。"此言可算不灵。但李处长又说过："萧师长和陈总指挥存在严重分歧。"果然如此，要说军政密切合作，怕是会有问题的吧？我暗自决心"不管困难多大，必须做好这一工作"。会后，我还向李处长表示过这种决心。萧师长不断说道："不要怕'共匪'虚张声势，那完全是乌合之众，只喊口号吓唬人，打起仗来，不堪一击，我们曾多次较量，他们见了第十八军就溜之跑也，第十八军是'铁军'，'战无不胜，攻无不克'，小小'赤匪'算个什么，我们就是要找他打，他只会磨圈子，'匪区'被他破坏裹胁，田园荒芜，空无人烟，苦于找不到'匪军'所在，'赤匪''欺骗农工''不得人心'，我们政工就是要揭穿'赤匪''罪恶阴谋'，我们要搞好军民合作，'剿灭赤匪'不难，现规定团政工每人背负银洋300元，进入'匪区'，见了男女老幼，每人散发一元，老百姓遭受军队借物受到损坏时，一律加价赔偿。侦察'匪'踪，迅速来报。宣传老百姓来归，不咎既往，携缴武器或报'匪'情来归者重赏。"他又规定："我坚决和大家一样，做到官兵士兵化，一律穿士兵服装，束腰皮带，每人发一个背袋，装备换洗衣服、洗漱、文具等，只准带一床军毯，要自己背，严禁勤务兵代背。"他是个佛教徒，听说每晨还念佛经，当着我们口口声声："佛说我不入地狱谁入地狱。"他最后说："这是最后一场生死搏斗，千万不要忘记校长（指蒋）的训示，'吾人与共产党誓不两立，如不剿灭赤匪，吾人将生无立足之地，死无葬身之所'。我不久前去南昌，校长还再三再四谆谆告诫，特做郑重传达，这是最重要、最重要的，望互共勉。"

这时，第十八军军部（一纵司令部）及直属特种部队和第十一师驻在宜黄县城内外，第五十二师驻固冈、第五十九师驻西沅，固冈和西沅间相距约5华里，两师同在宜黄县西南50华里。3月5日和6日，军、师各分别在驻地做过动员誓师大会，除传达陈诚训话的"不成功便成仁"作为誓言表示决心外，还着重提出"平买平卖、不拉夫、不扰民"等加强纪律性的告诫。我当时住在第六十三团，了解第十一师的军风纪还算不错，而听第五十二、第五十九两师政工人员反映，他们军政不合作，政工受歧视，军风纪很坏，强买强卖，逼得驻地鸡飞狗跳墙，人民天天向政工申诉，政工人员没有见过他们的师、旅长，也少见到团长，见到也是官腔十足，营、连长对政工人员也不客气，要是反映人民申诉情况，他们反而埋怨政工人员多管闲事。因此，固冈、西沅人民哭天无路，只有跟红军闹革命赶走国民党军队才有生路。所谓"军逼民反"，也就是阶级矛盾的一个突出问题。

四、红军全歼第五十二、第五十九师

1933年3月9日，二纵从南丰县推进到广昌县附近甘竹、古竹、长桥地带，三纵从南城县向南丰县推进到三溪、白舍之线，二、三纵沿途未受红军阻击，没打过仗，第十八军认为左翼无敌情，右翼乐安县驻有第九师，第五十二、第五十九师在二都附近固冈、西沅与第九师取得联系，未发现红军踪迹，高级指挥部判断红军主力已向西南"逃窜"，急宜迅速"进剿"，对中央苏区的红军一举"围而歼之"，正是大好时机。因此，第十八军（一纵）决心命令第五十二师于3月10日从固冈出发，搜索"清剿"乐安县属大王山赤卫队，后向南村、大金竹前进；第五十九师于3月10日从西沅出发，经二都溯宜黄水上游进至东陂，等待第十一师通过，展开部队进攻广昌县城后，第五十二师与第五十九师"会剿"大金竹以西藤田、石马、琳池地区赤卫队。第十一师于3月10日从宜黄进驻固冈、西沅，准备继续进军，过二都，逆宜黄水过东陂、草台冈（广昌县属），会合友军，三面"围攻"广昌县城。我当时从参谋处友好同学和李处长那里探听这一作战计划的简略情况后，我暗忖这不是第十八军去找红军打仗的部署，而是借助友军扫荡掩护第十八军，主要是第十一师去捕捉战机，夺取攻克广昌头功报捷，打响头炮。陈诚、罗卓英、萧乾可能是这样设想的，友军也是明白这一点的，人人看在眼里想在心里，不是我一人的猜想。然而根据过去战场实际经验教训，红军没有我们设想的那样处于被动过，只有我们听从红军"指挥"遭受失败。红军是否西撤远去？广昌县城是否驻有红军？我们都不了解，我们的情报来源，仅凭友军进军无阻的唯一报道资料，我看红军西撤未必如此，红军向瑞金集结准备突围又何必如此被动挨打呢？敌我兵力悬殊，我强敌弱，是无可辩驳的现实。红军出没异常，总是主动出奇制胜，以少胜多，过去已有不少先例。战况千变万化，我们高级指挥部的情况判断简单化，是不可取的。我们对红军情况完全不了解，这个仗盲目性大，不好打。这时，所有军官多存在腹议苦闷忧虑心情。

陈诚部在第四次"围剿"中被歼记

3月9日，大雨滂沱，山洪暴发，宜黄、西沅、固冈平地水深三尺，各师暂留原驻地展期出发，12日大雨连绵未歇。红军本来就有计划避开二、三纵队，无视浙、闽、湘、粤、赣四面口喊不前的迟迟观望态势，主动集中兵力不动声色地严阵以待第十八军（一纵）到来。12日晚11时，大雨稍歇，红军趁天时、地利、人和的优越有利条件，有准备地在固冈、西沅发动攻势，夜袭闪击第五十二、第五十九师；山上喊杀声起，锣声惊天动地，森林中火把烛天，第五十二、第五十九师官兵在三天大雨后，难得稍歇一会儿，忽报神兵天降，措手不及，电话线被截断，互相上下失去联系，正想用无线电向纵队、总指挥部报警呼救，在红军配合赤卫队完成包围圈后，红军尖刀部队同时插入两师司令部，两师不但来不及武装抵抗，还有的官兵没有穿好衣服就被俘了，第五十二师师长李明被乱枪击毙，第五十九师师长陈时骥被活俘，各级官兵有被枪击毙的，有被手榴弹炸死炸伤的，尤其是被红军和赤卫队大刀、长矛所刺死伤甚众，多数官兵尽皆举手就擒，倒还受到红军优待。三小时战斗后，红军宣布战斗胜利结束时，天光未曙，军民联合召开战斗胜利庆祝大会，西沅、固冈两地人民男女老幼涌向市镇街头，人山人海，笑逐颜开。当晚，宜黄一纵司令部和第十一师由于电信不通，情况不明，道路泥泞，只能做出武装集结，坐待天明。第五十二、第五十九师号称三万之众，仅逃来宜黄20余人，有如丧家之犬、惊弓之鸟模样，结结巴巴说不出话来。第十一师命令各团、营赶修防御工事。所说"红军见了第十八军就溜之跑也"的神话破产了，官兵长吁短叹，惊慌万状，垂头丧气，士气无比低落。看来红军是不可战胜的。这次有计划有准备等待第十八军来到就打，狠狠地打，只用半个晚上时间就不留一人，不放走一支枪，干净彻底歼灭了第十八军的三分之二（两个师）的有生力量，使纵队和第十一师诚惶诚恐地龟缩在宜黄县城内外，不敢越雷池一步。在急电求援中，还幻想恢复士气，挽救危局，无可奈何地宣传：我们十八军的十四师、七十九师配拨二、三纵队战斗序列后，新调补来的五十、五十九师系杂牌军改编的，其遭受创伤，与十八军战斗力无损毫毛。我们一定要为两师"报仇雪耻"，"看我们十一师出击吧！和红军再来较量一次吧！"除了集会宣誓为友军第五十二、第五十九师"报仇雪耻"外，还要我们政工人员扩大宣传，贴标语，向军民演讲。我们尽管依样画符在做，但内心是空虚的、没有信心的。红军是代表人民利益的，得道多助，就能依靠群众，发动群众，对我们一举一动了如指掌。我们是代表少数剥削阶级利益的，压迫人民大众的，群众就反对我们。我们对红军行动盲无所知，红军是既知己又知彼，所以就能百战百胜；我们既不知彼也不知己，瞎指挥焉能不败！陈诚在惊慌失措中，急电行营请调第九师增援。第九师驻在乐安县，原属重点"堵击军"，改隶"进剿军"后，配属一纵战斗序列"出击"。蒋介石姑予照准。李处长对我长吁短叹地说："委员长（指蒋）复电有'胜则痛饮黄龙，败则来生相见'一语，虽属激将微妙有意，辞公（陈诚号辞修）对此很伤脑筋呢。"他接着说："十八军太骄傲，倚势凌人，专吃没有后台老板的杂牌军，改编扩充自己的部队；内部又人事不和，争权夺利，辞公和萧坤和（萧乾号坤和）又意见对立分歧，内外交怨，你看还会不失败啊！这有谁敢明说呢？！"忠心耿耿的反革命头目李处长背后怨声连天，后来事实证明，也正是如此。

五、草台冈战斗，陈诚第十八军被全歼

1933年3月16日，第九师由乐安开来宜黄县属东陂小市镇，扼宜黄、乐安、广昌三县要冲。此地山环水绕，易守难攻，为兵家必争战略要隘，第九师加筑野战攻势，重兵守备，保证一纵出入安全。3月16日天候放晴，道路干燥，不热稍冷，第十一师于这天上午5时全师在宜黄南关大抄坪集合，萧师长简要重申纪律后，命令出发，我奉令随师部为纪律检查成员，师长率我们几个人首先站立在去路南关外要口的一口大池塘边，除了军需后勤有二三十个运输兵担子外，其余不管师、旅、团、营、连，不准有行李担子，全师没有一个民夫，每一官兵各背上一床军毯，不能没有，也不准多有，多的行李担、军毯或其他未经规定的携带物品，由师长亲自命令

放下，叫我们把它丢入水塘里去，算是说到做到，命令彻底贯彻执行。后来沿途军纪也还表现良好，那是不错的。就我当时了解的第十一师经济是公开的，没有吃空缺和敲诈勒索的情形，如有额外合理开支，可以层转陈诚报销，杂支和特支费也较宽裕额支，这在国民党军队中是稀有的，也只有陈诚受到蒋介石宠信的条件下才能做到。下午3时到达固冈、西沅宿营，当日和第二天还收埋穷山僻壤遗下来的第五十二、第五十九两师官兵尸骨数具，萧师长还召集各团派出代表开了"追悼会"，再次向临时设置的死人"灵牌"宣誓，为死去官兵"报仇雪耻"。萧师长又对我们说："要特别侦探'赤匪'去向和留在'农匪窝子'。"我在大半天行军中，沿途没有见着一个老百姓。到达固冈宿营时，访问了老弱妇孺30余人，每人给一块银洋，减轻了背银洋的重负。有的老大娘拒收银洋，摇手说："没有鸡卖，也没有鸡蛋卖。"我说："不买鸡和蛋，是蒋委员长送给你们的。"经过再三说明，她们才未强烈拒绝，但勉强接受后颤抖着手放置在桌子上，可能是怕我们翻脸，惹祸上身。我等待他们有了笑脸答话时，才趁机询问红军和赤卫队去向时，千篇一律地答说："不知道。"总是问不出我想了解的点滴情况来。后来我在团政指室宿营地楼上发现一个箩篓里装着100双新草鞋，这无疑是这个房主老大娘编织和收集起来支援红军的物资，经电话请示萧师长要我按市价收买发给我们部队使用，不要逮捕和恐吓老大娘。随后，宋团长来到叫我搬出去，房子让给他派来的搜索班驻进来，可能是要监视老大娘的行动。后来听说也找不出什么岔子，没搞出什么名堂。当晚深夜却在通信排驻地搜查发现火墙内藏有一个青年，还被搜出来赤卫队队旗和大刀，证据确凿，认为是赤卫队，当场逮捕解师部去了。后来听说酷刑拷讯没有交代出什么情况。萧师长气急败坏，恼羞成怒，把这个忠贞不屈的革命志士赤卫队员杀害了。我们官兵在固冈休息两晚一日，都处于风声鹤唳、草木皆兵、惊慌万状中，夜不成寐地过日子。18日继续行军，过五都时，有红军释放第一批回来的第五十二、第五十九师被俘官兵2000余人，已改编为独立旅，温良任旅长（说系第五十二师副师长逃回来的），在等候纵队司令到来随从纵队司令部行进。我们第十一师于19日在九都宿营，我们打扫空无人影的破瓦颓垣和露营一样过了一夜。这里田园荒芜，赤地千里，满目凄凉，不仅是民不聊生，而且人烟绝迹，鸡犬不留。比起固冈和西沅还留有老弱的情形，更为凄惨。自蒋介石叛变革命以来，国、共分家，连年掀动内战，其残暴情形，亦由此可见一斑。当时，我们见到红军标语："白匪（指蒋军）奸掳烧杀"等，奉命涂改为"赤匪奸掳烧杀"等，也没有别的宣传工作可做。经过这样改过来，涂过去，一而再地奉行故事。然而，我们军行所至，仍是庐舍为墟，见不到一个人影：听说红军来了时，老百姓就都回来了，究竟谁是"三光政策"的罪魁祸首？只有人民眼睛看得很清楚，标语是欺骗不了人民的。休息时传说纷纭，有人说："这里到处藏有赤卫队、儿童团，谁要是掉队落伍，就会遭受捕杀。"又说："赤卫队和儿童团就是红军的情报耳目。"为什么人民不做我们的耳目？爱憎分明地说明"人民拥护共产党""人民热爱红军""拼死反对蒋军"，事实做了证明，标语是不能代替现实的。20日上午，在一个小乡村休息，同样没有人影，鸡犬不留，忽见附近不远一个村庄冒烟，我得到团长同意率领几名大胆点的士兵去查看时，有几个士兵在煮红薯吃，就大烧一把稻草烤火，引起烟雾。我问："你们掉队，不怕赤卫队吗？"他们笑笑把火熄灭后就走了。我当时很不理解这几个士兵这样轻松大胆掉队的原因。直到草台冈战斗溃败后跟我一路逃走的士兵口中透露出来的话语我才了解到红军、赤卫队对被俘人员"缴枪不杀"，还受到优待，听凭自愿给资释放，我才对这些掉队士兵的行动恍然大悟，并认识到战场上失败时为什么无数士兵等待被俘的行动。这都是后话。当时，熄灭稻草火焰的几个煮红薯吃的士兵走后，又有几位农民不知从什么地方也赶来救火，我认为这是一个大好机会，要是能问出红军去向和赤卫队情况来，师长有赏。因而，我对来救火的农民六人连同我带去的士兵数人，各发给每人硬洋一元，又赔偿农民火灾损失五元（其实不是火灾，也没有什么损失），就和农民闲聊起来，千方百计为的是想搞点情报。当问到红军去向时，又被回答："不知道。"好话说尽，百般诱骗，还是"不知道"。我是枉费心机又不敢久留，就忙着赶部队而去。3月20日中午，到达东陂，第九师师长李延年出迎萧师长。我随萧师长不远，两师长在堤垣上各用望远镜探看四周，李师长和他随来的参谋在地上展开军用五万分之一地图介绍情况，说是："南面广昌县属草台冈方面有'赤匪'小部队活动，环绕东陂不时都有间断枪声，逃去山区的农民常秘密开会，第九师警戒哨曾遭受袭击骚扰被我击退。"李师长力劝第十一师就近靠拢宿营，慎重搜索前进，等待纵队司令到来再从长决策。萧师长说："'农匪'扰乱，有迟滞我军'进剿'企图，'赤匪狡猾'，我们决不被骗上当，我们仍按预定作战计划执行，十一师决定前进25里，在草台冈宿营，纵队司令部按计划与第九师驻至东陂，独立旅前进10里×岭（忘其地名）宿营，二、三纵队在广昌附近，包围广昌之势已成。我们接连起来，摆开一字长蛇阵，首尾呼应，'赤匪'真来就自投罗网，死路一条，我们不正好找到他们打了吗？消灭他们一部分，可惜还不是他的主力。"他又说："据报'赤匪'主力已回窜瑞金，有突破我包围圈的企图，我们'进剿'闪电突击愈快愈好，配合东、南、西、北四面'堵击围剿军'行动，才能不被'赤匪突围'得逞，'围剿'闪击'赤都'瑞金，时机正好不过。为了不使他集中力量突围，我们进剿军抢时间就是胜利。"两师长协商后，进入第九师司令部（我没进去），电话请示纵队司令后，萧师长满面笑容出来传令出发。改变行军序列为第三十二旅长莫与硕（现已死）率所部三个团为前锋，午后3时到达草台冈南面高山，向南配备警戒；第三十一旅旅长黄维率所部三个团于下午4时到达草台冈北山，命令第六十三团在北山集结，为师预备队，与通东陂中途独立旅和在东陂之第九师和纵队司令部、后方切取联络，维护交通通信安全。师部在草台冈小市镇宿营。黄旅长在师部附近，并配合第六十一、第六十二团分驻小市镇左右小山，向东、西方警戒，衔接联系南北部队。傍晚，逃亡地主豪劣不知从什么地方钻出来，对部队极表热烈欢迎，对第十八军大加歌颂一番，说成国民党是他们的"救星"。对红军极尽诬蔑。在他们透露附近有红军正规军活动，出没不常时，萧师长冷笑说："我们来了，他就跑了，只是当地'农匪'倒值得注意，你们地方要组织武装民团进行'清剿'，枪支我们可以补充。"

旅、团各级都异口同声宣传："十一师来了，'赤匪'就会溜走的。"官兵情绪骄傲麻痹，大家若无其事地铺开稻草睡觉，我在第六十三团也同大家一样睡了觉。对第五十二师和第五十九师的惨败，没有使我们受到应有的教训。晚上12时，枪声在断续加密，有时还似有小部队战斗接触情况，宋团长在安定大家安心休息，不要惊慌。21日凌晨1时，南高地枪声、机枪声、手榴弹声、炮声加密，喊杀声惊天动地，传说第六十六团号兵"叛变"，引红军潜入团部，团长（忘其姓名）被击毙，副团长朱鼎卿（现在湖北省政协）升任团长，率部反攻，在激战中。后经朱团长组织部队多次冲杀，反攻终归挫败。红军四面猛攻，节节进逼，锐不可当，全师除第六十三团阵地完整外，余均溃不成军。21日，红军展开拂晓攻击，势更猛烈，将第十一师各团及师直属部队在败撤途中分割包围缴械。21日上午8时，萧师长左手拄着拐棍，右手紧握手枪，随行卫士数人，仓皇逃来北山第六十三团阵地，慌乱颓丧地向红军盲目放射手枪。电话线已断，用无线电向南昌行营呼救，得到派来飞机轮番轰炸，红军攻势稍挫。萧师长无能力组织反攻。除商同第六十三团宋团长调整部署孤守北山待援外，令派第六十三团朱团附（忘其名）持师长亲笔信向纵队司令汇报情况，向第九师求援。去后两小时传来朱团附被俘，后路已被红军截断。红军四面八方围攻第六十三团益急，其中一次最强烈攻势，是正午12时红军跟踪师直属队追击插入第六十三团阵地北面洼地的狭窄地带钻心攻击而来，这一中间空隙洼地，空军忌投炸弹，红军因而得以顺利攻击至距第六十三团指挥所约仅200米时，宋团长被迫使用预备队（第一营）组织逆袭，同时命令二、三营两翼火力支援，宋团长亲临前线指挥白刃肉搏战，双方伤亡惨重，红军处于地形不利的火海中被迫后撤，但对两翼包抄攻势仍在猛烈进逼中，我在团指挥所高地用望远镜四周探看，红军为了避免飞机轰炸，采用小部队麻雀战术，不慌不忙地利用地形地物各自为战，但又能互相联系有步骤有指挥地前仆后继地不断进攻。这是我第一次见到这样勇敢善战的部队，使我们不能不惊讶地佩服红军那种充分发挥扩展战果的战斗力和训练有素的自觉精神。然而，我们在依赖空军支援下奋力抵抗时，人人都暗自担心夜战失去空军支援感到忧虑不安。萧师长这时在第六十三团掩护下积极收容溃散官兵向我后方红军薄弱部突围，午后2时才打通联络温旅（独立旅）后路。萧师长得到侥幸的生路后，回走到第六十二团团指挥所，抽出笔记本用钢笔写出"大势已去，相机撤退"八个大字，签署姓名、时间、地点，交给朱团长，然后拄着拐棍，举起手枪，向红军方向无目标地扫射三枪，长叹一口气，如丧考妣似的转身低头而去，后面稀稀拉拉只跟随副官卫士数人。我站在宋团长左侧，用悲哀眼神送走了萧师长。宋团长将萧师长写下的便条给我看了一下就转身叫："王营长（第一营营长，忘其名，黄埔二期毕业，山东人），你营即进入阵地（原系团预备队，集结在团指挥所附近），掩护本团安全转进后，做团后卫队跟随转进。"宋团长等待二、二营撤下来的残部连同团直属队约300人，带领撤走途中又稀稀拉拉掉队冲散了一些。宋临走时对我说："我们走吧。"我答："我同王营长执行掩护任务后跟上来。"他说："你随团部行动啦。"我没答话，宋走了，我叫团政指室官兵数人跟随团部撤走后，再去第一营掩蔽部，预料该营原控制作团预备队未多使用，人枪300余，拟共同商量部署执行掩护任务。王营长一再延缓行动，这时飞机针对部队撤退情况，大力掩护，轮批加强对红军轰炸，红军并未爬上山来。下午3时，团后撤部队去远了，我建议王营长实施后撤计划时，王营长取出便衣更换，是在准备潜伏趁夜逃走还是要向红军投诚，我猜不透他的用心。后来听说他没有回来，下落不明。我当时不敢再等待他也不敢质问他。我决心逃走时，在伤员悲号声中和死尸累累的阵地捡了一支中正式步枪和子弹带背扎起来，把手枪插入裤腰，完成伪装士兵后，顺手揹取手榴弹两枚。因误信谣言连我自己也是宣传谣言者，说是："红军抓了当官的尤其是政工人员要'剥皮抽筋'。"我对这些谣言有些相信，不管怎的，我横了一条心，"宁死不当俘虏"。别了阵地，飞腿就跑。这时，空军还在加紧投弹，红军攻势不很紧迫，也可能红军在准备夜战中。我沿山后起伏山脉飞逃时，除了有少数伤员外，其他都没有人行走，忽而从侧面来了三个红军，看样子虽背有步枪，可能还是地方赤卫队，我没工夫去打量他们，只顾飞跑。他们互换或前或后紧跟追上来，不断喊口号："士兵不打士兵""穷人不打穷人""中国人不打中国人""放下武器优待""缴枪有赏"。他们不发一枪，要是他们开枪，我就被打死了。我丢了军毯、干粮、换洗衣服，对手枪、手榴弹、日记本和银洋则不丢，怕他发现我是当官的。有两个红军追近了，我反身摔了一枚手榴弹，红军伏下顺山滚了下去。等他爬起来就隔远了。另在山上一个红军，又在喊口号紧追上来。当追到悬崖绝路时，我抓到一根树枝摔下悬崖，红军这时才开枪，射击未中，回转走了。我爬上彼山，距东陂仅10里，温旅还留下一个营，在掩护撤退，我才知道我已逃跑有15里了。我精疲力竭，喘着气休息一会儿，见散兵续逃，很多官兵逃到此地在休息，这一营掩护部队也要撤走了，我们不能不走了。我翻过小山，萧师长坐在地上，头部和腿部负伤了，不能走了，许多逃散官兵都不打理。我走近问他时，他的随从裘副官和两个卫士急得发慌，裘副官要求我合作救护师长，但萧师长却说："我不走了，你救不了我，侧面小山有赤匪，向这射击，你不走就会同归于尽。"他再三摇手说："你走了算事。"我估量后面无追兵，第十一师已被全歼，不投降就会被俘。红军打扫战场会胜利撤退，不会续向第九师发动攻势。侧面小山可能是赤卫队放冷枪，拦路收缴武器捡点便宜。我不必取得师长同意就临时编组有枪士兵20余人，向侧面小山火力搜索，没有还击，我协力为裘副官找来卫生队逃散担架，我要裘副官多给担架兵点钱，裘副官和卫士护送抬走萧师长后，我和这10余个有枪士兵（又跑走了几个，剩下只有16人了），等到天黑撤走。我把剩下60多块银洋全数给他们分了，我们慢慢休息，慢慢走，散兵带有粮食煮饭给我吃，使我能消除饥饿，消除疲劳。沿途山中有赤卫队放冷枪，我们不还枪，过九都时，第九师撤驻在九都。萧师长23日到达宜黄，不断打电话给纵队政工处和第六十三团询问我的下落。我25日才回到宜黄。萧师长和李处长联名向行营政工处保我升任纵队政工处训练科长。

第十一师收容残败官兵仅1000余人。蒋军第四次"围剿"工农红军的"进剿军"陈诚部三个纵队中最骄傲的第十八军（一纵）自吹是"战无不胜"的"精锐铁军"，就是这样在红军机动灵活的战略战术和勇敢善战指挥若定的战斗冲杀下遭受了全歼。红军避开二、三纵队专打一纵（第十八军）的战略胜利成功。一纵被歼不仅使二、三纵惊慌失措，连所有东路（浙、闽蒋鼎文部）、南路（粤军余汉谋部）、西路（湘军何键部）、北路（赣军顾祝同部），号称40万人的各"堵击、围剿"部队，也都不战而退。工农红军反"围剿"的辉煌战绩挫败了蒋介石第四次反革命"围剿"。新中国成立后，我看电影和一些文件报道，第四次"围剿"和红军反"围剿"所指仅系草台冈战斗。根据我参加所经过的情形，整个第四次"围剿"是首先经历了固冈、西沉战斗直到草台冈战斗，才最后结束这一战役全局的。

六、战争结束，陈诚撤职留任，萧乾调离第十八军

陈诚向蒋介石自请"军法治处"。蒋复电对陈诚"撤职留任"。电中有"骄必败，败者胜之机，望毋灰心"，慰勉有加，惩处仅为象征性的。其余上、中级军官，闻多有处分，阵亡的第五十二师师长李明受到"追悼表扬"，第五十九师师长陈时骥被"撤职通缉"，余不评析。

在第十一师收容的残败官兵仅1000余人的凄惨集会上，萧乾挂着一根伤兵拐棍（不是原来在战场上挂着的那根拐棍），一跛一歪地向大会做认罪检讨后，他说是"败退到东陂附近时，由于无面见人，因而举枪自杀，一枪对头部，一枪对腹部，两枪偏差未死，还再举枪时被裘副官抢去手枪，自己就晕倒下去了"。我这时听了他的自述，才知道他不是负伤，而是自杀未遂。他不久就被调去福建任新十一师师长去了，这也是蒋介石对陈诚和萧乾人事纠纷，不宜共处下去的调解手法。萧乾在调职前不久（约为5月间，具体日期忘记了），还杀害了红军地工人员王烈士等10人（姓名忘记了），割首悬挂抚州大桥，所谓"示众"三天，威胁人民来发泄自己的反革命气焰。我原已约定随萧乾去福建的，因此，我就没有随他去。

南昌行营很快招募拨来新兵，补充武器，第十一师反而扩编为第十一

师和第六十七师两个师，第五十三师和第五十九师得到补充后，还增添了一个独立旅（温良旅），大概也是蒋介石安定陈诚"望毋灰心"吧。第十八军的多数军官反而得到调整升级，就是虽败犹"荣"，传为一大怪事。

后来，红军宽大释俘第十一师官兵5000余人，第二批释俘第五十二、第五十九师官兵1000余人，陈诚很怕这些所谓"赤化分子"，不敢即时编入所属部队，另在上屯渡（距抚州20华里）成立训练团，调第六十三团团附靳力三、第六十五团团附张乔柳负责主持军训，调我去搞政训，自以非我所能，搞了个把月，趁调庐山军训团任训练教官时机，多方活动，改调任第二十六路军孙连仲总指挥部任作战科长，暂时离开了陈诚这个小集团，虽同属反革命伪官，但已由政工回任为军官了。后来在抗日战争时期，陈诚任第六战区司令长官，我又被调长期在第六战区工作。

第十一师在宜黄以南的溃败情况

黄　维*

1. 国民党军对中央苏区第四次"围剿"中，第五十二师、第五十九师节节失利，正处于危急的时候，第十八军的第十一师已行军到达黄陂方面，接近霍源的第五十九师，当即不顾一切，转向霍源，兼程急进，以救援第五十九师。但抵达霍源时，第五十九师已基本被歼，红军已撤退了，仅与其掩护部队略有战斗，收容了第五十九师一些零星残部及负重伤官兵。

2. 由于国民党军"围剿"未成，反被红军歼灭了两个师，使国民党军各部队大为震惊，军心动摇，人人自危。尤以第十八军是江西"围剿"武装力量中的一张王牌。这次"围剿"，是以第十八军为中坚力量。据说陈诚曾向蒋介石说过"包打"的狂妄豪语。李明、陈时骥两师的被歼，给陈诚和第十八军一个沉重的打击，使陈诚骑虎难下，不得不继续挣扎，调整部署，仍然执行其已经破了产的攻占广昌的计划，并想借第十八军的行动来打气，以振其他部队之士气。

此时，第十一师以师长萧乾为代表，认为李、陈两师的被歼，是第十八军的奇耻大辱，第十一师于1932年春解赣州之围，对红军主力曾给以重大危害，以此骄傲自满，颇为狂妄自信，轻视红军的心理，以致该师官

---

*　作者当时系国民党军第十八军第十一师第三十一旅旅长。

兵面对红军主力的强大力量，又在歼灭李、陈两师锐不可当之时，仍然漠视现实，用暴虎凭河死而无悔之拙劣行动，继续孤军挺进。

3. 第十一师由霍源附近继续经东陂向广昌前进。大约是1933年3月20日，越过东陂进抵草台冈（在宜黄县的东陂之南约20里）附近，而第九师李延年部则于是日下午到达东陂附近宿营，罗卓英也率第五军军部到达东陂指挥萧、李两师。

由东陂到草台冈系进入隘路。该地附近地形极为复杂，高山绵亘重叠，由北向南延伸，其制高点则在草台冈以南之霹雳山，由此以南，仍是一片连亘不断的高山地区。第十一师对当面红军情况，原来毫无所知，只是盲目前进而已。这一天的前进位置是在草台冈附近宿营。

当第十一师的先头部队第三十二旅（旅长莫与硕）的前卫第六十六团（团长李宴芳），下午三四点到达草台冈附近，受到红军有力的阻击。该团及第三十二旅的后续部队展开攻击，红军被迫且战且退，直至黄昏，该团攻占了草台冈南端的制高点霹雳山，不断与红军战斗，互相对峙（其实霹雳山之另一主峰仍为红军所据，当时因为天黑，该团没有弄清楚，以致报告不实，并首先就由这里发生破绽）。于是，第十一师就到达位置宿营，并鉴于当面敌情，即在草台冈周围山地构成环形阵地，枢纽即为霹雳山制高点。于是彻夜准备战斗，这一天因为山路崎岖，行军颇为疲劳，直到天黑以后，师后续部队及辎重行李才陆续到达完毕。

第三十二旅与红军战斗过程中，俘获红军一个排长和十几名士兵，由红军排长得悉：红一方面军全部已经集中到这附近地区来了，准备要打第十一师。这一极重要的情况，迟至将近夜半才报告到师部。当时，师长萧乾通过电话报告罗卓英，旋经罗卓英考虑之后，在电话中指示萧乾："要第十一师立即撤退至东陂，看情况再说。"但萧乾认为是夜微雨漆黑，临时撤退困难，恐自相混乱，致为红军所乘，又顾虑撤退会影响士气，以为要找红军打却找不到，现在红军既来，应该同他拼一拼。以致使罗卓英未坚持其撤退的计划，只是做可能策应第十一师的准备（据后来了解，罗卓英对当时在东陂宿营的第九师师长李延年不能如意指挥，仅商得李之同意将第九师之一部稍向前推进，以掩护第十一师的后方，而在次日第十一师战斗最激烈将至崩溃之时，罗卓英曾要李延年以其主力加入第十一师反攻红军，不料李延年按兵不动，拒绝罗的要求。到了第十一师已被红军击破崩溃，他就置罗卓英于不顾，而自行率所部撤逃，罗卓英仅调来了第十八军的陈君伟独立团掩护第十一师撤退而已）。

第六十六团在霹雳山方面竟夜与红军战斗未停。次日将近拂晓以前，红军首先由霹雳山方面发动猛攻，而草台冈东西两面红军也展开了攻击，于是形成了南端以霹雳山为中心顶点的马蹄形的包围攻击，势极猛烈。对于第十一师的各个阵地支撑点（据点）都同时用其突击部队一拨接一拨，前仆后继，不顾牺牲地向之反复突击。如是全面激烈战斗到将近中午，在第三十二旅的阵地方面，首先是第六十六团在霹雳山的阵地被红军突破了。虽然该旅是一个山头一个山头的顽强战斗，但是红军所突破之处，逐渐扩张，以致不可收拾，使第十一师逐渐全线崩溃溃退，但战斗一直持续到下午将近黄昏，才完全结束。

如上所述，第十一师的溃败，所受到的损失是惨重的。师长萧乾和第三十二旅旅长莫与硕俱受伤，第六十二团团长曾孝纯、第六十四团团长孙嘉傅、第六十六团团长李宴芳俱阵亡，营长以下官兵伤亡惨重。在溃退之后，因疲劳已极，在路上走不动的士兵被红军俘虏的大约有3000人（这批被俘的士兵旋即被红军释放，当时蒋介石要把这批被俘遣回的士兵，悉予遣散，不许回部队留用，但陈诚再三报告蒋介石，要坚持留用。结果把这批士兵编成为陈诚的第三路军总指挥部的特务团。不久，又改编为第十一师第六十六团），损失步枪2000支，重机关枪大约30挺。总之，该师伤亡过半，更重要的是把陈诚和第十八军的反动气焰打下去了。

陈诚对于第五十二师、第五十九师的被歼，当时故作镇静，以为是才成立编入第十八军的新部队，没有什么了不起，保留着两个师的番号，可以再重新成立。当他由电话中接到第十一师溃散的报告后，当时就脸色苍白，手拿着电话发抖，并问他身边的樊崧甫说："第十一师失败了怎么办？"樊回答说："再不要逞英雄了，要立即电报蒋介石，老实说，没有把握，请求增派大军来江西，仗不是你包打得了的。"正在这顷刻之间，陈诚急得吐了几口血（樊是当时第七十九师师长，是陈诚任见习官、排长时的连长，两人私人关系很密切。以上情形是樊传说出来的）。

4. 第十一师溃败后，蒋介石、陈诚的善后处置。

第十八军，特别是第十一师的溃败，蒋、陈最焦心的问题是影响各部队的士气。因此，陈诚只好打肿脸充胖子，立即将溃败的第十一师在上顿渡迅速整理，经过一个星期就基本上把人员、武器补充齐全，就开赴崇仁担任第一线的防务，在那里构筑碉堡（第十一师从来不做工事的，现在变为构筑碉堡最有力的倡导者了），表示第十一师损失不大，仍然可以继续担任防务，继续打仗，以安定其他部队军心。其次，就是宣传第十一师在这次溃散中，某些官兵"被俘不屈""受伤不退""带伤服务"的精神，以欺骗和麻痹国民党军官兵。蒋介石亲自到江西临川召集各部队旅长以上的干部开会，研讨第十一师溃败和被歼的原因，改变"进剿"方略，决定用碉堡公路推进，稳扎稳打。把担任"进剿"的部队，改变为轻装备师（第五次"围剿"时的三团制轻装备师）。蒋宣布要用全国之力"剿平苏区"，给反动部队打气，并在会议上宣布陈诚军职留任，萧乾戴罪图功，罗卓英则由第五军军长降调为第十八军副军长。不久，第十一师师长萧乾引咎辞职，由该师第三十旅旅长黄维继任师长。该师并编为第十一师和第六十七师两个轻装备师。

（陈林达　整理）

第五次"围剿"中的下坪战斗

方　耀[*]

　　杨伯涛（全国政协文史资料研究委员会专员、原国民党军第十八军少将军长）审稿意见：关于十八军十四师这次反人民战斗，其事实大体相符。七十九团团长阙汉骞确在这次战斗升任少将团长，我当时在九十四师五六四团，详细战斗不明。文中错误之处：九十四师团番号应是五六二团、五六三团、五六四团。九十四师在头陂构筑工事，住了很久，前进时，红军抵抗微弱。

　　1933年9月间，蒋介石经过近半年的准备，对中央苏区发动最残酷的第五次"围剿"。他吸取了过去历次"围剿"失败的教训，对战略与战术都重新改进，即在军事上，采取持久战和"堡垒主义"的新战略，制定"以守为攻"的一套战术原则，稳扎稳打，步步为营，逐步吞食苏区。具体地说就是进攻的部队一天只推进五六十里，约在下午3时前就宿营，次日构筑碉堡工事，修通公路，然后再向前推进一段，即使遇到红军进攻，也能少冒风险。

　　中路军是主攻部队。11月前，陈诚就在南丰县地区集结了十几个步兵

　　＊　作者当时系国民党军第十四师第八十一团第二营营长。

师，向南丰以南广昌县进攻。广昌是中央苏区的重要门户，战略地位十分重要。夺取了广昌，就能向苏区中央的腹部发动攻击。南丰至广昌只120里路，广昌会战花了近半年的时间才攻陷了广昌（中途曾转向黎川县苏区进攻过）。

陈诚攻陷了广昌后，只休息了几天，稍事整理后即继续向广昌以南推进，至此，归陈诚指挥的部队有第五、第九、第十、第六、第七十九、第九十等师及第十八军所属的几个师，部署大致如下：第四十三师与第九十七师从乐安逐步推进，占领头陂、沙溪之线，右面与兴国的粤军取得联系，左面与夏楚中的第九十八师及李树森的第九十四师取得联系。而第十四师与第九十四师从头陂向广昌的下坪推进，并与最左面白水汤恩伯指挥的第四师与第八十九师取得联系。第十一师与第六十七师为预备队，承担广昌到前方公路的修筑任务。从广昌到下坪的公路修筑任务我们花了近两个月的时间才完成。

约是1934年7月间，天气炎热，罗卓英指挥第十四师与第九十四师由头陂以东地区向下坪前进。当时，对于红军活动的情报是知道得很少的，加上广昌以南尤其是从头陂以南到下坪尽是丛山。所以，第十八军的任务首先是构筑从头陂经下坪到白水一带的碉堡封锁线，以巩固与打通广昌的白区。这天，以第十四师为光头师，第八十一团为前卫团，第八十一团第三营为前卫营，我当时即第二营营长。第九十四师在第十四师后跟进。两个师的主要人事如下：第十四师师长霍揆彰、副师长陈烈，少将参谋长凌兆尧，第七十九团团长阚汉骞、第八十团团长李节文，第八十一团团长王中柱。第九十四师师长李树森，第五六二团团长李精一，第五六三团团长高魁元，第五六四团团长卢锦清。两师的直属部队有特务营、工兵连、通信连、炮兵连、输送营、卫生队、谍报队。装备方面有中正式步枪、捷克式轻机枪，每连三挺，各营重机枪连内部是马克沁式的有四挺，各团的迫击炮连都有八二迫击炮四门。这些装备在当时来说是比较好的。

是日，我率领前卫部队沿着崎岖的山路搜索前进，到中午前均未发生什么情况，部队大休息后，前进到下坪以东十几里路远时发现道路两侧山上有少数红军的警戒部队。相遇后，红军一面抵抗一面退却，我的尖兵连就跟踪追击，快到下坪村庄时，红军这少数的警戒部队就统统向道路以南山地撤走了，我营也就不追击而继续向西搜索前进。下坪村庄是师的宿营地，我派了步兵第八、九两连布置在四周山上担任警戒，并掩护师的主力到达。约下午2时半，霍揆彰师长到达下坪。听了我的沿途及下坪情况的报告后，他带了几个团长侦察了地形，然后分配了阵地，第八十一团驻守下坪东南地区。我奉令去占领下坪东南地区的两座大山。这两座山最高，若占领后可以居高临下控制下坪。

从下坪到山顶足有四五里路。事前我鉴于路远、山高而疏忽了派部队搜索，加上在下坪十几里路所发现的红军的少数警戒部队，使我麻痹了，没有进一步分析红军活动的企图，而盲目地前进，以致造成严重的后果。当时，我派营附率领第九连去占领东南方向的第一座大山，而我率领第七、八两连及重机枪连去占领第二座大山。我们全部带着宿营材料，毫无敌情观念，且只派了少数的搜索兵，没有一点战斗准备，大摇大摆地爬山。爬一段，休息一下。当爬到离山顶只有100来米的时候才发现红军构筑了坚固的阵地工事，说时迟那时快，严阵以待的红军突然步机枪一齐射击，手榴弹到处爆炸，一下子就把我们第九连和第七连打得一片混乱，先头部队立即向后溃退。亏得我手中有两连多人，我们马上散开掩护前面退下来的部队，使第九连站住了脚。红军又英勇地从阵地内冲击出来，彼此相距十几步到三十步。此时，师部的几门山炮向山顶猛烈射击，我们一次次打退了红军，而红军又一次次顽强地追上来。而在我们右翼的第七十九团阵地前，红军的大部队也在进行猛烈的攻击，双方反复争夺山头，战斗很是激烈。当红军突破了第七十九团阵地后，一直往纵深发展，直攻到师部驻地，霍师长指挥特务营反击，而第七十九团派预备队攻击红军的后路，直到第十一师来支援，黄昏后红军才退了下去，入夜，正面的红军转移了。结果是我营由于红军的英勇战斗，无力攻占两座大山，只得逐次撤退到团布置的第二线阵地，一直战斗到天黑。

据俘获的红军战士说：这次攻击的是红军第一军团部队。红军早就获

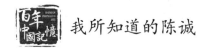
知第十八军向下坪前进。所以，在周围两座大山上构筑了坚固的工事，且在下坪以南山地集结了主力部队，以备我们站稳脚前就袭击我们，结果红军终因寡不敌众而撤退了。而陈诚与罗卓英将下坪战斗夸大上报，说第十四师战绩突出，蒋介石就通令全军表扬，并将第七十九团团长阙汉骞升为少将。

记广昌战役中的第十四师

方　耀[*]

　　方靖（全国政协文史资料研究委员会专员、原国民党军第七十九军中将军长）审稿意见：在广昌战役进攻的当天上午，黄维十一师在广昌西北巴掌形高地与红三军团激烈争夺战，虽夺获重机枪四挺，但付出重大的伤亡。夏楚中九十八师在巴掌形高地以西，同红三军团教导队激战几乎支持不住，后得十二师的支援，才趋于稳定，第二日拂晓前红军已放弃广昌城向南退去。作者所写战役仅有轮廓，尚欠具体。

　　广昌战役，是第五次"围剿"中，使用兵力最多、最重要、最大的一次战役。1934年4月间，广昌战役发生时，我是亲自参加的。在第十八军第十四师特务营任营长。第十四师是参战的主力部队之一，从开始战斗至结束，一切情况亲眼目睹。由于我当时是中级军官，关于战役全部情况，知道得并不多，所知道的只限于第十四师范围内。因此，我写的材料是片段的、不全面的，并且时间隔得这么久，记忆模糊，不具体不深入是难免的，尚望知情者指正。

---

　　* 作者当时系国民党军第十四师特务营营长。

战役前双方的态势

1933年春，蒋介石的第四次"围剿"失败，陈诚五个师损失了一半。他把失败的原因推之客观，所谓什么"士气不好"、部队编制臃肿等。为了做好第五次"围剿"准备，在庐山办了军官训练团，轮训全体军官。两旅之团制的师，撤销旅的番号，装备尽量减轻，配备了炮兵部队。蒋介石跑到庐山军官训练团打气，师长与团长背米袋，以示官兵一致，这是表面工作。经过近半年的准备工作，大量部队调至前线。以陈诚为中路军总指挥，参加野战的部队有第十一、第六十七、第十四、第九十四、第四十三、第九十七、第九十八、第九十九、第九、第十、第五、第六、第七十九、第四、第八十九师等十几个师，除第十一师等六个师是三个团制的，余均二旅六团制。还调来德制普福斯山炮几个团及法制迫击炮营。这种迫击炮有瞄准仪，命中较好。红军方面怎样配备，我就不知道了。那时，是王明的错误路线支配一切，提出什么"御敌于国门之外"，违反毛主席的军事路线，采取了正规战，主张硬打仗。红军的第一、第三、第五、第七、第九军团都参加了广昌战役。广昌是苏区在北方的重要门户，苏区首都瑞金的屏障，得失关系极大。陈诚集中主力猛攻广昌，认为只要占领了广昌，瑞金可以指日而下。

1933年9月间，陈诚统率第十一师等向黎川进攻，开始了第五次"围剿"。第十八军副军长罗卓英指挥第十一、第六十七、第十四、第九十四师从南丰出发，向南丰西南苏区前进。这次"围剿"与以往不同，采用碉堡政策，换言之，即稳扎稳打，步步为营，这种碉堡政策，是蒋介石在庐山军官训练团经过讨论研究决定的。具体地讲，担任进攻的部队，每天只行军四五十里路，下午3时前要宿营好。部队立即构筑简易的野战工事，起码做好一道鹿砦，阵地工事务必在天黑前完成。遇到红军袭击，能以逸待劳，不会吃亏。次日，根据作战上的需要，构筑碉堡工事，并修筑军用公路。碉堡工事，是比较坚固的阵地工事，可以固守。第一线部队前进了，就移给守备部队守备，使第一线部队有了后方。军用公路的作用，第一线部队不断推进越拉越长，部队所需要的粮食、弹药等军用物资，有了公路可以很快输送上去。第五次"围剿"就是按照这个方式一步一步蚕食苏区。南丰至广昌，南丰至黎川间，都做好碉堡封锁线，前进过程中，第六师在黎川、资溪桥遇到红军猛烈围攻。第十八军派部队驰援，才转危为安。在1933年9月至1934年4月的半年多时间里，陈诚的部队只推进至南丰以南百十几里，南丰至黎川百二三十里。像打出两个拳头，进军的速度很慢。

广昌战役

1934年4月间，陈诚的部队已前进到广昌城北30余里，并集中11个师准备着广昌战役。进攻广昌的部队主要人事如下：第十一师师长黄维，第六十七师师长傅仲芳，第四十三师师长邵洪，第九十六师师长孔令恂，第十四师师长霍揆彰，副师长陈烈，参谋长凌北尧，第七十九团团长王中柱，特务营长方耀，输送营、通信连、工兵连、炮兵连、卫生队。第九十四师师长李树森，参谋长李芳郴，直属部队同第十四师，第五六二团（团长李精一）、第五六三团（团长戴子奇）、第五六四团（团长高魁元，一说卢锦清），以上六个师系三团制，以下的师仍为两旅六团制，第九十八师（师长夏楚中），第九十九师（师长郭思演），第五师（师长谢浦福），第七十九师（师长樊崧甫），第六师等部队。上述部队中，有些师担任碉堡线的守备。

4月10日，陈诚以第十四师为先头部队，第七十九团为前卫团，沿着至广昌道路搜索前进，第九十四师在后跟进；第七十九师、第九师沿着广昌大道以东前进。先后进行了三期进攻，至4月27日，开始会攻广昌。是日上午9时，前进到离广昌只有五六里路了，前卫部队驱逐了红军警戒部队，掩护本队展开，向红军的阵地攻击。广昌以北是一片丘陵地带，以大道为中心，向西离中心四五里的山就较高、较大，向东离中心三里多的山较小。红军在广昌以北丘陵地带构筑了阵地工事，而且比较坚固，这说明红军准备在城北与反动军队拼一下。当时，陈诚的基本部队八个师与其他嫡系部队，武器是最新的，每营的重机枪有四至六挺，每连轻机枪有六挺。总部直属的有普福斯山炮团、法制的迫击炮几个营，因此火力是强的。而红军的部队武器较差，特别是弹药不足。陈诚千方百计要诱使红军主力来决战，红军集中主力摆好阵地应战，胜败是可以预料的。战斗开始不久，我以保卫师部的安全，部队配备在师部周围，本人在师长指挥所，观察与了解本师的战况。第十四师以西就是第九十四、第十一、第六十七，以东是第七十九、第六师等师，自上午10时开始，道路以东以西的双方枪炮声十分猛烈，特别是第十四、第九十四、第十一、第六十七师战况激烈，炮兵部队对红军的阵地工事集中火力轰击，红军的阵地工事一个一个被摧毁，步兵部队就不顾一切地猛攻。红军十分英勇地坚守阵地，阵地被国民党军队占领了，红军立即进行反攻，就是这样互相争夺阵地。由于陈诚的部队火力强，红军的伤亡就大，第十八军的牺牲也很大，特别第十四师牺牲不少，第七十九团少校营长石朝盈就在下午的战斗中牺牲了，伤亡的连排长相当多，士兵更不用说了。因此，攻占广昌所付的代价是巨大的。天黑以后，前方的战斗依然很激烈，炊事人员赶忙做好饭，分批地送上火线。利用间隙吃饭。晚上七八时后，战斗又兴起，红军猛烈攻击第十四师阵地，特别集中力量，以密集队伍一拨接着一拨向第八十一团阵地猛冲，第八十一团几乎支持不住了，霍师长令第八十团派一营兵力增援第八十一团，才打退了红军的攻击，第八十一团保住了阵地。战斗一直持续到次日下午一二时，枪炮声逐渐稀少，处于休战状态。根据情况判断，猛攻第十四师阵地的是红军的掩护部队，以此掩护主力的撤退。红军的主力即从此开始撤退了，由于天色黑暗，红军的部队撤退不露一点声色，使我们没有察觉红军的行动，部队打了一天一夜的仗，红军的伤亡也很大，反动派的部队也打得精疲力竭，无力追击。拂晓时，我们第十四师前线部队发觉红军撤退了，将此情况报告前线指挥官罗卓英。罗卓英立即派部队搜索前进至广昌时，广昌已成为一座空城。占领了广昌城，各部队清扫了战场，广昌战役就此结束。

次日上午，因第十四师仍驻在原地休息，我为了调查双方情况，从驻地向县城步行，沿着崎岖的山路前进，一直到城内。沿途战场上的尸体纵横交错。

陈诚进驻广昌城内，整理一下部队，并派部队构筑广昌以北，含接南丰的碉堡线，修筑公路，第十四、第九十四等师向广昌西南推进，构筑碉堡线，准备下一步的作战。此时，从福建与江西边境而至广昌的汤恩伯第十纵队所属第四师与第八十九师等部亦抵达广昌，归陈诚指挥。

记第六十七师在第五次"围剿"中进犯广昌的一些情况

李国齐*

一、陈诚拼凑第二纵队的情况

1933年3月，蒋介石以号称40万兵力对中央苏区所进行的第四次"围剿"被英勇的工农红军以各个击破的作战方针，快刀斩乱麻彻底粉碎。当时，工农红军光复了黎川、南丰、乐安之线以北广大地区，广大劳苦人民又盼到了自己的武装部队。为了迎接革命的更大胜利，在中国共产党的领导下，工农游击队更加活跃，紧密配合工农红军的战斗，严密地封锁了国民党军的耳目，致使国民党军的行动如盲人骑瞎马，随时受到革命武装和游击队的严重打击。因而，蒋军紧缩在防圈以内不敢越雷池一步，革命的风暴直接威胁到第三路军陈诚的大本营——抚州。这时，陈诚在新败之余，最伤心的是在东陂各战役中，自己最坚强的"第五军全部和第十八军的第十一师"受到覆灭性的惨败，妄图消灭"中国共产党的人民武装"的自欺欺人的吹牛，不仅破了产，而且在工农红军对抚州的威胁下，心神惶

---

* 作者当时系国民党军第六十七师第三九九团连长。

惶，草木皆兵。陈诚为了粉饰战争的惨败，欺骗社会听闻，除加强反动政治宣传外，严禁居民任意迁移和停业；另一面将部队紧缩在抚州周围，不得擅离防地，以求安定于一时。同时，又受着同在反革命战场上的伙伴部队不平的待遇而吃醋，和相互争功诿过，钩心斗角，冷嘲热讽的恐慌与不满的怨言，不绝于耳。陈诚在这样的内外夹击场合下，为了所谓指挥官的尊严，恼羞成怒，更加仇视人民革命，就在无可奈何、狗急跳墙的情绪支配下，秉承蒋介石的旨意，决心重整旗鼓，做垂死挣扎，再次向中央苏区"围剿"。他按照蒋介石的命令，采取了所谓步步为营、稳扎稳打的碉堡筑路战略，逐渐缩小苏区，束缚工农红军于内线作战，以便于蒋军节约兵力，而取得及时支援之效。1933年5月，他将第十八军的原有两个师扩编为四个师。即把第十一师的独立旅和第六十五团合编为第六十七师（师长傅仲芳），辖四个步兵团。又抽出第十四师三个步兵团编为第九十四师（师长李树森），各辖三个步兵团。另辖第九十八师（师长夏楚中）。就在这样的焦头烂额中，东拼西凑，将一个残缺不全（原来兵额就不够）的第十八军拼凑为第三路军的第五纵队（陈诚兼指挥官，罗卓英任副指挥官），于1933年9月，对中央苏区进行第五次"围剿"，使江西广大劳动人民较长期地处于水深火热的反动黑暗统治中。

二、残酷的碉堡封锁经济封锁

国民党军掀起第五次"围剿"中，任陈诚充第三路军总指挥、辖三个纵队，第六十七师系属于第五纵队的左翼支队（支队长傅仲芳，辖第六十七师、第九十四师）于1934年4月上旬，由宜黄经南丰逐次向广昌推进。

当时，我充第六十七师第三九九团上尉连长，在"步步为营，稳扎稳打"的碉堡筑路的战术方针指导下，率连积极为反革命效力，逐次向苏区进犯。为了封锁苏区物资、破坏农村经济和维护反动统治，在碉堡筑路中，就不择手段地断绝交通，禁止商品物资流通，迫使农村生活所需处于停止供应状态。为了迅速完成封锁线，就地取材，破坏了农村生产。记得在初期筑碉时，每连每日只能筑两层有射击设备的平房式的碉堡一座，后来发展为每连每日可筑有两层射击设备的楼房式的两座到三座。为了就地取材，初期只能筑木型碉，后来，发展为筑竹子碉、砖土碉三种类型，（每碉可容轻机枪或重机枪一挺，步枪4～5支）。为了严密封锁，组成交叉火网（千米左右需构筑一座）。由于遍地筑碉就需要大量的材料（每座木碉需树木100余根，竹碉需竹1000余根，砖土碉材料全由拆卸房屋的砖瓦，损耗更大，没有一定的计算标准数目，每种碉都需要木板或门板5～6块和瓦数百片），所以，在筑碉区域内，独立房屋拆光，森林和竹园都砍成了荒坡秃山。另外，每碉所需的大量鹿窝还在外。这对农村的经济发展和农民财产的危害是史无前例的。

第一线碉堡封锁线完成后，以最少数兵力守卫，断绝交通，严禁物资交流，而大部分兵力继续向苏区进犯，达到一定目的之后，再以少数部队掩护，大部队迅速完成第二线碉堡封锁线，又以少数部队守卫，大部兵力继续向前推进，构筑碉堡封锁线，逐次缩小苏区，束缚工农红军的作战灵活性。所以，在所谓碉堡筑路的反动政策下（"三光"政策），蒋军所到之处，带给广大劳动人民的啼饥号寒流离失所满地凄惨的荒凉景象，确使人目不忍睹，这也是对人民犯的滔天罪行之一。

三、第六十七师的猛攻与扑空

第六十七师充第五纵队的左翼支队，沿南丰公路右侧小心翼翼地向工农红军窜扰，除在南丰地区受到了工农红军守备部队打击外（部队伤人20余名），其余部队没有受到阻止。1934年4月初，部队到达革命根据地的广昌外围的白舍、甘竹、苦竹之线。第六十七师被工农红军阻击在白舍之外，寸步不能前进。由于傅仲芳在进犯中比较顺利，反动气焰更盛。他对官兵说"工农红军已经为我们碉堡筑路政策打垮了，他们受到物资封锁，

记第六十七师在第五次"围剿"中进犯广昌的一些情况

一切缺乏的压力，内部起了要战要降两派的分化斗争，战士大半都逃散了，只要我们再鼓一把勇气，就可以完全胜利"等。接着，第六十七师继续向前推进，夺取白舍。即着前卫营向工农红军阵地猛攻了一夜，冲锋了数次，都被工农红军英勇地扫退（营伤亡10余名），形成对峙态势。傅仲芳十分沮丧，在前卫营面前谩骂营长"不中用"。为了邀功，他调整作战部署，加强进犯兵力（用一个团为主攻），发起更猛烈攻击，企图以强大火力迫使工农红军后撤，经终日的反复冲锋，丝毫没有得逞。而工农红军沉着应付，阵地安如磐石（官兵伤亡20余名），士气顿消。同时，纵队部还妄图以左翼支队的进犯，策应甘竹、苦竹方面作战的行动，命傅仲芳相机以迅速地猛攻夺取白舍。傅仲芳在进退维谷之际，弄得焦头烂额，不得不亲自出马，赶到第一线，窥探工农红军阵地与守军的动态。窥探了几个小时，始终没有寻求到有机可乘的办法。只是叹气地说："共产党的阵地纪律真比不了，不付以大的牺牲代价是不能打垮的。"遂不敢再行冒昧进犯。傅仲芳急电第三路总指挥陈诚，夸大工农红军阵地坚固，兵力强大，请求派飞机轰炸阵地，支援部队进犯。经过三四日后，某日午前8时许，突然发现了轰炸机两架在阵地上空盘旋。第六十七师师部当即发出对空联络通信布板信号，指示轰炸目标。同时，傅仲芳亲到第一线指挥，命令第一线部队在飞机轰炸同时，发扬最强烈的火力，压制红军守备部队的出击，并要坚守原阵地，掩护其他部队冲锋，着师预备队（两个营）即刻进入冲锋发起位置，乘飞机轰炸的瞬间，在第一线部队的火力掩护下，不计一切，以密集部队冲锋（我是以密集部队冲锋之一），进入阵地后，大力追击，扩展战果，如畏缩不前，以临阵退却论罪。轰炸机在工农红军阵地上空飞绕了两个圈子，即行低空飞行，盲目地投了10余枚小型炸弹，当烟尘弥漫之际，冲锋部队乘机以密集部队冲进了工农红军阵地内（在午前10时左右完全进入了工农红军阵地内），却无一人。工农红军是何时撤走的完全不知道。傅仲芳妄图借机轰炸之隙，以士兵的生命来换取白舍，但是工农红军不牺牲一兵一卒保障了白舍。待已经胜利完成了作战任务后，自行撤离白舍，捉弄了第六十七师，使第六十七师费了九牛二虎之力，扑了一个空。

蒋介石对中央苏区留守红军的"清剿"

宋瑞珂*

陈树华（全国政协文史资料研究委员会专员、原国民党国防部史政局少将副局长）审稿意见：对分区"清剿"部署和"清剿"过程及罗卓英惨杀地方干部等罪行，有可参考之处。

1934年10月10日，中央红军主力退出根据地，开始长征，留下一小部红军，坚持游击战争。当时，蒋军并不知红军留有多少。后来据说，在赣南由陈毅、项英将军领导，在闽西由邓子恢、张鼎承将军领导。

陈诚第三路军所部于10月中旬占领宁都、石城后，立即展开构筑碉堡线和修筑公路。第十四、第四十三、第九十四师修筑头陂至宁都线；第七十九师先修驿前至宁都，后修宁都至古龙冈段；第六师进占兴国，修古龙冈至兴国段；第十一师修宁都至戴坊，第六十七师修宁都至银坑；汤恩伯纵队第四师和第八十九师修驿前至石城及瑞金至戴坊；第四师后又修瑞金至宽田；第七十九师进占于都后，与第六师修兴国、江背洞至于都之线，并在贡水北岸修宽田、于都至江口之间封锁线，与赣州粤军余汉谋部相衔接，对根据地加紧封锁和进行所谓"清剿"。

---

* 作者当时系国民党"围剿"军北路军第三路军特务团团长。

陈诚坚决反共以讨好蒋介石，唯恐他的喽啰松劲，于11月下旬，在宁都办第十八军短期训练班，自兼班主任，总席议刘绍先为副主任，负实际责任。调集第十一、第十四、第四十三、第六十七、第九十四、第九十七、第九十八师团长以下军官，分三批轮流集训，每期五天。孔令恂、傅仲芳、彭善担任大队长。训练内容主要有：

1. 精神教育。以三民主义为思想中心，蒋介石训示为行动指南。材料为孙中山的《军人精神教育》《蒋介石庐山训练讲话集摘要》《戚继光语录》等小册子和党员守则、军人读训等。

2. 术科教育。着重射击、刺枪、爬山、投手榴弹（我兼任教官，每个学员要实弹演习一次），主要是灌输法西斯思想，愚弄部属。强调只有"一个主义、一个党、一个领袖"，才能复兴中华民族。

12月初，陈诚在宁都召集第十八军各师师长及特务团长开教育会议。实际上大部分时间是陈诚讲话。除了重复上述短期训练班的教育内容外，规定要按照训练总监部新颁发的步兵操典操练，以期划一。每天早晚以团（或营）为单位举行升降旗典礼，唱党歌。听讲到总理（指孙中山）、委员长要立正表示崇敬，并重弹其"四大公开"（人事、经理、意见、罪恶）的陈腔滥调。

蒋介石于12月间撤销南昌行营及北路总司令部，派顾祝同为南昌"绥靖"公署主任。第三路军改为驻赣预备军，陈诚为总指挥，罗卓英为副总指挥兼第十八军军长。陈诚于12月中旬率领其参谋长郭忏及幕僚人员、特务团第一连（连长王士翘，是陈的警卫连）赴武昌，组织陆军整理处和办军官训练团。总指挥职务由罗卓英代理。

当时，江西划分为八个"绥靖"区，第二十路总指挥张钫、第二十六路总指挥孙连仲、第八军军长赵观涛、第三十七军军长毛炳文、第十八军军长罗卓英、第四纵队指挥官汤恩伯、第三纵队指挥官樊崧甫、粤军第一军军长余汉谋等分任司令官。

赵观涛指挥第二十一师（师长梁立柱）、浙江保安团队（队长俞济时）、第一补充旅（旅长王耀武）等部担任赣东北区；张钫部（第

七十五、第七十六师）担任黎川、建宁地区；孙连仲部担任临川、崇仁地区；毛炳文担任南城、南丰、宜黄地区；汤恩伯部（第四、第八十九师）担任石城、瑞金及会昌地区；罗卓英部担任广昌、宁都及会昌东北地区；樊崧甫部（第六、第七十九师）担任兴国、于都及赣县北部地区；余汉谋部担任赣州赣南地区。郜子举部在富田、东固之线，李生达第十九军（第七十二师及独二旅）担任吉水、吉安、泰和、万安、赣江沿岸一线，李汉章第七十四师担任永丰、乐安、上固一带，王懋德第二十八师担任万安、良日、赣江东岸一带，进行防守。

1935年1月初，顾祝同在南昌召集所谓"绥靖"会议。到会的有各区司令官及军师长。会议内容是说明划分地区"绥靖"计划，要求各区密切联系协同配合，用梳篦方式进行"清剿"，不使红军游击部队脱逃，限三个月内完成"清剿"。各"防剿"部队，应及时接防新碉堡线，严密封锁，并协助地方官吏，恢复反动统治。

在"清剿"中，第十八军所俘虏的多是妇女，送到军部的100余人，年龄多在30岁以下，交由特务团第三连看管三日，即转送宁都专员公署（专员邵鸿基是监察院委员下放的）处理。后闻有家可归者遣送原籍，无家可归者公开招领为人做妻，只要拿三元手续费，任何人都可招领。第九十八师第二九四旅参谋主任杨达之妻，就是其中之一，第六十七师第三九七团卫生队长邱某之妻也是在专署领去的。

另外，还有五名妇女嫌疑较大，罗卓英对她们采取怀疑政策，使其蜕化。特在特务团军需室楼下，设一招待室，每人一张床，发给军毯铺盖。伙食搭在军需室与军需吃同样伙食，派特务团通信排长，照管她们生活。不派卫兵看守，但要到城外散步时，派两名警卫员跟随，名为保护，实则监视。其中一名已怀有孕，将要分娩。另一人是南昌籍，任通信排长，要求见我，转达罗卓英。罗说如有亲属，可送她回去。她对我说父母早亡，随其姨母在沪居住，一年之前，经闽南入苏区，找丈夫，到时其夫已牺牲了，现在举目无亲。还有一人年龄最轻（二十二三岁），也最活跃。据军部万军法官告诉我，她在武汉读书时加入共产党，她父亲当时任国民党湖北礼山县县长[①]。罗卓英函其父，派人来领回去了。这五个妇女除一人回原籍外，其余四人是否送南昌感化院，我不清楚。因我于1935年1月回家省亲，返来时她们都走了。

当时，听说陈毅、项英所部在赣州东北地区被第七十九师及粤军第一师打散了。樊崧甫纵队收容各师送去的俘虏有3000多人，大部分是老少妇女。其中，有中共中委谢先策等五人，一个被第十四师霍揆彰杀害，余送南昌感化院。妇女遣送回原籍，青壮男子留在第七十九师成立游击大队。后据樊说，到湖南慈利就解散了，军官则资送回原籍，士兵补充各团去了。

我去南京、杭州参观各军事学校回到南城时，特务团副团长余子温告诉我说，第十八军在宁都建立的阵亡将士纪念塔落成那天，罗卓英杀害苏区地方干部数人，其中有一个约30岁的妇女，是一裁缝工人之妻，其夫拿着香烛为她收尸。

至4月间，所谓"清剿"已告结束，驻赣预备军总部及第十八军军部移驻南城，第四十一、第九十七、第六、第二十八师和第七十九师归"进剿"纵队司令樊崧甫指挥，开往湖南浏阳。汤恩伯纵队开往赣西北及鄂南地区，统归驻武汉的川湘鄂豫皖"剿匪"副司令张学良指挥，围攻湘鄂赣红军徐彦刚所部。除粤军余汉谋部仍驻赣南外，驻赣蒋军都先后调离江西。第十八军之部于6月间移驻樟树，第十一师驻新干，第六十七师驻永和圩，第十四师驻清江，第九十四师驻新喻。8月间，第十八军军部开往浙江金华，后移丽水，第十一师和第六十七师开往龙泉、云和，第十四师和第九十四师开往遂昌、松阳西南地区，围攻浙闽边区军粟裕领导的红军。

陈诚所部第十八军于1931年夏入赣时，仅两个师（18个团），到1935年秋，离开江西时，已扩充到八个师（第十一、第十四、第六十七、第九十四、第四十三、第九十七等师为三团制的师，第九十八、第九十九为两旅四团制的师），另加一个特务团，共27个团。这个军事集团是靠反共

---

① 礼山县于1952年改为大悟县。

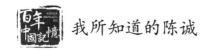

起家的。在江西参加第三、第四、第五次围攻，重要战役都参与其中。红军长征后，第四十、第三、第九十七、第九十九师又担任追击任务，其余在江西和浙南进击红军游击队。这个反动集团实力庞大，比任何蒋军给江西人民造成的危害都要大，因而陈诚得到蒋介石的特别宠信。

陈诚的点滴史料

薄世忱*

引　述

我于1931年在第四十三师充参谋处长，后随师改编并入第十八军，旋调为第十八军第四十三师军械处长，1933年调该师副官主任，随即调充南昌办事处处长，1936年，陈诚兼任广州行营主任，又调充广东省保安处科长。该处虽然直接隶属广东省政府，而内部人事绝大部分系由十八军调派而来，即保安处长邹洪的前身也是十八军的第四十三师师长，第四路军总司令余汉谋、广东省主席吴铁城对这个处从来无法过问。1940年，我充第六战区军粮接运处龙潭酒精厂的厂长，1945年调充鄂湘川黔边区"清剿"总指挥部的参谋长。这个指挥部系第六战区系统内的一个机构，直接最高的上司依然是陈诚。我从编并第十八军之日起至第六战区长官司令部移交为止，历时14年。兹篇所述均系亲身经历，作为点滴借补阙漏而已。

---

*　作者曾任国民党军第十八军第四十三师参谋处长。

陆军第十八军

陈诚的基本队伍陆军第十一师，在先是福建周荫人的旧部，当时师长是曹万顺。陈诚曾充该师副师长，驻防安徽。至1929年，曹万顺被调遣，即由陈诚充该师师长。1930年，他率领第十一师在陇海线归德柘城一带与阎、冯作战。拖延将近半年的中原大战，蒋介石算是胜利者。在战役中，陈诚请准蒋介石成立第十八军。俟开调武汉后，他首先把钱大钧的教导师抓了过来，改编成第十四师。1931年，蒋介石对红军发动的第三次"围剿"失败，韩德勤所部的第五十二师残余无几。陈诚攫取这一番号，把第十一师、第十四师分属的两个补充旅扩编成为第五十二师，开始自兼师长，后来派李明充任。当时第十八军的直辖部队已经有十一师、十四师和五十二师三个整师的兵力，而他的胃口很大，恰巧前五省联军总司令孙传芳所部的第四十七师内部发生问题。因为这个师是三个旅，编制比较庞大，由王金钰主持分编成第四十七师和第四十三师两个师，前者由王自兼师长，后者派郭华宗充师长。这两个师再加上郝梦龄的第五十四师成为第九军，军长是王金钰。这个军奉命开到江西参加二次"围剿"，被红军打得落花流水，王金钰走掉。第四十三师由上官云相带回蚌埠整补，第四十三师开驻江西阜田时，官兵衣食饷项皆无着落。这时团长阎开广（保定军校八期炮科）献策，最好是投奔陈诚再找出路，经郭华宗再三地考虑，认为不如此也再无其他办法。开始，郭令四十三师开驻曲濑，此间距陈诚总部所驻的吉安约20里，迟日无几就接到陈诚的命令调郭华宗为第五十二师师长，以第十八军的参谋长刘绍先调充第四十三师师长。郭拒不受命，而且声言如果硬来就准备硬拼，双方形成僵局。偏偏这时有一个曾在四十七师当过团长的高卓东（保定军校八期），向陈诚自告奋勇前往调解。郭接受了两万元的程仪，回归河北原籍充寓公去了。陈诚又将十一师、十四师、五十二师所属的三个独立团扩编为第五十九师，派陈时骥为师长。彼时的第十八军已经直辖第十一师、第十四师、第四十三师、第五十二师和第五十九师五个整师的兵力，在当时算是最强大的一个军。但是他犹未满足，又调中央第二炮兵旅来吉安驻防。在出发前，有人向旅长李有威进言，留神别叫陈诚给吃掉了。果然到吉安未久，陈诚就向他表示："老学长（保定同学）年龄已高，可以找一个清闲的事，借资休养，剩下的事业叫他们青年去做吧。"几天后，调拨的训令下来了，李有威被调为军事委员会的参议，带来的三营炮兵拨归十一师、十四师、五十二师各一营（原四十三师有炮兵编制）。这样一来，气走了炮兵团长王元吉（保定军校八期炮科毕业）。事后，李有威对人伤感地说："我前几年在陈调元部充机关枪营长时，有一天，陈调元当着各师官兵讲话时说：'一个师的机关枪营长何等重要，而现在我们叫年少不更事的人来担任，前途多么危险。'今天我当炮兵旅长，又说我年龄已高，算来由年轻到年老前后不足三年，难道我李有威这一辈子，官职与年龄永没有合适的时候吗？"陈诚在不足三年的时间，居然把第十八军壮大起来，而且论人数、论装备在全国也算数一数二的部队。他有了这样殷实的资本，就目空一切。不但如此，即使当时第十八军的官兵也以"天之骄子"自居，举凡是"六点水"的人（浙江人），而又在"土木训练班"（按："土"字影射十一师，"木"字影射十八军），那是最吃得开的。

1932年，蒋介石对红军发动了第四次"围剿"，第十八军所属李明的第五十二师、陈时骥的第五十九师在临川一带（编者按：应在宜黄南东陂黄陂）全被歼灭，两个师长当了俘虏，若不是孔令恂率领的第四十三师第一旅及时赶到，守住乐安，第十八军就可能全军覆没。以后孔令恂逐步升充了军长，原因也即在此。

十八军干部补习班

1931年第十八军驻江西吉安时，陈诚为了向部下灌输反共思想，成立了干部补习班，委杨云鸠充主任，抽调各部队下级军官集中受训，每期补习三个月，课程主要的是精神讲话。我曾问过一个参加受训的干部，他说："军长在精神讲话时说，共产党不可怕，我们是能打败它的，又说共产党军队加到一起也没有我们十八军人数多，游击战不算打仗，真要摆开阵势，他们还是不行，所以共产党成功不了。"此班还讲授简单的军事学和普通科学。陈诚成立这个补习班，另外还有一个原因。他认为十八军的干部大多数是行伍出身，写在履历上太不光彩，为此他每次讲话总是说"好好打共产党，出路是很远大的"。实际上这个补习班的第一期不足50天，第二期不足30天，即因战事各回本部队，补习班也就解散。班主任杨云鸠是陆大毕业生，一个短小精干的身材，平时鼻架眼镜，足蹬马靴，手执马鞭，出入各高级官员的住所，居然也以要人自居，一切举动处处模仿陈诚。陈诚对他也颇嘉许，在补习班停办后，就派他到第五十九师陈时骥部充旅长，此人后在宜黄南战役中被消灭。

"营私不舞弊主义"

抗战后期，国民党的经济已经走向崩溃。在通货恶性膨胀的情况下，各部队的饷项收入实不足以谋求温饱。夙日以"廉洁自持"的陈诚，平时以烟、赌、嫖、空（吃空名）悬为四大禁令，这时就创说"营私不舞弊主义"，意思是为了大家增加些进益，营私是可以的，但不准从中舞弊而纳入自己的腰包。他说这是"取不伤廉，公不为贪"。究竟真情如何，下面这段事实就可以说明。

1940年秋季，国民党政府为了拱卫重庆的安全，在湘北鄂西边区开辟了第六战区，司令部设在湖北恩施，陈诚为司令长官，黄琪翔为副司令长官，刘绍先为参谋长，整个洞庭湖以西地区均属之。这时陈诚首先派黄琪翔掌握湘谷转运处。这个机构原属于军政部，本是为将湖南的稻谷接济四川，而又将四川的盐巴运送湖南，是一个盐粮对调的机构，只是补充六战区部队军粮的运输费、管理费、损耗费、水运损失费、仓库建筑维修费等项，已有可观，还可以近报远、以少报多。出入既多，当然是大有油水的肥缺。陈诚向黄透露缩小这个机构的编制以撙节开支，像这样"取瑟而歌"的含义，黄何尝不明白，不走何待。在黄琪翔结束交代期间，陈诚成立了军粮接运处，委白雨生为处长、张相周为副处长，总处设沅陵，另设澧水、滨湖、湘西、川东、巴东五个分处，又在桃源、龙潭分设两座酒精制造厂，每日各厂产品都超过五六千斤，原料是用接运处的军粮，这是一种无本生意。不仅如此，又用酒精到川湘公路局交换汽车轮胎、零件，本处和本厂需要时就上报价购，不需要时就高价倒卖，这又是一个"生财之道"。原来交通部中国运输公司因缺汽油，改作木炭车，但经过山路时不能上坡，由军粮接运处的酒精厂补给酒精，可以加大马力。即此，依然有很多车辆抛锚，时间既久，俨同一堆废铁丢弃路旁。军粮接运处就打着战区长官部的名义将这堆废铁攒成很多辆堪用的汽车，拉运公私货物。我当时充龙潭酒精厂的厂长，也攒成两辆自行运用。

白雨生是保定军校八期步兵科学生，毕业后脱离军队，未穿过一天"二尺半"。他先在河南巩县原籍做了两年生意，后来到了山西大同口泉的北方煤矿公司当上了庶务科长，谈不上三句话，说出一大篇生意经，一派市侩口吻，闻之生厌。山西沦陷后，他从开封绕道湖北拜见陈诚，畅谈货殖生财之道。彼时，陈诚正要实行他的"营私不舞弊主义"，正愁无人可资倚重，偏偏来了一个"桑弘羊"。陈诚问到有关生产的问题，他总是回答"有办法"，旋即发表白为军粮接运处的中将处长，而他依然是便衣（宜）行事，因此众人皆知六战区出现了一个"大褂处长"。白雨生成立了军粮接运处之后，除在桃源、龙潭设立两个酒精厂而外，又在沅陵西北的泸溪设立一个有二三百名工人和一千支纱锭的福生纱厂，棉花系购自沦陷区荆沙一带，但主要业务不在纺纱而是囤棉。当时一般的贪官污吏为保全他们财产不受法币贬值的影响，也托白雨生代购棉花，作为实物囤积善价待沽，而白就可以利用别人的资本，购纱厂的原材料，在纱厂有赚无赔，即售价也要看看对方来头的大小而操纵给值，同时，军粮接运处的五个分处都成了仕宦行台的高级旅馆，因为沿途冠盖往来之人甚多，就由分处妥为招待，当然食宿皆极方便。招待费的来源，除冒报前述各种名堂的费用而外还有"放空"费，其实装运军粮的汽车并未空放，而这笔报销完全由各分处的大小职员们朋分，纳入私人的腰包（放空费为装运费的七成，每天有几百吨的载运，其数字真是惊人）。他们又利用酒精厂的有利条件，雇用商车代运军粮，当然走私贩运方便许多。军粮接运处就这样挟势聚敛，上下交征，把整个六战区闹得乌烟瘴气，而陈诚充耳不闻，主要就是因为他有"营私不舞弊主义"的原则。主官营私就难免僚属不舞弊，何况"私"与"弊"根本没有严格的区分，白雨生极得其中三昧，所以深受陈诚信赖而并不加谴责。军粮接运处虽设在沅陵，但白雨生并不驻在处里，而经常到湖南、四川等处活动。他在每次往恩施时，除个人坐着小卧车外，后面总是跟着一辆卡车，上面装有大小箱笼以及各地土产、进口食用名贵之物，表面像应酬馈送，其实是向陈诚报账交款。至于每次的数字，是任何人无从探悉的。在陈诚调充远征军总司令时，白雨生就充当了第四补给区司令，规模益形庞大，弊窦自然更多。抗战胜利后接收美国物资时，他以多报少、盗卖侵分，闹得一塌糊涂，风声很快传到南京。这时陈诚已调充参谋总长，闻悉之余大为震怒，马上派一个执掌风纪的监察局长彭位仁（保定军校六期）来昆明彻查严办，但由于白雨生的纵横捭阖，而彭局长又碍于陈诚的情面，单单把一个倒霉的军需处长吴汲枪毙了事。这场风云就此消散。

"大公无私"

陈诚经常标榜自己从来大公无私。他在崇仁时，一个随他多年而又立过功的随从兵因在街上与一个做小生意的争价吵嘴，被陈遇见，当场逮捕枪毙了。他在湖北几乎枪毙了第十一师军械处长常增禄，虽然是多年的同学也是不留情面的。陈诚在掌握整个十八军的过程中，见到黄埔的学生就拉拢，遇到家乡的亲信就提拔，从来不问品质能力。1943年鄂西会战，参战的各师旅并未见日军形影，而闻风溃逃，不可遏止。事后陈诚万分震怒，开会检讨。这些与会的大小头目无不惴惴自危，听候严厉处分，出乎意料的是陈诚听完了各部队报告，发现这些临阵脱逃的逃官儿全是他亲信的心腹中人，一场暴风未闹起来。驻南昌的第十八军办事处处长吴子漪，遇事可以独断专行。他手里拿着陈诚的官私章擅下条谕，而吴本人从不具名盖章。南昌筷子巷办事处门前经常是车水马龙人来客往，全十八军大小官员如有谋求，全要会聚到吴处长这里来，只要吴处长一点头，就可遂心如意凤愿得偿。全十八军的粮饷经费皆由吴经手，而吴的一切开支皆要由各师旅摊派，其他额外报销尚不在内。原来吴子漪是陈诚的大舅子。陈诚在十八军成立的初期，娶了谭延闿的女儿谭曼怡，由这位舅爷向他妹妹吴舜莲协议离婚，条件主要是不经法院，每月付以千元的生活费，由吴子漪按月照付不得延期。陈诚说吴子漪真"识大体"，所以对其有求必应。吴在外面专断也罢，擅权也罢，陈诚都可以曲于原宥。

（华克格　整理　1996年5月）

谈谈陈诚

郑南宣

陈诚是一位深为蒋介石所信赖的人物。

陈诚和蒋介石是1924年9月在黄埔军校相识的，当时蒋为军校校长，陈仅为军校一名很普通的上尉特别官佐，二人并无多少来往。1926年7月北伐开始后，陈在严重（立三）任师长的第二十一师六十三团做上校团长，不久严辞其师长职务并荐陈代之，这时蒋始留意陈诚。但直至1929年6月陈诚取代曹万顺做第十一师师长后，陈才引起蒋的重视。以后，蒋极力培植陈诚，并亲与夫人宋美龄为其说媒，将已故国民党元老谭延闿的女公子谭祥（曼怡）介绍给陈诚为妻（陈、谭二人于1932年元旦在上海完婚）。陈极为感激，从此唯蒋之命是从，成为蒋手中的一颗重要棋子。

1934年10月，红军第五次反"围剿"失败后，陈诚更备受蒋介石之青睐——陈曾是蒋对红军"围剿"计划的制订者与积极参与者之一，于1935年3月出任设在武昌南湖的军事委员会陆军整理处的处长，替蒋整理全国的陆军，这是陈开始被蒋重用的标志。这以后，蒋介石让陈诚担任了许许多多的军政要职，陈一举而成为国民党军政界的重要人物。

有这样几件事可以说明蒋介石对陈诚的信任实在非同一般：

1938年初春，军事委员会的第六部改为政治部，由陈诚出任部长，该部的副部长分别为周恩来、黄琪翔。这一时期，国民党的经济出现困难，物价上涨，通货膨胀严重，军事费用不够，政治部也不例外。笔者当时在政治部当秘书，负责办理一个公文（报告）给主管军事费用的军政部要50万元钱，结果报告让军政部长何应钦驳回了。没有办法，政治部的经理厅厅长吴子漪（此人原为陈诚原配夫人吴舜莲的哥哥，吴舜莲深为陈诚母亲喜爱，故陈诚在与吴氏离婚而同谭祥结婚前，陈母向陈诚提出三个要求作为同意其与吴氏离婚的条件，即吴舜莲与陈诚离婚后而不离开陈诚青田老家，永远跟陈母住在一起，陈诚给吴氏10万块钱作为生活费用，吴氏之兄吴子漪永远为陈诚执掌经济……陈诚答应了自己母亲的条件，因而吴子漪得以中人之才而屡随陈诚升迁）以陈诚的名义签呈给蒋介石，蒋立即批给政治部100万元经费，比报告要求给的数字多了一倍。后来，蒋介石还为此批评何应钦："辞修是做事的人，不是贪污之徒，他要钱你军政部就应该给！"搞得何非常狼狈。

又，政治部成立初期，陈诚力保贺衷寒做政治部第一厅厅长，第一次签呈给蒋介石时，蒋在公文上用蓝铅笔一批"此人决不可用"。贺衷寒本为黄埔一期学生，初为蒋所信赖，但贺在1936年"西安事变"时站在何应钦一边，主张轰炸西安，因此，蒋对贺深为不满，遂有如此批语。第二次再签呈给蒋，蒋亦复批曰："此人决不可用！"第三次陈诚亲自拿着签呈去见蒋介石，结果蒋介石终于同意发表贺衷寒为第一厅厅长。像蒋介石这样刚愎自用的人，能使其改变已被他自己否决了两次的决定，除了陈诚等少数几个蒋之特别信任人物能做得到外，一般人则是根本不可想象的。

第三件事是：1940年秋，陈诚辞去了政治部部长及三青团中央团部书记长等兼职而专任第六战区司令长官兼湖北省主席职务时，蒋介石举行布达式，宣布上述命令，政治部及三青团科秘以上干部都要参加听训，我当时既是政治部的秘书，又是三青团训练处的秘书①，自然更不能例外。那天蒋宣布会议开始后即大声地说："你们政治部的部长、三青团的书记长陈诚，因国家另有需要而辞职了。前一段时间，政治部的工作没有做好，没有成绩，这与你们陈部长是无关的！"说到这里，蒋用手朝我们站在下面的一列人一指，继续说："这只能怪你们这些干部，你们工作没有搞好，你们的部长不在家嘛！听说你们还同别人搞摩擦（蒋这里是指我们同陈立夫的教育部有矛盾）……"蒋介石讲完话后，陈诚接着发言。陈说："委员长刚才说的我不同意！我们政治部的工作是有成绩的，但成绩不是我的，是大家的！委员长还说我们跟别人闹摩擦，我们没有跟别人闹摩擦，但是我们不能禁止别人跟我们闹摩擦。"陈诚说这话的时侯，蒋介石并没有生气，脸上一直挂着笑容，由此也可以看出蒋、陈之间非同寻常的关系，否则，陈是不敢公开反驳蒋的话的。

正是因为蒋介石非常信任陈诚，所以蒋总是派陈代他去处理一些不太好对付的事，如对付桂系李宗仁及广东的陈济棠等，而陈每次也不辱使命，功成而回，其主要原因也就是大家都知道陈是蒋的红人，他的许诺是一定可以兑现的。

陈诚为何能受蒋介石如此信任？有人说是因为陈诚反共坚决之故，此说不能成立。试想，蒋手下的何应钦、顾祝同、刘峙等，他们哪一个又不是坚决反共的，为何蒋独倚重陈诚呢？笔者认为主要原因是蒋介石认为陈

---

① 我是1938年春军委会政治部成立初期，经在南通纺织学院读书时的老同学庄明远（时在政治部任人事处长）介绍到政治部当秘书的。1938年8月，王东原受陈诚之邀兼任三民主义青年团中央团部不到任的训练处长时，与其好友王亚南（湖北黄冈人，著名学者，新中国成立后曾任厦门大学校长）商量，想从陈诚集团中拽一个人到他身边做事，以便沟通双方关系。王亚南素与我友好，遂向王东原推荐了我。王东原后向陈诚调我，陈同意并对我说，你去那里，等于在我这里一样。我到王东原处后，王即安排我担任三青团训练处的指导考核组组长兼处的秘书。

诚可以替他卖命，而何应钦等人则不能。当时有人曾编出这样一个政治笑话，谓："蒋为考察何应钦、陈诚等人对他忠诚的程度，一日急召集何、陈等几个亲信人物到其住处议事。众人坐定后，蒋突命诸人去死。此时何应钦坐着不动，对蒋的话不予理睬，顾祝同指出许多不能去死的理由，刘峙则苦苦向蒋哀求免死；而陈诚呢？只见他向蒋一个立正敬礼后，即转身向门外走去……"这个笑话，似甚荒唐，但却说明了陈诚对蒋介石忠诚的程度。

也有人认为，陈诚之所以受蒋信任，是因为陈诚为人清廉，不贪污，此说也不全面。从表面上来看，陈诚是很反对贪污的，但私下里是否完全清廉呢，我看也不见得，有这样一件事情可以说明。

1938年春陈诚出掌政治部后，任命吴子漪做经理厅的厅长，掌管经费（当时各军、师政治部经费均由政治部发给），1940年秋陈辞职后由张治中接任，张很会做官，仍用吴子漪做经理厅的厅长，其账目是否清楚，就只有陈诚和吴子漪他们知道了。更滑稽的是陈诚辞职后办理移交手续一事，原来陈诚在辞去政治部部长前夕即保荐其亲信王东原出任政治部副部长。王东原，安徽全椒人，保定军校八期毕业，系陈诚同学，在庐山军官训练团当大队长时被陈诚看中，曾代理陈所担任的中训团教育长职务。这次陈诚之所以保荐王东原做政治部副部长，是因为陈在政治部还有些人需要他关照，便向张治中推荐了王东原，张治中一口答应。随后，陈诚即派王东原代他向新任部长张治中办理接收手续，这样交与接均为王氏一人办理，实属罕见。连王东原本人也感到滑稽可笑，他曾对我（我当时在部长办公室当秘书，随王东原办公，陈诚的"交"与张治中的"接"的两份公文均是由我办理的）说："我交我接，真是太不像话了！"

陈诚这个人在政治上很有一套，善于平衡关系。陈诚是反对CC的，例如，陈在第六战区司令会长官兼湖北省政府主席任上时，同五战区司令长官李宗仁的关系不好，常想设法同李改善关系。恰好五战区副司令长官兼二十二集团军总司令孙震向陈诚推荐曾做过黄梅县县长的、当时正在五战区政治部任主任秘书的韩觉民当湖北省的行政督察专员，陈当即就想发表韩的任职，以此来取悦于李宗仁。正在这时，陈诚又收到了陈果夫保荐韩为行政督察专员的电报，陈见此情况，即说："原来韩觉民是个CC，他的任职命令不能发表！"后来我在王东原手下做人事处长时，韩觉民又托人说情，王东原已经同意，正要发表其任职命令，有一科长告我曰："韩是有案的，是陈主席不用的人。"王不敢得罪陈诚，遂将此事作罢。可见陈诚是反对CC的。但与此同时，陈却又用了CC的段锡朋和张厉生二人，前者陈让其代理他自己所兼任的三青团书记长及国民党中央训练委员会主任委员的职务，后者则先让其做政治部的秘书长，后又做政治部副部长……陈之所以出此策，意在向外人证明他并不反对CC，其为人圆滑，可见一斑。

陈诚对桂系是很不喜欢的，白崇禧就吃过他的亏。那是1938年冬白崇禧出任新设立的桂林行营主任后，陈诚命令在桂林行营成立政治部，并指明这个政治部不受行营主任白崇禧的管辖。陈诚即派政治部人事处处长庄明远和我去桂林组建行营政治部，留我任行营政治部科长。陈诚交代我们：不能让白崇禧用一个人，行营政治部也不需要白崇禧的一个钱；所有的人员、经费，均由总政治部负责派拨。白崇禧对此很不高兴，但又毫无办法，只好派代表来同我们谈判。谈来谈去，最后结果是由我们建议行营政治部用一个挂名秘书，只拿工资，不到部任职办事。白崇禧后来派自己的秘书王心恒（湖北大冶人）来政治部挂职，实际上白在行营政治部里仍没有一个自己的人，也就根本谈不上指挥行营政治部了。

陈诚对人表面上是客气的。陈对领导过自己的人称"公"，如对何应钦、阎锡山、冯玉祥等，则分别称为"何敬公""阎百公""冯焕公"等，对孔祥熙称为"孔庸公"，或许因为孔是蒋介石的连襟，他对孔自称为"晚陈诚"，对年纪比他大的人称"先生"，如称陈果夫为"果夫先生"，对陈立夫、白崇禧等人则又称"立夫兄""健生兄"等，但这些都是陈诚的表面文章，实际上他是该反对谁就反对谁，从不含糊。比如，他对行政院副院长兼财政部长的孔祥熙就老看不惯，虽然在信函中自称"晚陈诚"，但又多次在公开场合攻击孔贪污。孔被他搞得没有办法，只好亲自找到陈诚做解释，说陈诚不了解财政部的情况，并建议陈诚派人到财政部来工作，以便互通情报、沟通关系。后来，陈诚果真派了庄明远去同孔祥熙见面。孔见庄后，即准备发表其为重庆花纱部管制局局长。这是当时重庆很肥的一个差事，很可以捞点钱，因此，庄明远有意就职。他征求我的意见，当即被我劝阻，我对庄说："辞公左右亲信多系浙江和湖南人，而你生于山东，虽随其多年，但不能算亲信，花纱局乃重庆有名之肥缺，你若掌该局，势必为众人所妒，倘到时有人诬你有弊，而花纱局又是个可以发财之地方，斯时你怎洗得清白？辞公生平表面上最恨贪污，喜欢杀人以标榜，万一错办了你，岂不是冤哉枉也，我劝你莫接受孔的意见。"庄亦深以为然。从此事也可看出孔祥熙对陈诚的畏惧。

陈诚用人有他自己的准则，即不允许他手下的人背地里与其他派系等政治力量发生关系。

陈诚是保定军校第八期毕业生，因而他也最相信保定八期的人，如罗卓英和周至柔等，均是陈诚集团的核心人物。特别是罗卓英，更是陈诚特别倚重的。罗卓英，字尤青，广东大埔人，1919年考入保定军官学校，为该校第八期炮兵科学员，与陈诚同班。1922年夏自保定军校毕业后，即回广东，曾在湖山中学当过校长。1923年应陈诚之邀进入粤军系统，1924年陈诚到黄埔军校任职后，罗又在陈之罗致下进入黄埔军校系统，随后他紧随陈诚，步步升迁。凡陈任新职后，其所遗之旧职大都由罗继任，如第十八军军长、武汉卫戍司令、远征军司令长官等。

陈诚有一段时间也很相信王东原。前面已谈到过，在庐山军官训练团时，王仅为一大队长，被陈看中后即被提拔做了中训团的副教育长，代教育长、教育长以至政治部副部长，其中原因一则因王是保定军校八期同学，二则是陈认为王能忠实按他的意见办事，所以陈诚在1944年夏季拟辞湖北省主席职务时，已私下把王作为他在湖北的接班人了。那时，想做湖北省主席的人很多，如陈诚的老部属之一的六战区副司令长官兼参谋长的郭忏、省政府民政厅长（代行湖北省政府主席）朱怀冰等，都在积极活动。按国民党政府的惯例，省主席去职后当由民政厅长代理，如循此例，上述人选中朱怀冰的可能性最大，且朱与陈诚相识也非一日，然陈最后弃朱而用王，可见其对王之信任程度了。当陈诚向蒋介石推荐王东原接替他主鄂并经蒋同意之后，罗卓英即去向王东原贺喜，时笔者亦在场。只见罗对王说："我和至柔兄力保你做湖北省主席，辞公同意并报委员长批准了，命令即日发表，特向老同学祝贺！你到湖北后，一切要以辞公意志为意志，遇事一定要多向辞公请示，把事情办好，让辞公满意……"但王东原这个人很有个性，同各方面人物都发生关系，如跟CC、孔祥熙都有来往，想做一个百足之虫。却不料因此得罪了陈诚，以致后来吃了不少暗亏，有哑巴吃黄连之苦。

王东原得罪陈诚的第一件事是，相信了中央训练团高级党政班的学员，并委他们以要职，如省政府委员兼秘书长王原一、省政府委员兼三青团湖北支团干事长刘公武、国民党湖北省党部委员兼书记长吴大宇、第六战区政治部少将副主任李澄澜等，均为中训团高级党政班的学员。因为高级党政班的主要负责人是陈果夫，老师为CC头子，学生自然要受到老师的庇荫，而这几名学生也确是基于陈果夫的支持而得以入湖北任职的。到了1945年8月日本投降后，继第一批随同王东原到湖北省任职或升迁的几名中训团高级党政班学员以外，还有熊东皋（中统华中区特派员）、张铁君（社会部暨中央文化运动委员会驻武汉特派员）、中央宣传部驻武汉特派员王真明和郑逸侠（曾任湖北省政府委员兼财政厅长、湖北省银行行长）等，也是凭着陈果夫和王东原的双重关系，从外地调到湖北各自担任一个方面重要领导职务的。由于陈诚一贯瞧不起CC，认为他们每到一处总是拉帮结伙谋私利，所以对王东原重用这些人很不满意。

王东原得罪陈诚的第二件事是怠慢了财政厅长赵志垚。赵志垚，浙江青田人，为陈诚中学时的同班同学，是替陈诚掌管经济的实权人物，吴子漪虽然每每随陈诚担任经济方面要职，但因能力有限，其手下班子均为赵所安排。因此，陈对赵是极端信任和保护的。有一次，湖北省审计处（这个机构直属中央—行政院—审计局）处长鲁岱要查赵志垚的账，结果陈诚硬是以辞职要挟鲁岱，鲁再也不敢查赵的账了。总之，陈是不愿听到别人议论赵的弊端的。至于别人不用赵，那更是为陈所不容。王东原对此了解不深，免不了要为陈所忌。

王东原在1944年7月接任湖北省主席后，仍用赵志垚为财政厅长，因王也知道赵是陈诚的人，是不能轻易撤换的，但他对赵却有点敬鬼神而远之的味道。有一天，赵志垚找到了我（赵曾是我1938年初春在政治部总务厅人事处工作时的老长官），约我晚饭后到恩施三孔桥赏月。我当时已是湖北省政府人事处处长，对此，有必要向读者做一些简单交代：1943年6月王东原辞去军委会政治部副部长职务前，我是政治部部长办公室秘书，随王东原办公；王辞职时，部长张治中欲留我任政治部秘书处副处长，王不同意，坚持要我去他所任职的国防研究院办公厅（王为主任）做少将主任秘书，为张所允，但仍挂了政治部一个设计委员的职务；1944年夏，王东原的湖北省政府主席职务发表后，王在其所安排的省府委员及省政府秘书长人选中未考虑我，也未与我议过此事，我自然也懒得去打听，不料王东原在从重庆到恩施前夕，突派人把我从巴县家中找去，要我同他一块去恩施；王东原见我不太愿意，即表示只要我去帮他办接收，我推辞不得，遂同王去了恩施；到恩施的次日，王却发表我为湖北省政府人事处处长；我深感突然，找王询问，王即拿出一封侍从室转来的信给我看，原来信中告我经常出入于八路军办事处，可能与共产党有政治上的来往……王并对我说："我已复信给侍从室了，说你与'八办'的董必武是湖北黄安老乡，只有私人关系，决无政治上来往……以你之不好脾气，留在重庆，为人所攻击，势必吃亏，所以我决定让你跟我来恩施工作……"以是，我留在恩施，担任了湖北省政府人事处处长的职务。因此那天我见赵志垚找我，还以为他有什么人需要我帮忙安排。这天晚饭后，我如约到了三孔桥，见面后，赵志垚对我说："我要走了，你今后就势孤了，还盼好自为之。"我很奇怪，便问："王主席跟陈主席不是一家人吗？萧规曹随，你跟王主席做事不也跟陈主席干事一样吗？何出此言？"赵答曰："不是我要走，是王主席不信任我。既然如此，我留此何益？"我问："何以见得王主席不相信你？"赵解释说："王主席在重庆开会时，我从恩施给他打电报请求辞职，他考虑了三天才回电话挽留我，这说明他并不信任我。不然，他一接电报就会不同意我辞职的！"原来赵志垚并非真要辞职，只是打电报试探王东原而已，结果王上了当。赵志垚不久果然向王东原辞去了财政厅长职务，时在1945年4月。赵走后，由吴嵩庆接任其职。吴原为陈诚军政部（陈已于1944年11月接替何应钦做了军政部长）军需署的副署长，这次出任湖北省财政厅长系与赵志垚对调，王东原与吴素不相识。这种人事安排自是陈诚一手导演，也是陈诚留给王东原的一颗软钉子，王东原吃了闷亏，只好表示接受。

此后，陈诚接连不断地给王东原难堪。王东原接任湖北省主席时，原民政厅厅长朱怀冰辞职，王即以罗贡华代之为民政厅长。罗与CC早有历史渊源，陈诚是心中有数的，只是未对王东原明言。1945年6月罗贡华因故辞职后，陈即把他自己做省主席时的第八区行政督察专员王开化升做民政厅长，而省主席王东原事前却根本不知道。1946年4月，王东原调任湖南省政府主席时，陈诚又派他自己在湖北省主席任上的秘书长刘千俊去做湖南省政府的民政厅长，这也是事先未与王东原通气的，直到1948年春天刘千俊病故后，王东原才用了自己的人刘公武做民政厅长……

陈诚在重用保定军校学生的同时，也用了不少黄埔军校的学生，因蒋介石是黄埔军校的校长，对天子门生，陈当然不敢马虎，但他爱用在蒋介石面前栽了跟头的人，如前面所谈到的贺衷寒即是一例。陈诚之所以如此，是想要对方对他感恩戴德、俯首听命，不然，也是为他所不容许的，当贺衷寒后来有些不服陈管理时，不久即被陈免了职。

陈诚为人专横傲慢，在各方面他都不想让人，他跟何应钦并列照相时，总是把肩膀抬得高高的，因何的身材要比他稍高一些。陈忌讳别人说他矮，因而他的部下一般对此都很注意，见他时尽量不穿皮鞋而穿布鞋，以使自己稍微显得矮一些……

另外，陈诚用人，不喜欢对方高谈阔论，也不喜欢对方才学过高，所以他用的人如担任过湖北省政府秘书长的刘千俊、柳克述等，均为谨小慎微、俯首帖耳之人。陈诚有一段时间很欣赏朱代杰，用朱做军委会政治部、第九战区司令长官部、湖北省政府主席三家联合办公厅的主任，但不久朱即垮了台。原因有二：一是朱代杰恃才傲物，连赵志垚都不放在眼里；二是朱喜欢揽权，遇事爱自作主张……

当然，陈诚这个人也还是具有一定政治才能的。陈喜欢更张，不守三年有成之戒。对于他的政绩，是言人人殊的。陈在政治部长任内，初期由于郭沫若做第三厅厅长，网罗人才，一时称盛，对敌宣传，轰轰烈烈，卓有成效。后来郭氏调任文化工作委员会主任，三厅原有人才，亦随郭而去，后来三厅厅长由何浩若担任，其工作便有点近于销声匿迹了。陈诚任湖北省政府主席时，对于禁烟、禁赌，雷厉风行，颇有成效。至于他所标榜的计划经济计划教育等，总的来说是未成功的，然其对公教人员的生活，却还是十分负责的。至于后来陈诚在台湾进行农业改革多亦有成效，则只有留待后论了。

1990年6月　时年93岁

（李德定　整理）

回忆陈诚

许知为*

陈诚，字辞修，1898年出生于浙江青田县高市乡一个书香门第，处州师范毕业，曾任高市小学教员，保定八期炮科毕业后，随邓演达、严重投身于孙中山先生的革命军李济深的第一师，历任国民党军政要职，1948年赴台，1965年在台病故，享年68岁。在国共第二次合作的抗日时期，我曾一度接近过陈诚，有许多耳闻目睹、值得回忆的事。

一、三分校的一次训话

（一）初次见面

1938年11月间，我在江西吉安中央军校第三分校十五期受训。一天深夜，突然紧急集合，急行军，天明到达离吉安城西50里的高塘墟，全校师生三千多人集合在沙滩上，列成队形，整齐地立在临时搭的讲台面前，始知是来听陈诚训话。不久，陈诚陪同梁寒操（资深中委，反过蒋）步上讲台。陈诚首先讲话，然后是梁寒操演说当前抗战形势，长达三四小时。梁

　＊　作者时系国民党中央军校三分校十五期学员。

口若悬河，内容精彩动人，但印象深刻的还是陈诚的讲话，他痛斥当时党政军各界贪污腐败行为，乃是抗战建国的大患。他说："你们分发到部队以后，把克扣军饷、虐待士兵的不法行为，直接写信给我，一经查实，定当严惩，甚至枪决！"又说："你们学校可以选派几个毕业生，跟我做副官，管我的家庭生活收支，发现我有贪污情况，也同样告发！"在梁寒操长达三四小时的讲演中，陈诚将军始终立正，站在台上一侧听讲，毫无倦容。

大约在上午9时许，突然空袭警报长鸣，讲演中止。我们正在待命疏散，又响起了紧急警报，这是敌机快临空的信号，大家都显得很紧张。陈诚将梁寒操送进小轿车开走，疾步站到讲台上，发出口令："就地卧倒！"黑压压的大片人群，一齐伏卧在平坦坦、毫无掩蔽的干涸河床的沙滩上。不多久，九架敌机飞临上空，轰鸣声震天动地，我们惊慌得心都在颤抖；偷眼一望，陈诚依然立正在台上，岿然不动。我们目送敌机掠空而过，随之传来闷雷般的连续爆炸声。约莫过了半小时，解除空袭警报拉响了，站在台上的陈诚命令队伍重新集合，继续听梁讲演。那时，我是初穿军装的青年学子，算是见到书上说的"临危不惧，身先士卒"的将军了。

（二）蒋经国、顾祝同险遭不测

在敌机空袭的当日黄昏，我们整队一路高唱《大刀进行曲》返回吉安营地。一踏进市区，到处断壁残垣，瓦砾遍地，最繁华的文叔路大街全毁了。回到营房，始悉这次敌机空袭是冲着陈诚来的。早几天，陈诚来吉安召开军事会议，极为保密，不料会议到最后终于被汉奸侦悉，报了密。日军司令部得报，立即派飞机前来轰炸，企图"一网打尽"。这次敌机是绕道偷袭，躲过我方防空监测，所以放了空袭警报就接着拉紧急警报，市民逃避不及，伤亡惨重。幸好陈诚到高塘圩训话，免遭毒手。但是尚留在吉安的蒋经国（江西保安处长，不久任赣南专员）、顾祝同（三战区司令长官）、黄绍竑（浙江省主席）同乘一辆小轿车飞速驶郊外躲避，不料目标暴露，敌机尾随扫射轰炸，三人便迅速弃车，躲在街头一处大草垛一侧。

紧接着一颗炸弹在大草垛另一侧轰的一声爆炸了，顾祝同伏在外沿，左腿受了轻伤，蒋经国、黄绍竑站在里侧，安然无恙。过了两天，顾祝同偕蒋经国等多人来营房视察。我看到顾祝同左腿缠了纱布，拄着手杖，一跛一跛地走着。蒋经国这次来三分校视察，挑选了一大批毕业生到赣南工作。

（三）许诺兑现

陈诚训话时所讲的选派几个学生跟他当副官那段话，我们以为只是讲讲算了，谁知过了两个多月，居然兑现了。1939年元月，我们毕业了，绝大部分同学分发到部队，我被留校。不久重庆军委会政治部来了命令，说是部长要选调五名毕业生到部里工作。经教育长唐冠英、政治部主任胡轨（字步日，黄埔四期，1944年以后任蒋经国的幕僚，代为处理日常工作）在留校的毕业生中挑选了童长庆（安徽枞阳人）、黄道南（浙江诸暨人）、朱复权（女，江苏淮阴人）、宋才娟（女，回族，安徽宣城人）和我共五人，派到政治部见习。

我们一行五人从吉安出发，经长沙，到沙市，过三峡，在第九、第六战区走了一个多月，于3月上旬到达重庆向政治部报到。适值陈诚在前线，总务厅厅长朱代杰（留学苏联，原是第三党邓演达一派）不便分派工作，说是要等部长回来决定。我们等了一个多月，很着急，恰好胡轨来渝，在中央训练团党政班第一期受训，我们便到南温泉党政班找到了他。他说："不要着急，部长今天回来了，晚上我去见他，说你们来到了。"第二天一早，总务厅通知我们去听部长训话。一进会场，陈诚指着我们对在场官员说："你们僚气十足！他们来了一个多月，不管不问，太不重视青年工作！你们不要以为资历深，经验多，就瞧不起青年，但是我们毕竟年纪大了，好比日过中天，总是走下坡路。他们青年人虽然还幼稚，好比出土的新苗，总是生长向上，日渐发展、壮大、成熟起来。我们终归要让位给他们青年人！你们想想，你们能上前线去爬滚？打仗还不是靠他们青年人！"这是政治部一次朝会，我们看到郭沫若厅长也站在第一排各厅处长之间。部长严厉的批评语气，使得大家不知所措，神色很尴尬。只有朱代杰厅长心里明白，他没有来得及汇报，被胡轨抢先反映了。会后我们被告知："下午2时，部长在公馆召见你们。"

（四）单独会见

我们一听召见，马上紧张起来，心想陈诚是严厉的人，说话不留情面，于是商定由童长庆一人答话，别人不插嘴，免出差错；还约定：公馆富丽堂皇，不得好奇、东张西望，显得小气。

小轿车提前把我们送到陈公馆，原来是求精中学里一座平瓦房的教室。进门就是会客室，几张课桌拼成长台，铺上蓝色台布，两边排列木椅，客室一边有门，通内室，挂着门帘。两个青年副官送上白开水，陪我们闲聊。他们也是别的军分校调来的，管家务，不跟部长出差。2时整，陈诚只穿便军服，掀开门帘跨进会客室，和我们对面坐下。他首先一一询问姓名、经历，然后认真地叫我们说说沿途所见所闻，童长庆回答："我们经过九战区、六战区各城市，没有看到散兵游勇，民众安居乐业。各地兵站看了我们的调令，很快帮我们乘上军车、差船，我们感到有一种令到如山、雷厉风行的战时气氛。"陈含笑点点头，又说："老百姓生活怎么样？随便谈谈。"童长庆回答："我们有时借宿民家，他们很和善，不怕兵。没有看见他们吃什么饭菜，不过物价很贱，我们在沙市合买一角钱橘子，不料给了一竹篓，有十五六斤，问他是不是怕我们是士兵，多给了，回答就是这个价钱；吃不了，不便退货，又不好携带，上了当！"陈笑起来。我忍不住插嘴："有一件事很不好！从万县以上的江边市镇，都有不少茶戏厅，一到晚上，歌女挂牌卖唱，茶客花钱点戏，人头攒动，灯红酒绿，吃喝连天，不合战时紧张气氛，应当禁止！"陈注意听完后说："抗战以来，老百姓出钱、出人、出力，还有的离乡背井，流亡谋生，真够苦的了！他们晚上休息，吃吃茶、听听戏，有什么不好？为什么要禁止？"我正自悔多插嘴，不好意思。陈又说："你们在宜昌兵站借的50元路费，我已叫总务厅汇去了，你们不必还了。你们年纪轻，还没有阅历，还不能做什么事，还要努力读书，充实自己，要订出一边工作、一边读书的计划，持之以恒；身体是本钱，你们远离父母，要靠自己当心了。"接见结束了。第二天给我们分派了工作。童长庆被派到《扫荡报》（后改名《和平日报》）编写社论；朱复权任政治部员工子弟小学校长，黄道南任二厅军训科科员，宋才娟任三厅教导剧团女生指导员，我任总务厅员工消费合作社经理，一次拨给开办费5000元；还有一个共同任务：做军校毕业生通信联络工作。我们的待遇是，每月见习费16元。

二、在政治部的见闻

我在政治部工作期间，正是国共第二次合作的黄金年代。部长是陈诚，副部长周恩来，下设三个厅，一个秘书处，一个设计委员会。第一厅即总务厅，朱代杰任厅长，主管人事、经费和总务；第二厅主管军训，厅长不大出名，忘记其姓名；第三厅主管宣传工作，郭沫若任厅长，秘书处长张宗良（留英，政治博士，安徽庐江人）。三厅是政治部的灵魂，属副部长周恩来掌管，陈诚只主管总务厅，不大干预三厅的事。

三厅全是知名的进步人士，田汉任主任秘书，洪深（大学教授，剧作家）任宣传科科长兼教导剧团团长，万籁天（上海电影界著名导演，擅长制作卡通片）任教剧团主任。很多上海电影、话剧演员在执教。三厅还负责组织日本反战同盟，活跃在前线，开展对敌喊话宣传工作。还有孩子剧团、夏声京剧社，在三厅领导支持下，在前线、在后方巡回演出。孩子剧团的小演员都是10岁左右的流浪孩子。他们在重庆演出大型京剧《陆文龙》，字正腔圆，神态逼真，有声有色，表达了强烈的民族意识，誉满山城。

政治部设计委员会有设计委员二三百人，月支薪津二三百元，待遇算是优厚的。他们大都是流落重庆的宁、沪一带知名人士，差不多都是周恩来和郭沫若提名，由陈诚聘任。日本反战作家鹿地亘夫妇两人均是设计委员。

我在政治部和谐的政治气氛中，看到了国共合作的新鲜活力，大开眼界，深受鼓舞。

（一）早日见到周副部长的渴望

我们五人到达政治部以后，都渴望能早日看见周恩来副部长。我们却都幼稚，不知道主动谒见、拜访，只想遇见，看看而已。一天傍晚，当我们在政治部后山两浮支路上散步，朱复权忽然说："周副部长来了，瞧！"顺眼只见一位穿黄哔叽军服、斜挂武装带的将官从转弯处迎面走来。大家不约而同地惊喜巧遇，赶紧退立路旁，一字排列立正，等到周恩来走近了，一齐举手敬礼，目迎目送。周副部长早就注意到了，两眼明亮而带有警惕的光芒，注视着我们带着微笑颔首，迈步走过。我们看清楚了，周恩来面容清瘦，浓眉，亮眼，略显疲劳的神态中，蕴含着一股开朗、坚毅的气概。

（二）"辞修！时间差不多了！"

我在政治部看到周恩来，大半是在做"总理纪念周"的时候。陈诚常在前线，回渝时必主持总理纪念周，而周恩来也在此时必定到会。那时的常规，讲台上无座位，仅是主持人站在台上讲话，与会的人一律排队站在台下听讲，厅处长站在前一排。纪念周有一套固定仪式，开始时全体齐唱党歌，再齐读"总理遗嘱"，结束前还齐读"党员十二守则"。这种仪式，实在是强加于非国民党人士的。我发觉，周副部长总是迟到，等读过"遗嘱"之后才匆匆赶来，站在第一排中间；也总是早退，避开读那"党员十二守则"。迟到倒容易，而早退就很困难了。但周恩来有巧妙的办法，每当陈诚讲得快要结束而未结束时，周恩来便抬腕看看手表，如果陈诚看到这个动作，便立即结束讲话，交代朱厅长主持齐读"十二守则"，走下台来，和周恩来并肩走出会场，同车离去了。如果陈部长讲得正来劲，没注意到抬腕看表动作，周副部长便说："辞修，时间差不多了！"有时说："辞修，我们该去了！"这么一说，陈诚也就终止了讲话，下台并肩走出会场。这样，周恩来就很自然地"早退"，避开读那"十二守则"了。

可能是我敏感，我看到两位部长类似这些的情况，便由衷地钦敬周恩来顾全大局的苦心，待陈诚如挚友。后来我了解到，在黄埔军校、东征时期，周是陈的主管长官，陈是周的直属下级。我的这个看法，就更自信无疑了。

（三）开窗风波

为防备敌机轰炸，政治部员工都迁到距重庆60里的三圣宫周围农村办公，只留厅处长及少数机要在市西两浮支路的川东师范里处理要务。厅处长都有公馆在乡里，员工眷属都迁来了，迫切需要一个消费合作社，供应生活日用品，派我筹办。我计划好，营业部要开两个窗户，正待开工时，三厅宣传工作队要在外墙上方刷写大字标语，我赶忙劝止："我要开窗户，暂时不要写！"宣传队的青年们，大概看我是个士兵，洋洋不睬，依旧用红墨漆刷了"拥护蒋委员长抗战到底"十个大美术字。第二天，我开窗户，把大标语破坏了。正准备找人重写的时候，朱代杰厅长来到合作社，一言不发，先看墙外，窗户开得太高，标语残破，再看室内，窗户下沿恰和桌面相平，不高。什么原因呢？原来墙外面是大路，路面与室内地面低三尺多。看完了，他拿出一张签呈，让我自己看。签呈是洪深写的，说是据宣传工作队报告，总务厅许某蓄意破坏抗战标语，阻挠抗战宣传工作。经查属实，拟请严加惩处，以儆效尤等语。下面是郭沫若厅长亲笔批示："拟予申诫"。我觉得太不符合事实了，既感到委屈又感到气愤，便说："事先打过招呼，我开窗户没有错！"朱厅长取回签呈说："最好你自己找三厅说清楚，让他们撤回签呈。"说完便走了。

三厅的人一个也不认识，我怎么找？正在着急，担任教导剧团女生指导员的宋才娟同学来了。她是英姿飒爽、性格开朗的姑娘，性子急。她说："不要急，我去找三厅的人讲理！"不久，她把教导剧团主任万籁天、导演杨某拉到合作社，一五一十地对他们讲，里里外外指给他们看。

万主任说；"洪科长有点咪咪妈妈，我去找他，撤回批示。"杨导演说："我去叫宣传队重写标语。"就这样，雨过天晴，洪深撤回签呈，我没有受处分，而且与宣传队的人增加了友谊，在"对不起，你们是秀才遇到兵了""彼此彼此，你们是拥护蒋委员长的，我们也拥护蒋委员长抗战到底"的欢笑中，重新在墙上写了这条有特定含义的大标语。

（四）洪深服毒自杀未遂

政治部两位部长密切合作的和谐气氛，一直持续到1940年10月陈诚辞去部长职务离开重庆、驻节恩施的时候。此后不久，三厅改组，彻底换班，另外成立了政治部文化工作委员会，安置了郭沫若及三厅原来的民主进步人士。过不久，郭沫若和一部分文化人飞往香港去了。此后郭沫若在香港报纸上发表文章，对重庆方面有所抨击。不久，文化工作委员会撤销了。就是在这个过程中，洪深先生突然服了大量奎宁自杀。我开始听到这个消息，非常吃惊，后来知道抢救脱险，稍有欣慰。他自杀的原因，有的说有病无医、生活困难，有的说对政治前途感到悲观和厌恶。实际上二者兼而有之。我多次见到洪深谈过话，他放弃大学教授，发挥他戏剧的专长，投身于抗战，是真心诚意的。看他平时穿着黄布军装，佩戴上校领章，郑重其事的工作态度，便可以知道他血是热的。竟然发生这样的悲剧，真令人吃惊。但是有不少人和我同样有这样的想法：陈诚如不离开政治部，可能不会出现这种排斥、分裂的情况吧？

三、在三青团中央团部的见闻

陈诚兼任三青团中央干事会书记长。1940年，我调到书记长办公室人事组工作。

中央干事会有干事一百多人，以蒋介石团长名义，遴选当时各大学校长、社会贤达、民主人士、满蒙回藏各民族上层代表人物、华侨领袖以及国民党各派系头头担任，并指派若干中央干事，组成常务干事会，如谭平山（先是共产党员，后是民主人士，反蒋人物）、卢作孚（民生轮船公司总经理、交通部长、无党派）、程思远（桂系）以及陈果夫、陈布雷、朱家骅、倪文亚、李惟果等。书记长负实际责任，下设书记长办公室、组织、训练、宣传、社会服务各处，办公室主任柳克述（留英）、组织处长康泽、训练处长倪文亚、宣传处何浩若、社会服务处卢作孚（后来是程思远）。这是个五方杂处的机构。还有几位指导员，如张伯苓、李宗仁皆是（仅是名义，以资号召）。陈诚在这里是与高级知识分子、社会知名人士打交道，态度谦虚恭谨，礼贤下士的样子，没有像在政治部那样"训话"。

三青团中央有国民党各派系的人物，其中康泽的特务系统，掌握各省市县的三青团组织，全是原来的别动队成员。他们在地方专搞党团摩擦、国共摩擦。陈诚因康泽直接听命于蒋介石，难以过问，但曾表示深恶痛绝。他在一次总理纪念周上讲话，痛斥另搞派系，植党营私，争名夺利，任用私人的危害性。他说："你要争什么名呢？名，都归林主席享有了（指国府主席林森），我们是办事的人，应该埋头做事，争名，永远不满足你的虚荣；你要夺什么利呢？利，都是老百姓的血汗。我们办事的应当廉洁奉公！夺利，永远也填不满你的私欲！"有一位郭骥，陈诚资助他留学英伦，专攻人事行政，得硕士学位，1939年回国后并未派他高位，仅委任书记长办公室只有四个组员的人事组组长而已。在陈诚的政治幕僚中，确有不少不慕名利、敦品厉行的有识之士，相处在师友之间。

朱家骅当时是教育部长，CC重要人物，也是三青团中央常务干事。我们常看到他提个手杖，风度儒雅。据悉，一次有几个客人和陈诚闲谈，说到某些大公馆如何富丽堂皇，宴客一掷千金，茅台酒都不登大雅之堂，非舶来品威士忌、白兰地不可等。陈诚顿时怒形于色，说："前方吃紧，后方紧吃，如何得了！真是'朱门酒肉臭，路有冻死骨'啊！"后来有好事者向朱家骅报告说："这句话是冲你而来的，朱门，不指你指谁？"朱家骅气急败坏，大骂陈诚："在我头上拉屎，欺人太甚！"扬言要找总裁讲理，又有人向陈诚劝告："你说话得罪人了，最好解释一下算了。"陈诚说："他读过杜甫的诗没有？'朱门'是指姓朱的吗？他出头认账，很好！我就是要说给他们那班人听的！"

三青团中央团部与政治部都在重庆的两浮支路，仅隔一箭之地。我常见一位穿黑布中山装的老教师模样的人在路边林间散步，同事们指给我说，他是陈诚的布衣之交。原来他是陈诚少年同窗好友，同毕业于青田高市小学和处州师范，同任高市小学教师。浙江沦陷，这位老教师流亡在外，一次在报纸上得知陈诚任武汉卫戍总司令兼政治部长等要职，便直奔武汉而来，一见面便直言要做官："我做难民，只有投奔你了，给个官做做。"老友相逢，陈诚很高兴，笑着说："我正要用人，来得正好，派你当个武官，带兵去打鬼子。"客人说："你不知道我不会打仗吗？做文官可以。"陈不答应，客人火起来："这不行，那不行，你官大，架子大，两眼朝天了！我这就走！"说完拔腿就走。陈诚一把拉住，按他坐下，说："老同学，我讲的都是实情，做什么官呢？还不是吃饭穿衣？我供得起你，在我家住，我吃什么，你就吃什么，好不好？"就这样，这位客人从武汉跟到重庆，后来又跟到恩施去了。我在三青团中央团部的路边林下曾和这位客人拉呱，还好奇地问过他："你当时真的发火了吗？"他讪笑着说："怎么说呢？正在火头上，说了几句气话。他是对的，我只能教小学生，不是做官的料。"

四、关山远隔

1940年9月，陈诚辞去政治部部长、三青团书记长职务，驻恩施主持湖北省政府和第六战区工作，拱卫陪都重庆。书记长办公室的人，一部分跟他到恩施去了。和我同来的童长庆跟随到湖北省教育厅，任教育行政科科长，一下做了荐任官。当时我想回故乡看望母亲，就近在皖南前线做点工作，没有跟到湖北去。

（一）赏识郭骥

1940年没有跟陈诚去恩施的，还有书记长办公室人事组长郭骥。办公室主任柳克述去任湖北省府秘书长，总务厅长朱代杰任民政厅长。说来也巧，我没有去，倒幸免于车祸。原来，办公室去恩施的工作人员由视察组长项本善（巢县人，中大毕业）率领，乘军用汽车行驶到贵州"鬼见愁"路段，不幸翻车落下悬崖，全部葬身谷底。

前面提到的郭骥，字外川，浙江龙泉人，国立中央大学毕业，成绩优异，为陈诚所赏识，便资助他留学英伦，1939年回国后任书记长办公室人事组组长。陈诚离职时，谷正纲正出任新设立的社会部部长。谷正纲为表示追随陈诚，便商借郭骥为社会部人事处长，说是："请借用您的这位专家，帮助建立人事制度。"陈诚一听，很不以为然，说："他是国家人才，怎么向我借用？"因此郭骥留渝任社会部人事处长。

以后获悉郭骥在台湾任"国民代表大会"副主席。1948年他去台时，任台湾省政府人事处处长。记得1940年秋，我仍在三青团人事组工作，曾去社会部看他，承他约期要我到半山新村他家吃午饭。战时的重庆，生活艰苦，一碗豆芽肉片汤，便是这餐午饭的主菜。也是这一次，我见到他的新婚夫人，菜饭是她亲手做的。她是湖南富贵人家的一位小姐，留法学油画，雍容华贵，适与郭骥的朴实无华相互辉映。壁间油画，堂前竹几，却也多姿多彩。

（二）"我是以省主席夫人的身份去的"

我是1944年离渝回到皖南前线的。在1941年以后的留渝期间，我们在政治部、三青团的老同事，常在一起谈到陈诚琐事，谈到陈夫人谭祥女士。

谭祥，字曼怡，是曾任国民政府主席谭延闿的女公子，留美，与蒋夫人宋美龄是同学好友。陈诚任师长时，蒋氏夫妇为陈向谭延闿求婚、请婚，结果陈、谭联姻成功，从此把蒋、陈紧紧结合在一起了。陈诚笃信中山先生三大政策，而政治思想、治军方法，都师承邓演达、严重的衣钵，还与共产党一些领导人有友谊，但终不能摆脱"知遇之恩"，对蒋氏愚忠到底。

陈诚风格特殊，不同意夫人参与社会活动，谭祥也甘愿做贤妻良母，相夫教子。据说是为反对当时盛行的"裙带风""夫人外交"坏风气。我至今还记得1939年一次总务厅全体集合，听陈诚训话的情景。当时陈一踏上讲台就带有火气，他首先斥责财务科长拖延下面的经费，压了一个星期，要追查是否从中作弊。接着他就指责另一位科长，为亲戚被关押审查，到处奔走说情。他指名怒斥："他居然找到我的夫人讲情了！可耻！卑鄙！搞裙带关系！就凭这一点，我要加重处分！"他说着说着，一挥手，无意碰翻了台面上的白开水杯子，火气更大了，怒喝："把两个科长立即关起来，反省！听候处理！"两位科长当场就被卫兵押走。会后大家议论不一，有的说："他找到夫人那里，活该倒霉。"有的说："他们吃亏在那杯白开水上。"

我们还谈到大约在1943年，谭祥去恩施的情形。当时陈诚患胃病，很严重。谭祥闻讯便携带孩子自渝起程，前往恩施探病。陈诚得到消息，慌忙派副官阻止。谭祥说："这与军令无关，我是以省政府主席夫人身份前去的，谁敢拦阻？"副官看看拦阻不住，飞速赶回恩施报告，陈诚听了，也奈何不得。

（三）"仁者之言"

1944年，我回到皖南，曾目睹耳闻强拉壮丁、虐待新兵的惨状，人民对兵役谈虎色变。军政部、兵役署以及各省市的师管区所造成的惨绝人寰的暴政，国民党各级党政军机关竟熟视无睹。1945年，陈诚接任军政部部长。不久传来消息，他首先整顿役政，条陈种种征兵黑暗情况，要求枪决卖放壮丁、虐杀壮丁的总后台兵役署长程润泽。蒋介石找来程润泽痛骂破坏军队根基，亲手打他几个耳光，押交军事法庭审判。不几日，《中央日报》刊出枪决程润泽的新闻。曾在政治部任秘书处长的张宗良，晋任皖南行署主任兼保安司令，他闻风而动，汇集皖南兵役劣迹，逮捕了皖南师管区司令张之元。行署保安队封锁休宁司令部时，围集的呼冤群众，途为之塞。稍后中央社发表陈诚在湖南衡阳的谈话，略谓："谁无父母？谁无子弟？每一位壮丁都是父母的心头肉。今后严格执行服役、退役的规定，一定爱护新兵，起码吃饱穿暖，让天下父母放心，云云。"我在报上看到以后，写了一则短文，题曰《仁者之言》，刊在屯溪版《中央日报》副刊上。但国民党极端腐败、积弊太深的役政，并没有因此真正得到改善，而且后来愈演愈烈。

（四）"三个月消灭共军"

1946年"双十协定"被破坏后，陈诚任国防部参谋总长，忽然传来消息，陈诚扬言"三个月消灭共军"。我听了很不理解，他怎么会说出这样"假大空"的话呢？他不是一向认为：共军是消灭不了的吗？记得曾任五十二师营长的谢尚廉和我谈到新四军驻在皖南泾县时的一段往事：一次，新四军部分干部、战士与五十二师部分官兵开联欢会。江渭清（当时主办新四军干部教育学校）在会上发表讲话，讲到共产党发展抗日民族统一战线，得到全国军民热烈拥护时，说："早在1935年，红军发表北上抗日宣言，连最反动的陈诚也表示拥护。"他说，陈诚看到宣言时说："这么多年的剿匪有什么效果？匪越剿越多！还不如大家都打日本鬼子去！"江渭清说："这句话后来被老蒋知道了，找陈诚狠狠熊了一顿：你怎么也说这种话？！"这个存在我脑海里的疑问，直到我在南京见到重庆老同事谈起，方得解答。

据说这是最高当局的决策，"三个月击溃关内共军主力，六个月解决东北问题"。陈诚虽然在记者会上照讲了，但他私下又和亲近幕僚不无感慨地说："不到黄河心不死！只有打打看吧。六个月解决不了，那就永远也解决不了了！"我相信，这才是真话。

（五）白崇禧大骂陈诚

淮海战役之后，国民党大势已去，坐镇武汉拥兵自重的华中剿总白崇禧，已感到兵临城下之危。曾在九江召开桂系军政会议，安徽贵池县长覃彪（桂系）参加了这个会。覃彪在会后与繁昌县长俞步骐（民盟成员，现为芜湖市人大代表）谈到会上白崇禧大骂陈诚，整军误国，坐失良机，帮了共军的忙。原来，日本投降后，国民党在整军会议上围绕整军、"剿共"方案，展开了一场争论，白崇禧提"先剿共，后整军"，何应钦提"一边整军，一边剿共"，陈诚提"先整军，后剿共"。结果，蒋采纳了陈诚的方案。白崇禧在九江会议上说："先整军就是推迟剿共，坐令共军日益扩大；整编下来的官兵流离失所。各地二三十个编余军官总队，怨声载道，无端闹事，成为社会大害；留下来的官兵感到：'打仗就要我们去卖命，不打仗便一脚踢开，死活不问。'以致军心涣散，士无斗志，普遍抱着'有敌有我，无敌无我'的心思，宁可投降，也不愿与共军拼死作战。今日之败，都是陈诚整军方案所造成的恶果！"白崇禧说："若依我先剿共后整军的方案，乘战胜日寇之威，立即向共军全面进攻，不论是中央军、地方军、汪伪军，还是地方土匪，甚至日本的军队，四面八方一齐出击，遍地开花。并且规定，谁占领的匪区，就归谁防守、统治，各部队只要打一次仗，就有地盘，谁不争先恐后各自为战？共军纵有三头六臂，也难招架，不亡何待？事成之后论功行赏，慢慢整军，没有占据地盘的就整掉，占据地盘的就留下，公平合理，人人心服。"白崇禧还指责陈诚一到东北就干了两件蠢事：一是严惩贪污，弄得地方官员人人自危；二是把杜聿明招收的几十万伪满军统统裁掉。"这边裁掉一个军，那边就增加一个纵队，为渊驱鱼，作茧自缚。东北就是断送在他的手里！"

（六）国大会议上的一场风波

1947年7月陈诚去东北，杜聿明便因病辞职，回了上海，东北局势越发不可收拾了。陈诚束手无策。正好美国特使魏德迈到东北视察，陈诚曾与其密商，由魏向蒋建议"放弃东北，全军入关，确守平津"，但没有被蒋采纳。在四野强大攻势下，陈诚胃病复发，吐血不止，于是离开东北，住进上海陆军医院，参谋总长一职也辞掉了。

1948年4月，"国民代表大会"在南京召开。东北全部"沦陷"的消息传来，引起大会一片惊慌，责难陈诚。我曾旁听一次大会，亲眼看到这种乱哄哄的场面。

那是一个下午的大会。何应钦担任主席，许多代表围着话筒，抢先发言，一致痛斥东北"沦陷"共军之手，完全责在陈诚。有些东北代表痛哭失声（还有位东北代表前天晚上在旅社上吊自杀），大呼："借人头，平民愤！""杀陈诚，谢天下！"气氛十分紧张。当日的晚报以及第二天各大报，都以"借人头，平民愤"做标题，绘声绘色地做了报道。

当时我以为陈诚这次要完蛋了，晚上便到桃源新村张宗良的家里，听听消息（他也是国大代表）。正好他和一些朋友在谈论这件事，有的说："陈老总代人受过。谁不知道，军事是总裁（蒋）亲自指挥的，直接指挥到师一级。"有的说："陈难免要受处分，应付一下民意。"张宗良说："不要紧的，总裁一直坐在电话机旁，随时听取大会情况的汇报；会后就打电话向陈老总询问病情，嘱他安心休养。并且要他把'整党方案'早点拿出来。柳克述他们正在帮他起草，看来陈老总还是脱不掉身。"

大会收场以后不久，陈诚去台湾养病，从此离开大陆故土，一去不复返了。

1949年，国民党彻底失败逃往台湾之际，南京有人写了一副讽蒋对联："百战勋功遗一美，千秋事业误三陈。"陈诚一生对蒋氏鞠躬尽瘁，却落得这样的下场。

（1987年6月）

抗战期间几次采访陈诚将军的经过

陆 诒

一

1938年5月中旬，我随张自忠将军统率的第三十八师骑兵连从徐州突围，冲过敌军布置在陇海路上的封锁线，一路上战斗、行军，经历了10天。5月20日上午，我终于回到了汉口府西一路的《新华日报》编辑部。当时，中共中央长江局的秦邦宪（博古）同志正巧也在编辑部里审阅社论。他见到我剃着光头，身穿破旧军装，脸孔晒得乌黑，仍然神态昂然，笑嘻嘻地站到他的面前，大为兴奋，立刻拉住我的双手说："徐州失守，大家都为你担忧。两天之前，遇见范长江同志，他说你们是随军分道突围的，他也为你焦急。此刻你安然回来了，真叫人高兴！这次报社应该请一次客，慰劳慰劳，以提高大家的情绪。"

5月27日，《新华日报》社在汉口普海春西菜社举行盛大宴会，热烈欢迎从徐州突围归来的各战地记者，也邀请了国民党中央通讯社、《扫荡报》、《武汉日报》和《大公报》的负责人参加。《新华日报》董事会董事陈绍禹（王明）、博古、凯丰、吴玉章和报社领导潘梓年、章汉夫、吴克坚、杨放之（吴敏）等都出席宴会并招待客人。席间，博古同志致辞说："首先要感谢各报同业在第五战区工作期间对本报记者的大力协助。

171

这次徐州突围途中，同业之间相互支持，共同协力，充分表现出团结战斗的精神，这是极其珍贵的！希望今后继续发扬这种精神，进一步加强团结，做好抗战时期的新闻工作。"宴会以后，还一起合影留念。摄影时，报社领导同志特请各报战地记者端坐在前排，而自己执意站在第二排和第三排，体现了领导同志对战地记者的重视，也体现了当时报社领导和群众亲密无间的关系。

这次宴会，周恩来同志因另有要事未能参加，但他在5月27日以后，曾函约我和《大公报》记者范长江到汉口八路军办事处去谈了一次话。我们把在前线所见到的情况向他如实汇报。他认真听并记录其中要点，还不时向我们提出问题。临别时他说："你们深入前线采访，看到许多新情况和新问题，这是记者应尽的职责，这样很好。有的问题应该在报上大声疾呼，有的情况应该向有关方面据实反映。你们所谈的战地民众动员工作问题、军民关系问题和军队政治工作问题等，都很重要，但是单单讲给我们听还不够，我将为你们安排一个时间同政治部部长陈诚、副部长黄琪翔谈谈，让他们也了解前线真实情况。"当时担任中共中央政治局委员、中央书记处书记、中央军委副主席的周恩来同志在武汉参加长江局的领导工作，除主管军事和统战工作之外，还兼任国民革命军军事委员会政治部副部长职务。

6月中旬，陈诚部长果然发来请柬，约我和范长江到汉口军委会政治部去谈话。我们准时应约前往，这是我第一次访问陈诚将军。当时他还兼任湖北省政府主席、武汉卫戍总司令和第九战区司令长官，确是一位红得发紫的新闻人物。

那天，陈诚、周恩来、黄琪翔三位政治部部长都身穿草绿色军装，佩戴斜角的武装带，态度谦和地在政治部会客室中接待我们。三人中以陈诚将军个子最矮，但他胸脯挺起，精神抖擞，脸色红润。黄琪翔将军穿高筒军靴，显得英俊潇洒，他和平易近人的周恩来同志并肩而坐，谈笑风生。宾主坐定以后，陈诚将军就说："根据恩来兄的提议，今天特约你们两位来谈谈前线真实情况和存在的问题，再过几天，我们还要再约其他从徐州突围回来的朋友谈谈。目的无非是想改进我们的工作，争取抗战的胜利，希望你们坦诚相告。"

我们两人就谈了在前线所见到的事实和问题，三位政治部长把一些问题和重要事例认真做了笔记，还进一步向我们提问题，进一步核对事实真相。谈话结束，我们就在政治部共进午餐，感觉没有什么拘束。我和陈诚将军首次见面，印象比较好。

二

徐州失守以后，陇海路上的归德、兰封和开封也相继陷落。敌军在海、陆、空军的配合下于6月12日攻占安庆，后又突破我军马当封锁线，溯江西上，这是敌军进攻武汉军事行动的开始。

就在6月底，报社派我到武汉外围战地采访。我从武汉坐轮船东下，先在长江北岸的武穴登陆，从武穴搭军用卡车到广济、宿松。在太湖县境，遇上正在进军途中的川军二十军杨森所部，他们奉命调到长江南岸去作战。北岸前线当时战讯沉寂，敌军在南岸有进攻彭泽和九江的趋势。

我在7月15日回到武汉，又在7月底转赴江南前线采访。

根据当时国防最高会议的决定，第九战区司令长官陈诚将军在他所指挥的长江南岸战场上有两个兵团：第一兵团总司令是薛岳。他的建制有十个军，还有一个直属师和都阳湖警备部队。第二兵团总司令是张发奎，他指挥十四个军，湖北全省防空部队和武汉警备司令部也属于第二兵团的建制。卢汉的第三十军团和万福麟的第二十六军团等，都直属于第九战区司令长官部。

我第一次访问江南外围战地，到过鄂城、阳新、马头镇和瑞昌，又沿着南浔铁路南行，经过马回岭、德安而到南昌，再从南昌经长沙返武汉。

到了9月初，武汉外围激战紧张阶段，我又第二次来大江南岸前线。先在阳新附近找到第二兵团司令部，访问了张发奎将军。当时他正躺在行军床上打摆子（疟疾发作），仍抱病接见记者，特善意劝告我："从阳新再走向前线，这一带山区正流行着恶性疟疾，此刻前方缺医少药，我军大部分官兵染上这种毛病，得不到治疗，直接影响到我军的战斗力。不论白天和晚上，尤其是晚上，你得特别注意防备被蚊虫叮咬！"

他的劝告得到了证实。第二天夜行军途中，我在山沟里露宿时就被疟蚊叮上了。当走到第九战区司令长官部指挥所访问陈诚将军时，我突然感到身体发冷，但还是强作镇定，继续谈话。

其实，当时陈诚将军也是疟疾初愈，面容憔悴，他正是勉强提起精神来接见记者的。他说："如今从瑞昌到阳新的公路上恶性疟疾流行，这一带是山地，部队进军途中往往染上这种流行病，病员很多。目前前方缺医少药。另一个问题是前方部队看不到后方的报纸、书刊，缺乏精神食粮，希望你们能在报上呼吁呼吁。"谈到九江失守以后的战局，他说："我对打好武汉会战这一仗是具有充分信心的。抗战一年多来，我们积累了丰富的作战经验。现在集中在长江南岸的我军兵力非常雄厚，在数量上占优势。当面之敌是敌军第十一军第六师团，他们在攻占九江以后，一度向南得路进攻，但这是佯攻，他们的主攻方向始终沿着瑞昌至阳新的公路猛攻。敌军采取沿江跃进的战术来进攻武汉，以便取得海、陆、空军有效的配合。而我军就要把敌军吸引到山岳地带进行决战，至少使敌军的海军炮火失去作用。我们是进行反侵略的正义之战，全国团结一致，民心和士气都是极好的，经过长期抗战，我们必能取得抗战的最后胜利！"

谈到这里，陈诚将军看到我脸色发白，体力支持不住，就叫他的机要秘书朱代杰找他的侍从医官郑捷侠大夫为我治病。

郑捷侠大夫向我坦率相告："现在前方连专治疟疾的奎宁丸都没有了，只能用'九一四'针剂试一试。"打针之后，休息两天，果然恢复健康，郑捷侠大夫的医术确实高明。我就告别他们，搭军车到第三十一集团军汤恩伯的司令部去了。

保卫武汉之战，历时四个多月。我军曾利用武汉江河湖汉交错、地形起伏纵横的天然屏障，层层设防，顽强抗击敌军，使敌军遭到重大消耗。

敌军虽然在10月25日攻占了武汉，但没有达到速战速决、迫我投降的目的。另一方面，由于战区扩大，补给线延长，兵力不敷分配，敌军从此陷入战争的泥淖而不能自拔。当然，武汉失守以后，我国在政治、经济和军事方面也发生了重大的变化，抗战进入了更加艰苦的阶段。

三

1943年5月，敌军曾进攻我鄂西山区，历时两周，因攻势顿挫而撤回宜昌。从这次鄂西战役的规模和战果而论，实不能与当年武汉会战和长沙战役相比，但当时重庆国民党当局竟吹嘘为重大胜利，大事宣扬。全国慰劳总会在6月奉命组织鄂西将士慰问团，由国民党要人张继和孔庚担任正副团长，邀请各团体各报社参加，这次竟然也破例邀请了《新华日报》参加。我把这情况先向报社编委会汇报，并做初步研究。大家认为这次鄂西大捷有点虚夸，而且慰问团的正副团长又是众所周知的国民党内的反共顽固派，如果应邀而去，一路上必然自找麻烦。接着，大家推我去向周恩来同志请示，然后再做决定。周恩来仔细地听取我的情况汇报之后，沉思了一阵，就向我提出严肃的批评。他说："我们要同国民党顽固派进行针锋相对的斗争。但斗争必须坚持有理、有利、有节的原则。要斗争嘛，就不能怕麻烦。我们不仅要敢于斗争，还要善于斗争，而且要把合法的斗争与非法的斗争结合起来进行。这次他们既然来邀请，我们就不能放弃这种机会。当然，我们不要去宣传虚夸的胜利，但是到前线去慰问广大军民，尽可能把他们艰苦抗战的真相报道出来，这也是我们应尽的责任。这次我就是要派你去参加慰问团，除采访报道外，还有一项工作任务要你去努力完成。"接着，他就告诉我："据确悉，叶挺将军和他的家属已由桂林转押至第六战区司令长官部所在地恩施，由陈诚负责看管。你可以持我的亲笔信件单独去访陈诚。武汉会战时你见过他几次，熟悉此人。你可以直截了当提出要求，单独访问叶将军，我估计他是不会拒绝的。我记得你1938年

3月在汉口八路军办事处见过叶将军，他也认识你。只要你保持机警、沉着，必能完成此项任务。至于其他应当注意事项和要转达叶将军的话，临走时再告诉你。"

接受批评、教育，明确此行任务，并牢记周恩来同志的嘱咐，我在同年6月19日随团出发。从重庆到黔江，要走一段川湘公路，沿途景色之雄伟壮丽，不让滇缅公路专美于前。当汽车疾驰于悬崖之侧，俯瞰乌江急流汹涌，常使我回忆起云南怒江两岸对峙的高山。郁山镇与黔江间的梅子关，工程险峻，经过这种地方，司机需要特别谨慎。所谓酉（酉阳）、秀（秀山）、黔（黔江）、彭（彭水）四县原是川南边僻之区，从前盗匪横行，旅行者都视为畏途。近年来当地治安已有改进，"神兵"之说，只有从熟悉当地掌故者口中才能听到。当我们行经黔江和彭水县境时，汽车曾抛锚过两次，但都平安无事。

6月23日，全国慰劳总会鄂西将士慰问团的专车四辆，围绕着陡峭的群峰，驶抵恩施以南10公里的大桥。车队停止前进，慰问团团员在正、副团长率领下舍车步行。桥头，第六战区司令长官兼湖北省政府主席陈诚将军带了长官部的高级将领和湖北省国民党各机关、各团体代表特来欢迎。陈诚将军那天全副戎装，精神焕发地与慰问团全体团员一一握手，连称"不敢当！不敢当！"并介绍那位刚从前线归来的副司令官孙连仲将军同大家见面。孙将军同我握手时说："台儿庄前线一别几年，这次重逢，非常高兴。"接着，大家又驱车前进，从南门外步行进城。恩施各界群众列队欢迎，小学生高呼"打倒日本帝国主义！"口号，头戴钢盔、全副武装的战士呐喊着："要打更大的胜仗来回答慰问团！"当时那种万人空巷的热烈盛况，在这个鄂西山城中是少见的。

我们先到省政府招待所休息。当晚，陈诚将军特在招待所设便宴欢迎慰问团。席间，陈诚将军先请正、副团长致辞。张继团长说："中华民国的历史是从辛亥革命的发祥地武汉写起的，武汉是我们全国的心脏，我们决不能让敌人盘踞在心脏地带了，我们这次来慰劳前线战士，带来了全国同胞热烈的期望，希望你们在鄂西大捷之后，再接再厉，加紧反攻，使我们能够早日回到革命先烈洒过热血的地方——武汉三镇！"孔庚副团长以兴奋的语调，追叙辛亥革命前夕的恩施是革命志士集中之地，勉励今天湖北省国民党党政军长官要发奋努力，以恩施为反攻基地，早日收复失地！陈诚将军最后致辞，他说："今天，我们热烈欢迎全国慰劳总会派来的慰问团，只能以简单的饭菜招待远来宾客，其理由有二：一是因为恩施是湖北省最穷苦和最落后的地方；二是想吃好的、穿好的应当到武汉去，此刻失地未复，沦陷区同胞尚在敌军占领下过牛马不如的奴隶生活，我们应当有卧薪尝胆的自觉。敌人在这次鄂西战役中实行烧杀政策，凡所过之地，鸡犬不留，并将当地老百姓的炉灶锅碗一律破坏。战区同胞受此蹂躏，亟待救济，这是要向后方各界代表提出呼吁的。其次，这次战役中我民众参战极为踊跃，证明军民合作已有进步，这是克敌制胜的主要因素。在石牌要塞地区，居民几千人，不分男女老幼，曾在敌人炮火下，为我军运输给养弹药，抬送伤员，积极参战，这是可以告慰后方同胞的。"

陈诚将军说完话，陪客座位上，湖北省通志馆馆长李书城老先生即席发言，引起人们注意。李老在辛亥革命时当过黄兴总司令的参谋，民国成立后曾任陆军总长。他慷慨陈词说："滨湖（指洞庭湖）地区在战略上十分重要。而平时兵力如此单薄，中央军令部应当负责。滨湖守军的某部经商走私，在防线上留下许多空隙，促使敌军乘隙进攻。这个教训我们应牢记！前方将士吃不饱、穿不暖，我们不忍苛责他们要做生意，我们在后方吃得饱、穿得暖的人为什么平时不起来讲句公道话？战区司令长官只能指挥本战区以内的军事作战，却管不到部队的给养和配备，这实在太不成话：国家亡了，我们都要负责！我是一个退伍军人，不为名，不为利，也不怕死。今天在此大声疾呼，要根绝这种不合理的现象，才能争取抗战胜利！"

第二天上午7时，即在湖北省干训团的大操场上举行慰劳鄂西将士大会，参加的军民达7000人。张、孔两团长恳切致辞，并恭献慰劳信和各种慰劳品。陈诚将军致答词，语极谦逊，将鄂西战役的胜利归功于孙连仲将军亲赴前线督师与吴奇伟将军指挥若定。"上有最高统帅英明指示，下有将士用命，民众参战协助，自己只是传达命令而已。个人对这次战役不作为胜利来看，而当作一次经验教训来研究总结。现代战争是全民战争，胜与败是军事、政治、经济、外交、文化等诸因素总体决战的结果。今后当努力作战，以争取更大的胜利，来回答全国同胞的殷切期望。"

四

慰劳大会结束以后，陈诚将军又在湖北省政府大礼堂欢宴慰问团全体成员。我恰巧被安排与省政府委员朱代杰同桌。1938年武汉会战时，他是陈诚的机要秘书，常跟新闻记者有交往，他和周恩来同志也是相当熟的。席间，我和他仅做寒暄。散席后，随团记者们都去围着陈诚将军进行采访活动，我就按照周恩来同志的秘密交代，约朱到休息室一谈，我说此行携有周副部长的亲笔信需要面呈陈辞公（陈诚字辞修），请转达并约一单独谈话时间，朱当场答应。当随团记者们同陈诚谈得起劲的时候，我已若无其事地打通了访陈的第一关。下午有参观和看戏节目，我都欣然参加集体活动。

6月25日上午8时，陈诚将军果然派他的副官坐小汽车到招待所接我去谈话，和我同住一室的重庆《盖世报》记者李星可大为惊异，说："想不到陈司令长官居然约《新华日报》记者去单独谈话。"我说："实不相瞒，早在武汉会战前后，我已认识陈诚将军，他约我谈话叙旧，事极平常，不必大惊小怪。"

陈诚将军单独接见时，亲切握手寒暄后，我即面交周恩来同志的亲笔信件。他认真看信时，频频点头，不等我提出要求，就爽快地说："周公信上所谈的完全确实，希夷（叶挺将军的号）兄一家就住在恩施西郊，你要去访问他，这不成问题，我就派副官陪你去。你将来回重庆时，望代为转达周公，希夷兄由我就近照顾，安全和生活决无问题，请他宽心。"接着，他又谈了对当前战局的看法，但绝口不提两党谈判和国内政治问题。

半小时后，我即起身告辞。

当天上午9时，我由他的副官陪同坐原车出发。出恩施西郊一华里，即下车循小路步行。几个转弯就走到村口，见有全副武装的士兵在此站岗。在一家农舍门前停步，副官就指给我看，说这里就是叶将军的寓所。叶将军听到门外有客来访，即出门迎接，看到我极为兴奋。1938年3月，我们曾在汉口八路军办事处见过一次，如今在恩施郊外握手重逢，备感亲切。我看到他身穿皮夹克、西装裤，精神抖擞，英俊如昔，深感快慰。他见面就说："昨天从战地报上看到你们从重庆来此劳军，但是想不到你还会到村里来同我见面。"

我们一道走进屋子，叶将军的八岁女儿迎上前来，他连忙拉着她的手，轻轻地告诉她："这位陆叔叔是刚从重庆来的。"同时也为我介绍，她叫扬眉。她落落大方地跟我握手，朝我笑笑。接着叶将军又介绍夫人李秀文和我见面，一起坐下来谈天。叶夫人穿着白绸短褂，黑色绸裤，和蔼热情，使人感到亲切。

有副官在座，我只能谈谈来恩施的经过，并故意问他有关鄂西战役的情况。他对于战局当然也了解不多，只能谈点观感，再谈谈他的生活近况。谈到10点半，叶将军突然提出要我和他的全家人在此共进午餐。叶夫人李秀文也补充说："吃一次家常便饭，谈谈家常，我们又不请外宾，你何必客气呢！"我即会意地接受这一邀请。这时，那位副官才搭讪着向我们告辞而去，我约他下午2时再来接我。

副官一走，我和叶挺将军无拘束的谈话从此开始。首先，我遵照周恩来同志的嘱咐，把带去的5月《新华日报》合订本和最近出版的几期《群众》杂志送给他。他兴奋地说："这两份精神食粮比什么礼物都要珍贵，我在乡下平时只许看战地报纸和过时的重庆的《大公报》。"

我们的话题从苏联红军已从东欧战场开始战略反攻谈起，谈到国内时事。他告诉我皖南事变的亲身经历，对国民党顽固派坚持反共、反人民的反动立场，背信弃义袭击新四军的罪行，表示极大义愤。餐桌上，我把周恩来同志嘱我转达的最重要的话告诉他："国共两党的谈判此刻仍在断断续续地进行，在每次谈判中，党都提出要恢复你自由的问题，切望你耐心等待。多多保重！"他听了以后，非常激动地说："我也深知我的自由问题取决于谈判结果，但我深信有党中央和毛主席的英明领导，我们必能取得胜利。这一信念坚定不移，在几年囚禁中我从未动摇过。你回去请向周恩来同志汇报，请他释念！"

我们利用午餐的时间，畅谈很久，餐后也没有休息。下午2时，那位副官催我回去。我即向叶挺将军和夫人告别。他和他的爱女扬眉热情地送我到村口，扬眉还对我说："你回重庆时，要代我向周伯伯全家问好！"我上车走了一段路再回顾村庄，尚遥见叶将军和他的爱女仍挺立在村口。

6月26日，我在恩施又住了一天，随团参观游览。27日，又乘慰问团专车离恩施赴巴东，转往石牌前线劳军。使我深感诧异的是，当时所谓慰问团正副团长以及其他官方代表都不见了，有的人早已动身直接回重庆去了，有的还赖在省府招待所，以便在恩施多享几天清福。最后真正到前线去劳军的只有随团的几个新闻记者。他们振振有词地说："到恩施一开慰劳大会，向陈诚司令长官面呈慰问信和慰劳品以后，慰问任务就算胜利完成。到前线去，有大部分地区不通汽车，只能骑马或步行，这种跋山涉水的差使，只好礼让记者们去干。"

我觉得这次恩施之行，依靠周恩来同志的英明指示和他的亲笔信件，取得了陈诚将军的协助，已经访问到叶挺将军，可称不虚此行了。再到石牌前线去慰问艰苦抗战的军民，也是我义不容辞的责任。

在前线慰劳、访问，到7月3日结束。7月4日，从巴东搭上"楚有号"兵舰溯江而上。7月7日傍晚回到重庆，当时周恩来同志已经因公回延安，我就将此行经过，向董老（董必武同志）做了详细汇报，又为《新华日报》写了题为《劳军行》的几篇通讯。

抗战时期陈诚势力的扩展①

王凤起*

我和陈诚曾有过一段长官与部属的关系。关于陈诚的一段历史，大部分是个人亲历和亲见亲闻，一部分是听陈诚个人时常流露出来的，也有一部分是听别人转述而得。

一、树党羽　扩实力　声威日隆

1937年七七抗战军兴，上海、南京相继沦于日军，蒋介石的政治中心移于武汉。陈诚由于蒋之宠信，权势之隆几乎是空前的。他一身兼任数要职：武汉卫戍总司令、湖北省主席，第六、九两个战区的司令长官，政治部长、陆军整理处处长、军官训练团副团长等，这仅是几个比较重要的职务，还有一些次要的职务那就记不清了。此时陈诚俨然就是蒋介石第二。日本人判断蒋介石的军事重点所在，即以陈诚所在的地区而定之。

从这个时候开始，陈诚更是积极地培植私党。武汉失守后，他的威信

① 选录自王凤起《陈诚之起家》一文，题目为编者所加。

* 作者时系陈诚的侍从参谋，远征军司令长官部参谋处作战科长。

顿减，招致的责难也多于别人，因此辞掉了许多兼职，专任第六战区司令长官兼湖北省主席。陈诚经过此番挫折，受到侪辈和妒嫉者们的群起攻击，深感自己的实力还不够大，虽有蒋介石的高度信任仍不足以有为。此时，他对"羽毛不丰满者不可以高飞，道德不高尚者不可以令民"这两句话颇感兴趣。此后的许多举措，皆是由此种思想而发。

黄琪翔与邓演达同党，深为蒋介石所忌，陈诚力保黄为第六战区的副司令长官。张发奎亦因反对过蒋介石而为蒋所不容，陈诚也把张收归己部，并保荐张为第四战区司令长官，实际等于陈的分号。孙连仲系西北军冯玉祥的旧部，任二十六路军的总指挥，天天提心吊胆，怕被蒋介石所消灭。陈诚对孙则极尽拉拢之能事。孙心甘情愿为陈诚效力。陈诚任远征军司令长官，孙连仲代陈诚为第六战区司令长官。东北军残部五十三军直属于第六战区（后调远征军），该军军长周福成亦以保定军校出身的关系成为陈诚的得力部属。周福成以后在东北升为第八兵团司令，完全由于陈诚的多次推荐。杨虎城旧部孙蔚如军长亦在颠沛无告的情况下，走陈诚之门，才得保全。高卓东、孔令恂被胡宗南排挤赶出了西北，陈诚将二人收容过来仍以军长任之（当然彼二人仍握有军力而不是光杆司令）。河南著名土匪出身的王凌云师长，陈诚升之为第二军军长直属于第六战区。在反攻宜昌之役中，第二军是战绩比较好的一个部队。河南军阀刘茂恩，几为汤恩伯所吃掉，后亦因通过陈诚得以存在。

以上是陈诚对待杂牌军的怀柔手段，造成其个人势力的壮大和威望的日隆，确是相当奏效的。当时杂牌军的头子们，一致认为陈诚比其他蒋介石嫡系将领开明得多，觉得跟着他走比较可靠而且能多干几天。

二、为抗何　擢后进　拉拢少壮

对黄埔同学的培植，陈诚更是不遗余力。唯黄埔一、二期学生皆直通于蒋介石，不须再经陈诚之门，即可官运亨通，对陈诚也就不放在眼里；

并且这些人又多为何应钦所笼络，已成为反对陈诚的一派势力。何应钦是黄埔前期的教育长，北伐时已为军长，后为军政部长、参谋总长，资格比陈诚老得多。此时他需要的是保权固位，他所维护的是保守的制度。凡是好的高的职位，须先由黄埔前期生来干，这些人不屑干时，才让给后期生去干。黄埔前期生大多出于何应钦之门。这样一来，何的保守力量自然相当雄厚，虽蒋介石也不能随便更动他的位置。陈诚由于资历逊于何，没有来得及多拉拢一些黄埔前期的同学，现在欲与何抗衡，自然而然地要反对这种保守制度，积极主张用人唯才，不能单凭资历。显然，陈诚的这种主张又适合了黄埔后期同学的利益，故亦为后期同学所拥护。演变的结果，何应钦代表了保守派，陈诚代表了少壮派。

黄埔七期生刘云瀚、六期生石祖黄、五期生李则芬相继为陈诚破格任为师长。当然陈诚的这些破格用人受到当时军政部的多方刁难，终因蒋介石的支持，还是行通了他的主张。结果大批黄埔后期同学迅速跻于将级军官的地位，又皆系实力者，并且也多是拥护陈诚的人。

关于陈诚进用不次、宠信青年将校，略举一二具体事实，就可以看出他是怎样赢得青年将校拥护的。

1941年，六战区曾对固守宜昌的日军防线进行一次大规模的反攻。王凌云的第二军所属之一个团，打得比较出色，突入日军防线内。重庆各报曾为这一胜利过早发布了我军收复宜昌的消息。实际上这个团打得也真够好，可惜后继部队没有及时跟上，把所得到的战果白白地送掉。日寇被该团打得狼狈逃窜，后见突进来的部队就只这一点兵力，两旁的日军马上封锁了突破口，用钳形攻势夹击突入之团，企图将该团歼灭于阵地内。该团长戴朴知道自己已孤军深入，立即掉转兵力由原路突了出来。战事结束后，陈诚十分震怒，对参与此次反攻的部队长大加斥责，唯对戴团长奖慰备至。他说："我们虽失利于宜昌的反攻，但却发现一个军事天才。"他又立即升戴朴为少将高级参谋，接着任戴为第六战区长官部参谋处副处长兼作战科长。

1943年，陈诚转任远征军司令长官，升戴朴为远征军长官部参谋处少将处长。戴朴系黄埔七期、陆大十五期高才生（考入陆大时是第一名），为人沉静寡言，勇敢机智，唯自信太强，偶因所荐未被批准，竟与总参议施北衡（陈诚的老幕僚长，代陈诚负责长官部的人事）口角起来，乃愤然不辞而别，离开长官部驻地（云南楚雄）。当左右报告到陈诚那里，陈立命参谋处与副官处全体人员，务尽诸种办法把戴朴找回复命。于是大家停止办公，满山遍野到处寻人，几乎一整天，没有找到戴朴。陈诚在这期间曾一再来电话询问参谋处。原来戴朴初期并未上路，先潜伏于一个百姓家里。傍晚，他以为无人能把他识别出来，乃混上通往昆明的卡车，殊未料及一上路就被检查人员发现。电话报到长官部后，陈诚立命副官处处长周远成少将乘车接戴回来。陈诚看见戴朴时说："我们现在干的是有关国家与民族生死存亡的大事，你们青年将校是党国的柱石，怎么能因一点不如己意的小事，就拂袖而去？假如每一个人都如此的意气用事，那可怎么得了呢！我不如意的事远比你们多得多了，我能放下就走吗！好吧，你如再坚持己见，我们大家都不干好了。"陈诚说到这里掉下几滴眼泪，似有无限伤感的样子。良久，陈诚接着说："我已关照施总参议，今后参谋处的人事调动，悉由你个人负责。你先回去休息去吧。"戴临出来之前，已为陈诚对他的过分优容感到十分不安，及听到参谋处人事让他自主，更为惶恐，答道："此事的发生，完全由于我一时的任性，一点都不怪总参议。钧座对我这样的宽恕，令我感慨万千。关于参谋处人事问题，仍请由总参议负责，断断不能令我在长官部特殊起来。否则，则是使我无地以自容了。"

湖北恩施警备司令石祖黄（黄埔六期，陆大十一期）是陈诚新提拔起来的后起之秀，颇得陈诚的宠信。1942年春，战地服务团文艺工作队在恩施戏院演出《文天祥》，往观者有长官部许多将校级军官。石司令同其妻子后到，加座于走道中。维持场内秩序者不知石的来历，贸然前往干涉，当场被石打了一记耳光。该服务员据理争辩。石恼羞成怒，动起武来，弄得台上无法继续演出。大家都转过头来看着石在耍野蛮，言语间讽刺他无理取闹。石随即愤然带其妻子离开戏院。没过多久，戏院闯进许多全副武装的士兵，把里里外外包围个水泄不通，立命停止演戏，要求戏院交出刚才和他争吵的服务员。此时，该服务员见势不妙，早已由后门溜之大吉。石派来捉人的队长乃于戏院出口处，对出场观众个个进行检看后放行。

石祖黄的这种举动，被战地服务团的负责者控告，往观的各位将军也向陈诚汇报情况，各方面对此也均表愤慨，一致要求陈诚严惩石祖黄。可是陈诚只是令其到前线视察阵地，警备司令的职务也未撤销。石在外边混了几个月避避风头，仍回任恩施警备司令如故。

由于陈诚的不次进用和无原则的维护后起之秀，自命有才的青年将校多愿投其麾下，无缘而进的人对他也表示好感。因此，他在青年军官中的威信比其他国民党高级将领要高出一头。

三、混一色压倒清一色

陈诚不仅对握有军力的杂牌军将领进行拉拢，对黄埔同学施以优容，对没有实力的文人和失意的军人、政客或较有名望的社会贤达，甚或与国民党为敌者，凡能取得联系或有表示亲善的机会从不放过。当时的人们都称他为混一色的专家。他曾令我多多接触东北名流，收为门下，以为收复失地时之用。冯庸、王冠吾以东北人的关系，一直受到陈诚的眷顾。冯庸为六战区执法总监，王冠吾为湖北省粮政局局长。陈诚到云南大理视察宋希濂的集团军总部时，想到杨杰的母亲住在大理，亲造杨府给杨母送去许多礼物（主要是送钱）。杨杰在军事学术方面颇负时望，曾充蒋介石的参谋长、陆军大学校长、驻苏联大使，因与何应钦不睦，被排挤置闲。新四军军长叶挺因于特务机关内，陈诚于1942年冬向蒋力保，把叶挺带到湖北恩施散住于土桥坝长官部附近。叶挺的夫人和他的女儿与他同住在一起，他们可以随便往来于恩施城与土桥坝之间。叶挺经常去区寿年高级参谋家中，和长官部的参谋们一起玩牌。

何应钦高高在上，一味拉着顾祝同、刘峙和一些黄埔前期同学，故步自封。顾祝同生活腐化、乱搞女人，虽在战争紧张之际，也不忘情于左拥右抱。刘峙任重庆卫戍司令时因空袭时间过长，造成重庆防空洞闷死万人的大惨案。事后，群情激昂，一致要求严惩刘峙。何则为之多方说情，开脱刘之罪责。这些人自然渐渐地难成为陈诚的对手而甘拜下风。

比陈诚资历浅的一些野心军人如胡宗南、汤恩伯等，也积极扩充个人的势力，但他们都有局限性，只在一定圈子里打转。胡宗南是搞清一色的专家，在他的集团内必须具备"黄、陆、浙、一"四个字中的一个字，才能有官可做。"黄"即黄埔军校，"陆"即陆军大学，"浙"即浙江人，"一"即第一军第一师。胡宗南是浙江人，黄埔一期毕业，曾任第一师师长、第一军军长之职。他虽未进陆大，但陆大是国民党最高军事学府，代表有学问，故不得不收容陆大毕业者。如果这四个字具备在一个人的身上，那么这个人必然成为胡宗南的亲信。

汤恩伯系日本士官出身，浙江人，亦因浙字为蒋介石所信任。他那里专门收集一些东洋流，占主要地位的也是这些人，排他性也特别强烈，以故其势力的发展也有了局限。

除了这几个新军阀以外，还有特务头子戴笠，更是野心勃勃，曾以希姆莱自况，积极扩充势力，并和胡宗南狼狈为奸，里应外合，企图继蒋介石而执牛耳。由于戴、胡的野心和陈诚相侔，互不相容，他们之间互相戒备、互相倾轧，无时不有。

四、少壮派谋反蒋　险被牵连

1943年陈诚为远征军司令长官时，其司令部曾被特务机关（军统局）破获一起重大的军事政治案件（密谋举行军事政变的青年将校组织）。陈诚当时适卧病于昆明医院中休养，闻讯之下异常惊惶，因为这一案件的演变关系到他个人的政治生命。他为了摆脱干系，虽卧床不起，也急忙召集几个亲信的幕僚研究对策。他最忧心的是，此案件牵扯进去的青年将校大多数是他的直属部下，其中有汪奉曾和我，一为其作战科长，一为其本人的侍从参谋，根据此种人事关系，他虽想摆脱干系，人岂能信？陈研究了几次，最后只好令其副参谋长刘云瀚代他，嘱咐我在受审过程中必须硬着头皮，绝不能把他牵扯进去；并应许我如能不涉及他的身上，过一段时间，他就可向蒋说情从轻处理。实际上，他不这样嘱咐，我也绝对不能连累着他。因为这些青年将校深知本案如果把他牵连进去，其严重的情况要比没有他大得多。

原来，企图搞军事政变的这些青年将校所组织的青年将校团，陈诚事先是晓得的。他曾以少壮派军人领袖自命，自然不会反对这项组织。他也明了此项活动对他无害。因此青年将校团在六战区和远征军是比较活跃的。至于为何要在重庆搞军事政变的问题，将校团自然不会在举事之前让陈诚知道。我被押解去重庆审讯之前，陈诚仍不放心我能否信守不涉及他的诺言，又命刘云瀚让我写一亲笔供词，作为不涉及他的最后保证。

特务机关从一开始，就已认定本案的主谋是陈诚。本案为首的王凤起、陈蕴山、曹泽蘅、梅含章、胡翔、傅岳六人，似乎是在替陈诚打官司。何应钦、胡宗南等一再唆使戴笠务尽诸种办法，把本案追个水落石出，想把陈诚搞倒。他们对特务机关说："这是近百年来最严重、最危险的政治案件，若非军统局事先破获，则党国的前途诚不堪设想了。"戴笠曾亲自审讯过我，用尽一切圈套从各方面使我的供词能把陈诚牵连进去，并用将近两年的时间从各方面收集侦讯的材料，终究没有找到事关陈诚主谋的根据。直到戴笠坠机毙命，本案始缓和下来。又过了一年多的时间，陈诚才以参谋总长的名义向蒋建议，把青年将校团一案移交军法机关公开审讯。特务机关不敢公布审讯经过（因牵连陈诚在内），只得上报蒋介石，一释了之。

五、好大言　喜阿谀

陈诚调为远征军司令长官时，每开幕僚会议，常常是首先发表自己的看法。下边的人知其喜欢阿谀奉承，便添枝加叶地把一个极平常甚或漏洞百出的看法，说成既美丽又堂皇，简直就是真理。积之既久，他真的自以为了不起。如果有人不顺着他说时，反惹得他不满意。

1943年夏，陈诚于云南楚雄远征军司令长官部召开少将以上的幕僚会议，研究有关反攻腾冲、龙陵配合美英联军对日作战问题。会议一开始，陈诚首先说明他自己对当前敌情的估计，对我军状态的了解和他对当前状况的判断。大家早已明白他的爱好，一律加以褒扬，所谓讨论者，不过是经过这些拍马者加以粉饰而已。会议将近结束的时候，陈诚照例安排问大家对他的意见。首先问的是萧毅肃参谋长（中将）。萧答："很好，我完全赞成。"又问施北衡总参议（中将）。施答："非常正确，我也完全赞成。"又问兵站总监司可庄中将。司答："我也完全同意。"以下十几名皆同意。最后问到新任作战科长的我，我天真地回答道："我不赞成如此部署兵力。"大家全为之一愣，陈诚当即声色俱厉地吼道："什么理由？"我答："这项计划，兵力分散，不够集中，攻不像攻，守不像守。若说攻吧，主攻方面兵力显得过少；若说守吧，而还有攻势的部署。照这样的部署兵力，不用说不能扩张战果，即令突破敌人前沿阵地也无能为力。从古及今，十则围之，五则攻之，没有绝对优势兵力是不能言攻的。我觉得这个计划的缺点是主攻方面的兵力少，而助攻方面的兵力多。"陈诚急然道："你回去把你的计划拟来我看。"会后，大家都责备我不该在大会上使长官难堪。

（1964年6月）

在鄂西恩施时的陈诚

谈 瀛

回任湖北省主席

抗日战争中的1940年6月中旬，宜昌失陷。宜昌是重庆的门户。宜昌失守，重庆震动，一时朝野舆论，集矢于陈诚。国民党内部，自何应钦、CC派以至政学系大佬等，乘机推波助澜，把南昌、武昌（武汉）、宜昌失守的责任，都算在以军委会政治部部长身份代表统帅部来到宜昌负责指挥这一战役的陈诚身上，冠以"三昌将军"。

宜昌失陷以后，恩施、巴东由后方变成前线，地位更加重要了。能不能扼守这一线，将直接关系陪都重庆和西南后方的安危，以致影响整个抗战局势。正如当时代理湖北省政府主席的严立三先生所说："退此一步，便无死所。"

在此情况下，蒋介石解除了陈诚在国民党中央的一些重要职务，让他以第六战区司令长官的身份回任湖北省主席。（陈诚1938年6月15日被任命为湖北省政府主席，因军务繁忙，1939年2月先由严立三代行省主席职权，后亦由严代理省主席职务。）9月初，陈诚来到恩施。

陈诚到恩施后，首先在龙洞举行了几天军事会议，做了一番新的部署。在会议上，陈诚特别强调第六战区在抗战全局中的重要地位。在蒋介石早已提出的"军事第一"的口号下,他自己又加上了"六战区第一"的口号。陈诚的讲话,很快被印成小册子,在六战区和湖北省的军政党团系统中散发。虽标明为"机密"但实际上是半公开的宣传品。

接着,陈诚亲临土桥坝主持省政府的例会。他在会上说,近两年他由于忙于军事,未能过问湖北省政。偏劳了严(立三)先生,现在仍希望严先生能继续代理下去,随即陈诚转换口气说,现在的形势是"军事第一""六战区第一",鄂西的地位特别重要,省政一定要配合好军事,要大刀阔斧,有所作为,干出新局面。会后,建设厅长林逸圣、保安处长阮齐等人都说陈诚活像在演"巡官夺印"的戏。好在严立三早萌退志,毫不在意。严立三在陈诚讲完上面那段话后,即席推辞,大意为,陈既到恩施,论法理、论事宜,都应当由陈亲自主持省政,毋庸代理,他本人已向行政院打了辞职报告。严立三还当场委托省政府秘书长黄仲恂负责办理移交手续。会后的当夜,严立三向全省各界发出"责躬、告退"的代电。代电于第二天在恩施的《大同日报》上全文发表。

在此之前,国民政府行政院已通过决议,明令改组湖北省政府,由陈诚回任湖北省主席。

改组湖北省政府

在国民党的高级将领中,陈诚可算是"铁中铮铮,庸中佼佼"者。这次他到恩施,确实带有几分"发愤图强"的气势,对这次的省政府改组及人事安排,都经过了充分的准备。

在留任的省府委员中,有严立三,这不仅是出于礼貌,而是陈诚要继续利用严在各方面影响的需要。还有林逸圣,这是由于林原任建设厅长,由于严立三和石瑛的推荐,暂时留兼建设厅长。借此表示对严、石的尊重(林任职不久即由朱一成继任);还有黄仲恂,黄为湖北江陵县人,先后毕业于保定军校和陆军大学,第一次国共合作时期,曾任中央军事政治学校大队长，后追随王东原，王当师长、军长时他均为王的参谋长，在陈诚兼任中央训练团教育长、王东原任副教育长时，黄任办公厅主任，后陈诚离开中训团，由王东原升任中训团教育长，黄亦随升为副教育长，此后又调任湖北省政府委员兼秘书长一职也是由陈诚提名。有此一段渊源，黄因而被留任察头委员。至于留任委员仍兼财政厅长的赵志垚，与陈是青田小同乡，北伐时期，严立三任第二十一师师长，陈在该师由团长升任副师长后。荐引赵做了师军需处长，以后多年，一直跟陈办军需，是陈的贴心人。

其他新增的人马：秘书长刘千俊，是跟陈诚办文书、机要起家的，抗战前夕，刘经陈推荐去贵州省任遵义地区的专员，曾向贵州省政当局上"条陈"，对贵州省军政腐败及山区民众生活痛苦的情况有所反映，并说"中央如不大力救济，切实解除民困，前途不堪设想……"说出了贵州人多年想说而又无处说的话。这个"条陈"在贵阳某报发表之后，赢得了贵州各界开明人士的好评，由此也引起了陈诚的重视。作为首席厅长——民政厅长的朱怀冰，早在陈诚任第十一师师长时期就同陈诚深相结纳，这次随陈来恩施，初任第六战区长官部参谋长，不久即调省政府，朱在1932年间，曾任湖北省民政厅长，后又一度任江西省民政厅长。抗战初期又以军长兼任河北省民政厅长，这次是四任民政厅长了。在陈诚的眼中，朱怀冰和刘千俊都是富有实际经验的地方行政专家。

新任省府委员中，还有三位智囊型人物：朱代杰、罗贡华和刘叔模。朱代杰，四川人，曾去日本、苏联留学，学经济的，参加过邓演达领导的"第三党"，抗战前，在山西大学教书，抗战初期，陈诚任军委会政治部长时，朱被罗致在政治部先后当过厅长和设计专员，这次到恩施，成了陈幕僚中的首席谋士，给陈出了不少的点子。罗贡华，湖北荆门人，早年留学日本，依附于进步党人汤化龙，被称为"汤门四杰"之一，第一次国共合作时期，担任过国民党地下的省党部委员兼商民部长。刘叔模，湖北鄂城人，著名的早期共产党人刘芬（字伯垂）的弟弟，曾赴法国勤工俭学。1927年武汉革命高潮时期，罗、刘在国民党内组织"三民社"，因受到左右两个方面的打击而悄然离开湖北，二人遂分道扬镳。罗先后依附于汪精卫和二陈（陈果夫、陈立夫），曾任南京政府内政部次长。刘则在陈铭枢的支持下，在上海从事文化、教育事业，主持过"神州国光社"。后参加李济深、陈铭枢领导的"闽变"，在福建人民政府中任秘书长。这次罗、刘二人同时回湖北任省府委员，都是由于王世杰的推荐。这时王世杰在蒋的左右已取得了重要地位。陈诚借此表明他主持湖北省政、尊重湖北人士的意见，始终坚持同湖北人士的合作。此外，还有一个因素，就是石瑛在任武昌师范大学校长时，刘叔模曾在师大任职员，因而也可以说是石先生的旧部。这时，石瑛任湖北省临时参议会议长。在陈诚的心目中，刘叔模参加了省政府，对协调府会之间的关系会起些作用。所以，陈对罗、刘在最初一段时间里是颇为优待的。陈诚在省政府内突破常规地设立了两个机构：一个叫计划委员会。陈亲兼主任委员，朱代杰主持工作；罗、刘以及曾在军委会政治部当过设计委员的胡伊默，都是主要成员；一个叫训练委员会，也是由陈诚兼主任，由刘叔模主持工作。经过这班人的策划，陈诚随即提出了《湖北省施政纲要》和《新湖北建设计划大纲》。

"建设新湖北"大纲

陈诚在恩施鼓吹建设新湖北，试图以鄂西为基地，以三民主义为旗号，搞一个"样板"，来对抗共产党领导的抗日根据地——延安的影响，以进一步巩固蒋介石的统治。这件事有它的来龙去脉，基本上是第二次国内革命战争时期蒋介石在江西所尝试过的"三分军事，七分政治"的继续。后来被蒋介石派往江西当专员的蒋经国所经营的"新赣南"，也是出于这种思想。蒋经国和陈诚都是蒋介石的希望所寄。陈诚到恩施后，曾派人去赣南参观，向蒋经国取经，把蒋经国搞"新赣南"的一些做法，作为建设"新湖北"的参考。

陈诚忠于蒋介石的旨意，积极反共，在西安事变到抗战初期这段时间，陈诚只讲抗日，讳言反共。但他到恩施后又露出了反共的本来面目。陈凭借特殊权势，搞了一个特务组织；军统、中统都要听从他的调遣。由于国民党内部各派势力彼此间的钩心斗角，别的省份都没有能够实现"党、政、军一元化"。陈诚在恩施则不然，他集军政大权于一身，即使是长期被CC控制的湖北省党部，也不能不仰其鼻息。他的亲信谢然之（《新湖北日报》社社长）、陈志五（湖北两阳县人，曾跟陈诚办文书，由陈诚资送日本留学），都当上了省党部委员。1942年春，陈诚授意朱怀冰等，搞了一个《湖北省战地各县政治战纲要》，主要也是为了协调党政军各方面的关系、共同对付共产党的。

陈诚在恩施，不遗余力地在全省范围推行"新县制"。其实，"新县制"的发明权应当归于蒋介石。幕后设计者是李宗黄。抗战开始后，国民党政权的县政府机构以及分区设署、保甲制度等，不仅不能适应动员抗日的需要，而且在办理兵役、动员民工、承购军粮、筹集抗战经费上面，弊端百出。舆论对此不断提出批评、建议，呼吁国民党政府开放地方政权，改变基层组织，废除保甲制度，以利于动员民众，团结抗敌。这就触及了蒋介石政权的要害。蒋介石害怕民众发动起来，害怕共产党深入基层掌握群众，于是授意左右，炮制了一套有关方案，亲自在中央训练团把这套方案作为专题，大讲特讲。稍后，便由行政院加工成为法规，称之为《县各级组织纲要》，通令各省推行。这就是"新县制"的由来。陈诚所推行的"新县制"虽然也有一层薄薄的抗战色彩，但骨架还是蒋介石在内战时期所讲的"管""教""养""卫"那套，换汤不换药。唯一不同于过去的，是在机构和人员上来了一个空前的大膨胀。按"新县制"规定，县政府内设民政、财政、建设、教育、军事、社会等科，秘书、会计两室；在秘书、会计主任下，各设有助理人员，各科科长下都设有科员、办事员，还设有军法承审员、民政指导员、军事督导员、合作指导员等；此外，还设有国民兵团、县训所、县临时参议会等。县以上的区署（原为县府派出机构）和区长被裁撤了，代之以乡、镇（成为基层实体）公所。在乡、镇之下，分设四个股，分管"'管''教''养''卫'"。股设主任和干事；保设办公处，保长下也设有文书干事：这样一来，使县、乡各级机构的工作人员陡然增加了几倍。增设了机构，增加了人员，就必然要增加经费开支。县政府财政原已十分拮据，这时就更困难了。乡级财政比起县财政困难还要大，它无前例、无基础、无来源。虽然《纲要》也有几条规定，如整顿乡级公共财产之类，但望梅止渴；结果便形成了变相摊派，加重了人民群众的负担。

陈诚在推行"新县制"的过程中，还提出了一些强制性的要求，如"一保一井""一保一校"，以至"保鸡""保鸭"等，这些名字更是脱离了实际。以鄂西山区而论，千山万壑，到处有瀑布流泉，开沟架槽，或架设风车，都可引水灌溉，何须打井？山高路险，居民分散，一无经费，二无师资，又怎能实现"一保一校"？推行愈力，苛扰愈繁，民困愈深。国民党的公文多，机关办公主要是办公文，从中央到省、专、县，层层照转。在此以前，一般到县为止。实行了"新县制"，县政府增加了人员，乡、镇公所，保办公处，均成了一级政权机构，这些滚滚而来的公文最后就统统集中到保办公处了。那时的公文程式，结尾都有"仰即遵照"或"仰即知照"的文句，于是有人讽刺说，保办公处这块招牌应当改称为"仰止堂"。

附带说一下，陈诚本人也是很讨厌文牍政治的，他到恩施不久，即指示刘千俊等起草了一个"公文改革办法"，在程式上做了若干新规定，如"训令""指令"之类，采用分段、列点等法，对上级、平级，则多采用"代电"形式。除由刘千俊召集各厅、处主任秘书开会加以贯彻外，陈诚还找出袁世凯称帝失败以后一位日本人写的文章，内容是结合袁世凯的言行，指责中国政界"修饰文字"的弊病，把它翻印为小册子，向下分发，用以表示他对改革公文的"高见"和决心。这项改革也风行过一阵。由于有些规定不切实际，主稿者的水平又不一致，分段、列点，往往使内容割裂，闹过一些笑话。

陈诚对办地方行政干部的训练，特别感兴趣，并十分重视。从蒋介石办庐山军官训练团那时起，陈诚就是蒋办训练工作的左右手。抗战初期，陈诚既兼任国民党中央训练委员会主任委员（后由段锡朋继任），又兼中央训练团教育长（后由王东原继任）。陈诚到了恩施，为了培养自己的势力，对此就更加起劲了。前面已讲过，陈诚在省政府系统中，特设了一个训练委员会；稍后，训练委员会撤销了，业务合并于新设立的人事处，人事处处长是郭骥。当时各省都办有"地方行政干部训练团"，但编制之大，设班之多，调训面之广，前后受训学员之众（包括考试收录的），陈诚的省干训团可以说是全国第一家。国民党党政机关以及学校早有一个例规，即每星期一要举行一次名为"总理纪念周"的集会，陈诚在训练机关中，尤为郑重其事。一般情况下，陈诚一定要亲临省干训团，主持"总理纪念周"并讲话。干训团有两门主要课程，即《总理遗教》与《总裁言行》，前者是表面文章，后者宣扬蒋介石才是办干训的精神实质。在陈到恩施以前，《总理遗教》由国民党省党部主任委员或书记长讲授，《总裁言行》则由三青团省支团干事长讲授。陈诚来了，这两门课由谁讲授呢？负责排课表的教务处处长程发轫不敢做主，教育长也揣摩不定，只得写签呈向陈诚请示。陈批示："《总理遗教》应请省党部主任委员讲；《总裁言行》则由我讲。"从此以后，成了例规，在陈诚离开恩施以前，这门课一直是陈诚亲自讲授的。

在陈诚的"新湖北建设"计划中，他最满意的是标之为"百年大计"的"计划教育"。计划教育中关于中等以上学校的西迁和布局，学生实行公费制度，是省政府西迁以前就已经决定并见于实施的。倡议者是湖北省政府代主席严立三先生。严立三参加战时省政的主张是："言皆将，民皆兵"，"官不离民，民不离土"。在学校教育方面，他认为应当把战时的中等以上学校，改办成为国共第一次合作时期的黄埔军官学校那样，学生既学军事、政治，也学文化。严的主张和办学设想，虽然没有能够实现，但在石瑛和张难先的支持下，却促成了湖北省立学校的西迁以及公费制度的实行。

1938年武汉沦陷前，青年学生纷纷奔向延安。蒋介石便想出了一个"隔离政策"，指示陈诚、桂永清等创办"战时工作干部训练团"。1938

年6月，陈诚兼任湖北省主席，听了严立三的办学意见后，决定亲加部署，并在珞珈山集训了中学校长和部分教员。陈诚到恩施亲主省政后，对此更加重视，称为"计划教育"，作为"新湖北建设"的一个重点。

当时的湖北教育学院（以后改为国立湖北师范学院）和湖北农学院都是从武昌迁到恩施去的，校舍、设备都很简陋，陈诚在经济上对这两个学院给予了一定的支持。陈到恩施后，又在人事上对这些学校进行调整充实。经教育厅长张伯谨推荐，延聘曾在美国留学专攻教育的陈友松先生为湖北教育学院院长。陈友松事业心很强，为改变学院由于缺乏经费而造成的设备简陋、师资不足的困难，他到处呼吁各界有识之士扶持文化教育事化，为战时湖北的教育发展，做出了一定的贡献。

陈诚在恩施时，还创办了湖北医学院，院长是朱裕璧。当时省政府卫生处处长是卢镜澄（由黄琪翔推荐给陈诚的），省立医院院长是杨光第。这几位都曾留学德国并获得博士学位，他们在创办医学院时齐心协力，克服了许多困难。稍后，陈诚又办了一个湖北工学院，院长是许传经。

由此看来，陈诚在湖北搞的"计划教育"，虽谈不上是"百年大计"，但对促进湖北的地方教育，还是起了一定作用的。

鄂西禁烟及"二五减租"

陈诚回任湖北省政府主席后，首先是严禁种、食鸦片，制定有单行法令："凡属种、运、吸、售、藏鸦片烟毒者，一律处以死刑。"一时雷厉风行，仅在鄂西一隅，就先后处决了数以百计的吸毒犯。

关于厉行禁烟一事，就我所知，始于严立三先生。原来在蒋桂战争后，严立三不肯与蒋介石合作，隐居庐山。"九一八"事变后，许多国民党元老以及出身黄埔军校的将领，纷纷要求蒋介石起用严立三。天津《大公报》还发表了一篇专题采访文章，称严是当代的严子陵。蒋在舆论压力下，乃派陈诚上庐山，请严共赴国难，到南京任全国禁烟总监。严当时提了两个条件：一、要求蒋下决心禁绝烟毒，再不要搞"寓禁于征"了；发表文告，昭告中外，断限禁绝。二、立法规定，凡触犯禁令者，一律按军法处以极刑。陈诚当即向严表示赞成，并愿向蒋进言，促其实现。后来陈诚向蒋介石复命时，果然如实转达了严的建议，然而蒋不答应，说政府现在财政有困难，一时不能取消鸦片特税（"特税"是南京政府的一项大收入），且禁烟之事在滇、黔一带也行不通（云南、贵州两省是当时鸦片的主要产地）……蒋并说这是严立三在给他出难题：故而请严下山的事，就此告吹（这段经过，是与严立三交谊甚深，力主严禁烟毒的施方白先生在恩施时告诉我的），这是前因。

后来在湖北省政府西迁恩施时，严立三受陈诚委托，代行省主席职权（以后才改为由严正式代理），亲眼看到鄂西烟毒问题十分严重，不仅本地不少劳动人民已深受其害，而且在战时特殊环境下，还有向公教人员及青年学生扩散的危险。与此同时，日本侵略者已开始在沦陷地区推行毒化政策，强迫人民种植鸦片，诱使烟民当汉奸。于是严立三采取了果断措施，下手令："凡公务人员吸食鸦片者，处死刑。"1939年年初，恩施县政府一个吸毒成瘾的会计主任被查获逮捕，经严批准被枪决了。虽然这样，但成效不大。不久，省府又在恩施龙凤坝等集镇破获了一些烟馆，在建始、咸丰、利川、巴东等县境内偏僻地区也不断发现有人种植鸦片……1939年秋，省政府曾组织力量，大张旗鼓地开展禁烟宣传。张难先先生以66岁高龄，亲自带队赴城乡宣讲，虽然有所震动，但吸、售、运、藏鸦片的并未绝迹，仅是更加隐蔽而已，严立三在巡视途中曾致书张难先先生说："虽苦口已滴杜鹃之血，而说法不能点顽石之头。"可见其痛心已极。这样，才进一步做出了"凡吸、售、运、藏鸦片烟毒者一律处死"的决定。这项单行禁令，系按军法程序审判，事前未经国民政府军事委员会批准，且与原有的禁烟法令、条例相抵触，每处决一案，报上去，即被军法执行总监部驳回。随之还引起了司法部门的阻挠和责难，压力很大。严立三为了贯彻他的主张，致电蒋介石，慷慨陈词，并以理力争。陈诚在重庆，也就近向蒋进言，给严撑腰。这样，湖北的单行禁令，才得以坚持下去。

陈诚到恩施亲政后，不愿意严氏"专美于前"，乃遍发文件，张贴布告，示以执行期限，雷厉风行。因此一般人只以为厉行禁烟完全是出于陈诚的决策。以后，王东原继任省主席，就只得"萧规曹随"了，一直执行到抗战胜利后三个月，才断限停止。

吸毒问题有其历史原因和社会原因，只追究个人责任，又不给犯禁者以改过自新之路，这显然操之过急。但就当时的具体情况来说，这项禁令的实行，在鄂西，对烟毒积患的消除，在战地，对敌寇毒化的遏制，确实收到了明显效果，在战时人心风气的转变上，也产生了一定的影响，这在旧中国的禁烟史上是不容忽视的一页。

在陈诚的"民生主义经济政策"中，实行"二五减租"是最为重要的一项。但这件事也并非陈诚首倡。早在第一次国共合作时期，按照孙中山先生的主张，广东、湖南、湖北等省，即已实行过"二五减租"。当时，张难先先生任广东省土地厅厅长，主持过这项工作。省政府西迁后，张先生到恩施，不久就注意到施南（恩施昔称施南）各县，佃农地租奇重，甚至还存在农奴制痕迹。他兼任民政厅长时，即积极筹划减租事宜。民政厅内设有地政科，在土地清丈、地籍整理等方面开展了一些工作。科长是舒澄宇（解放前曾任湖北省图书馆馆长）；以后继任地政科科长的是徐鸿年（日本留学生，后在建设厅任科长）。1940年，张难先在出巡途中，约集宣恩等县县长开会，研究开展减租的具体做法，并亲自制定了宣传文告，以后还组织了一个专门班子，帮助各县贯彻减租。陈诚到恩施后，积极推行"二五减租"，在许多问题上，仍采用了张难先的一些办法，自然也收到了一定效果。

解决鄂西粮食、食盐问题

陈诚在恩施制定和推行的"民生主义经济政策"，包括增加生产、征购实物、物物交换、凭证分配等项目。其中有些东西确系陈诚自具炉灶、别出心裁。除所谓增加生产属于纸上谈兵外，在物资收购和供应方面，确有一套实际措施和新鲜花样。最能说明问题的是解决了鄂西的用粮和食盐问题。

抗战以前，施南地区并不缺粮，山多地广，虽然刀耕火种，玉米、土豆等作物还是有种有收；平阪地区，雨水足，水源足，宜于水稻；利川、来凤两县还产些优质米，有种叫"贡米"，在明清两朝是进奉皇帝的贡物。农民吃粗粮，久已成为习惯，吃大米、细粮的，只限于地主等有钱人家，人数不多，消费有限。集中到地主手里的粮食却因交通困难，不能外运外销而不能变成商品。所以就总的情况说，常年粮食自给有余，留有陈积。省政府迁恩施后，人口随之骤增，粮食来源，渐形短细，到1947年春夏青黄不接之际，就出现了粮价上涨、供应紧张的局面。宜昌失守前后，军粮压力很大。这是陈诚到恩施后面临的第一道难题。于是他在省政府内增设了一个粮政局，由朱怀冰兼任局长，以后由王冠吾继任，主管粮食问题。同时，陈诚为了调运湘粮济鄂，在统筹军粮的口号下，同时补充民粮，于是专派第六战区副司令长官黄琪翔偕同任显群去湖南沅陵设立办事机构，专门负责湘粮的采购和转运。由于陈诚处于以第六战区司令长官节制第九战区（湖南省属九战区）的特殊地位，呼应较灵，湘粮、川粮源源而至。在本省范围，从1941年秋季开始，除照前继续采购余粮外，首先实行田赋改为征实。所以除了能够保证军粮的供给外，同时还为对民食实行计口授粮、凭证供应、物物交换等政策措施，提供了必要的条件。1942年鄂西各县遭受严重旱灾，农作物歉收，陈诚在省赈济委员会上指示说"救灾要救急，救灾要救彻"，发放了一批救济粮款。这也是由于陈诚手中有粮的缘故。

鄂西各县的食盐，主要靠四川供给，由于山高路远，全靠驴马驮运或脚力背篓背运，运输成本高。从军阀时期的盐斤加价，到国民党统治时期的官统商销，盐税不断增加，消费者负担日重。老百姓历来吃盐难，吃盐少。

陈诚到恩施后，从财政部手中夺取了一部分食盐供销权，他直接打通了同四川盐务局的关系，在湖北省平价物品供应处内，设立了一个食盐部，把恩施原有的官商合营的鄂西食盐公司改组了，清洗商股，并归食盐部，把从鄂西北到鄂北的食盐运销分配都统起来了。

那时属于军政部的有个第二十补训处，设在恩施龙凤坝，处长叫李铣，据说是李鸿章的后裔。李同当地土豪富商勾结，利用他们的驴马和资金，趁部下几个补训团经常去四川各县接"兵"（应征入伍的壮丁）的机会，大做贩运食盐的生意，获利不少。后来李铣看到陈诚亲自过问盐政，遂不敢再干。

陈诚在恩施实行计口授盐，同时，还允许附近群众用农副产品、土特产换取食盐。当时鄂东、鄂南、鄂中大部分地区沦陷，日本侵略者控制了食盐，战地各县人民群众，吃盐十分困难，而鄂西却好多了。

提高公教人员待遇

抗战开始后，公教人员的薪资，一再被打折扣，叫"国难薪"。省政府西迁以后，公教人员的生活越来越清苦。少数人原来有点积蓄，随着流离转徙，也渐渐消耗无余了。低薪人员随身几件衣服穿旧了，缝缝补补，无力更新。严立三先生是位"苦行僧"，只强调要同前线士兵、后方群众同艰苦，很少考虑这方面的问题。当时省府内有一个职员写诗抒感，有句云："民贫早似寒窑丐，官苦今同破庙僧。"这是写实，也是呼声。陈诚到恩施后，认识到解决这个问题的必要性，便宣称要设法改善公教人员的待遇，随即对省府公务员各发一套新的中山服。平价物品供应处成立后，实行计口授粮，凭证分配。公教人员大多有爱国心，以抗战大局为重，共体时艰，只要柴米油盐不犯愁，间年可以换上新衣服，加之恩施挖的防空洞多，不怕敌机空袭，大家也就安心了。而当时重庆等后方城市，货币贬值，物价飞涨，敌机疯狂轰炸，一夕数惊，对照之下，恩施便是"别有洞天"。

重视银行工作

陈诚到了恩施，湖北省银行原任行长南夔知难而退，称病辞职。陈诚请来了周苍柏先生继任省行行长（一度称总经理），并给以省政府委员席位。

周苍柏是著名的银行家，精通国内外贸易，眼光较远大，人缘也很好。南夔离职前，对省银行的老同事说："周先生的才干十倍于我，陈主席好大喜功，目前这个局面只有周先生才能应付，保住省银行不被搞垮。"周就任后，把省银行的业务重点转移到物资的收购和供销上面，同平价物品供应处结合起来，成为陈诚经济政策的一车一马。周是其中的关键人物。这时候，湖北省银行一方面从战地抢购、抢运了一些生活必需品；另一方面在鄂西、鄂北换取和收购了一些农副土特产品，同时还为土特产的对外运销打通了若干渠道。这些，除了凭借陈诚的特殊权力以外，与周苍柏的才干也是分不开的。

平价物品供应处下设有供食宿的"民享社"，经理是李达可。还有其他几个部，有一个是管布匹供应的，经理是熊连城。后来，凡省内有省银行分支机构的地方，大都搞物资购换和供应工作，建立了民享社。民享社的餐食供应，限于四菜一汤，这是陈诚提倡的，比起私营餐馆，伙食较洁，收费较低。有人讽刺民享社是"官享民哼"。其实，当时的头面人物，如陈诚、朱怀冰、赵志垚等都各自雇用有厨师，并不在民享社举行餐会。（陈诚的私人厨师，以前给谭延闿当过厨师，是跟陈诚的夫人谭祥到恩施的。）一般公教人员并没有余力上民享社请客吃饭，更不要说老百姓了。得到便利的只是一些过往人员和一部分没有携家带眷的单身汉。

府、会之争

以下谈谈由罗贡华、刘叔模的报告而引起陈诚辞职、"府""会"相争的一场风波。

原来设在武汉及其附近的省营工厂,随着省府西迁,分设鄂西各县,有的内迁四川万县,大多是些破烂摊子。1942年夏季,陈诚要进行整顿,改变局面,增加生产,指派省府委员罗贡华、刘叔模亲往各地进行实地考察,还配备了几个专业人员,如工程师、会计之类,随同参加检查。

罗、刘等人经过一个多月的时间考察完毕。回恩施后,整理出一份洋洋万言的书面报告。陈诚看了,感到很合自己口味,他随即召开各厅及有关单位的秘书、科长以上人员的大会(笔者时任湖北省政府民政厅秘书,参加了这次会议),由罗贡华做了两个多小时的报告,介绍了考察的情况及发现的问题,指出了若干弊病,最后提出了他们的建议,即整理、改进的意见。其中也难免牵涉上管部门——省建设厅的措施失当和官僚主义作风。陈诚在会上也讲了话,对罗、刘的报告评价很高。

这个消息很快就传到了湖北省临时参议会,驻会委员咨请省政府派罗贡华、刘叔模去临参会做报告,讲清楚他们考察的实际情况。陈诚看到临参会的来信后,同意罗贡华去向议会做报告。临参会为此召开全体驻会委员会议听取了罗的报告,并就报告提出了些质询,还于事后做成决议,函请省政府"查照办理",内容也不外乎希望有所整顿,实际上也不过是官样文章。但因其中涉及建设厅长朱一成的作风和责任问题,同时也还涉及了财政厅,这就使朱一成、赵志垚等深感不安。

朱一成、赵志垚他们本来就对罗贡华、刘叔模二人不满,这时就更有意见了。赵志垚便在陈诚耳边吹风,说罗、刘二人别有用心,想借此拆陈主席的台而捧湖北人当省主席。陈诚听了,信以为真,大动肝火。突然召开省政府委员会议,只是不通知罗贡华、刘叔模两位委员参加。

会议开始,陈诚首先面对民政厅长朱怀冰说:"现在有人想做湖北省主席，怀冰兄不是很早就想当省主席吗？"其实，陈指的并不是朱怀冰，而是指桑骂槐。朱怀冰与罗、刘早有矛盾，对罗、刘的报告，漫不经心；朱与临参会的关系更不协调，对石瑛尤其抱有成见，对会议的动态也未予注意。这时他被陈诚几句话弄得面红耳赤，不知所措。陈诚接着说："省府委员中有人捣乱，煽风点火，你们知道吗？我这几年辛辛苦苦为湖北操心，可好心不得好报。我的台不要人家来拆，我辞职，让别人来干。"除朱一成、赵志垚、刘千俊等几个陈的贴心人外，其余的委员以及列席人员，都因事发突然，目瞪口呆，不敢表态。

会后，陈诚果然向重庆方面发出辞去湖北省政府主席职务的电报。这显然是一种姿态，用以威胁议会而已。陈诚原以为临参会议长石瑛会出面转圜，用议会名义发出电报挽留他，却未料到消息传到议会后，石瑛置若罔闻。这样僵持了几天，陈诚才感到自己搬石头砸了自己的脚，进退两难，不好收场。只得叫郭忏（第六战区副司令长官兼参谋长）出面找林逸圣，要林去见石瑛，进行游说、斡旋。经过林的奔走疏通，才打开了僵局。终于由陈诚以"告辞"为名，亲去龙洞看望石瑛，石也改容相待，表示恳切挽留。劝陈不要听信流言蜚语，以时局为重，打消辞意。接着，省临时参议会便向蒋介石和行政院发出挽留陈诚的电报，一场风波，才告平息。

从此以后，罗贡华和刘叔模几人被陈诚疏远，他们在陈诚面前不仅不像以前那样对其言听计从，反而屡遭白眼。罗、刘自知处境不妙，也就不敢在陈诚面前高谈阔论了。整顿公营企业问题，更如泥牛入海，没有了下文。

1943年春，陈诚被调兼中国远征军司令官，离开恩施；所任湖北省主席职务交由民政厅长朱怀冰代行。秘书长改由民政厅主任秘书许荣琏升任，但不兼委员。此后，便是朱怀冰与郭忏、赵志垚等人的明争暗斗了。

鄂西会战前后

1943年四五月间日军大举进犯鄂西，先是旁敲侧击，继而深入猛攻。重庆方面深感忧虑，蒋介石命令陈诚星夜赶回恩施，负责指挥作战。5月下旬，敌军攻陷渔洋关，强渡清江北岸，发动猛烈攻势，情况突变紧急。渔洋关的巨炮声，打破了恩施多年的沉寂和战时的安定。省政府举行会议讨论应变措施，各机关在秘密做迁移准备，收拾档案装箱，人心随之紧张起来。

陈诚为了安定人心，在土桥坝省政府驻地（赖八房）大门前一棵大楠树下，召集各厅、处科秘书以上人员讲话，说明当前形势的严重性和他的决心。指出敌人这次进犯鄂西，是蓄谋已久的，旨在动摇抗战两个根本（一个恩施、一个重庆），形势确很危急。但现在政府已有严密部署，前线士气旺盛，装备也较前优良，只要大家坚定抗战信念，加倍努力工作，抗战一定能够取得胜利。陈诚这次讲话的神态镇定，语调低沉，言辞恳切，不像过去那样装腔作势，使很多人都受感动。

据闻，蒋介石在重庆十分担心鄂西的战局，每夜必与陈诚通电话。蒋的侍从室第一处主任林蔚，与陈诚、郭忏等的电话联系尤为密切。当时第六战区长官部参谋处的人员上上下下，应接不暇，可见军情的紧急和重庆方面的重视。

鄂西会战告捷，从上到下，喜出望外，英、美等国通讯社也迅速转播消息，加以宣传。这时最为踌躇满志的是陈诚。石牌要塞的得失是鄂西会战的关键，扼守石牌的第十八军第十一师师长胡琏，一时成了头号新闻人物。盛传胡琏确抱有死守石牌的决心，在战地写了遗书，把身边衣物作为"遗物"，一并带交其家属。第三十二军第五师师长刘云瀚、副师长邱行湘，一个思考精细，一个勇敢泼辣，互相配合，仗都打得出色。他们都是陈的嫡系将领，在这次会战中，为中国人增了光，也为陈诚争了气。官兵作战之英勇，部队驰援之迅速，都出乎日军意料。经过激战后，敌军师团长赤鹿理失踪,进犯之敌,狼狈撤退。从此以后,日军放弃了深入鄂西以威胁重庆的打算。改为重犯长沙,进取衡阳,打通湘、川、黔那一方面去了。

鄂西会战告捷以后,重庆方面组成了两个大规模的慰问团到恩施来劳军。该团以国民党元老张继为团长,孔庚(时任国民参政员)为副团长,成员中有各界代表,带来了一批慰劳物品。重庆各大报社和通讯社都派出记者参加。重庆《新华日报》的记者是陆治。慰问团在恩施城内举行了盛大的慰劳大会。张继、孔庚都在大会上讲了话,传达了"中枢"的嘉勉、各界的慰问、中外舆论的赞扬。孔庚亲笔为祝贺鄂西大捷题了词,交由《新湖北日报》制版刊登,孔的题词是:"先天下而沐三民主义之化育,继辛亥以竟三户亡秦之大功。"下句用武昌首义光荣历史嘉勉抗战军民,措辞切合人地之宜。上句则是指陈诚在恩施以三民主义所标榜的"新湖北建设",陈诚看了,十分满意。据说从此以后,对孔礼貌有加。

在恩施接待蒋介石

约在1943年6月初,蒋介石飞到了恩施。为了接待蒋介石,陈诚事前做了精心布置。蒋的住处,安排在恩施城郊龙洞顶上一栋楼房里,还特地在省干训团内重修了一座可容千人集会的"中正堂"。

那时省干训团的教育长是阮齐,被陈指定专门负责接待蒋介石。阮齐是黄埔二期毕业的,北伐时期曾跟蒋当过随从副官。与后来蒋的侍从室人员多为旧识。这次随蒋而来的人员中,有一个叫吴中相的,曾任湖北省保安第七团团长,久住恩施,那时阮齐任保安处长兼恩施巴东警备司令,吴还算是阮的旧部。因此气息相通,接待上也就得心应手。

蒋介石到恩施的第二天,陈诚即在省干训团的中正堂内举行欢迎大会。蒋亲临训话,表扬了鄂西大捷的战功,称赞了陈诚"新湖北建设"的政绩。第三天,蒋介石出席了第六战区的军事检讨会议,听取了一些将领的报告。最后，蒋做了讲评并举行了授勋仪式，授予陈诚、孙连仲、郭忏、方天、罗广文、胡琏、刘云瀚等最高勋位的青天白日勋章。以下有功将领也分别给予了不同的嘉奖。以后，蒋介石还到了土桥坝第六战区长官部，召见了一些军政负责人；蒋还到了陈诚的官邸，接见了陈诚的夫人谭祥及其子女，参加了家宴。因为陈、谭联姻是蒋介石做的主，据陈的随从秘书施某传出，陈谭的子女呼蒋为"公公"。

陈诚和新闻工作

抗战以前，恩施没有报纸，抗战发生后、省府西迁前，第一个着眼于在恩施办报的是陶希圣。1937年年尾，陶在武汉，搞到了一笔钱，办了一个"艺文会"，出版了几本书，同时计划在恩施办个报。

陶希圣在物色人选之际，事为鲁坚所闻。鲁以"星子特训班"的师生关系，请求康泽写了一封介绍信给陶，被陶派赴恩施，筹办《施南日报》。陶给了鲁一笔款，吩咐他在汉购置印刷机器、铸字炉、收发报机等。不料鲁坚在武昌结婚，后又在宜昌逗留，大肆挥霍，把钱花光了，只带一部小型收报机进恩施，委托恩施城内仅有的一家私营的商店——雪兰轩承印，勉强把《施南日报》出版了。

《施南日报》由鲁坚任社长，汪民祯（后在万耀煌任湖北省主席期间干过省府人事处长）为总编辑，沈友淦（巴东人，北大毕业）以主笔名义编副刊，经理曾亦平；还有一个姓万的，是陶希圣派来的，任会计。这个人到恩施以后，把鲁坚的情况如实地写信告诉了陶希圣，这时陶已去重庆，认为鲁坚误了他的事，停发了经费。这个报出版不过两个月就夭折了。

省政府迁到恩施后不久，原设汉口、后迁沙市的《大同日报》迁来了。这个报原是战前三年艾毓英以湖北省党部常委身份创办的，艾赴英国留学前，让给陶尧阶接办，战时迁到沙市出版，武汉沦陷前，陶去重庆，交由该报总编辑童仲赓负责维持。童仲赓是个老报人，笔名"老顽童"，辛辛苦苦地把这个破烂摊子拖到恩施继续出版，用本地报纸出四开张，经费少，设备差，纸质劣，印刷模糊。这时人们关心抗战形势，渴望知道前方战讯，然而重庆的报纸寄到恩施，新闻变成了旧闻。本地有了这么一张四开报，也算稍解饥渴，慰情聊胜于无。待到1940年，陈诚回鄂西主政，《大同日报》不久终因穷困难支，悄悄停刊。

陈诚到恩施后，提出由湖北省政府办个机关报——《新湖北日报》，派董冰如（京山县人，曾留学日本。在新加坡办过报；战时，任政治部设计专员）为社长，任伯涛任总编辑。1941年元旦，《新湖北日报》在恩施创刊。

国民党中宣部原在汉口办有《武汉日报》。武汉沦陷前，该报社长王亚明把主要设备迁去贵阳（王是贵州人），并把报纸改为《中央日报》的贵阳版，留下的少数人员及简单设备，撤退以后先是在宜昌出版《武汉日报》宜昌版；宜昌沦陷，继在恩施出版四开一张的《武汉日报》。一次，陈诚在会上讲话时，大骂王亚明假公济私，囊走了《武汉日报》的印刷设备，并说这是湖北的财产，一定要收回。这是由于该报有部卷筒机，原是1928年桂系控制武汉创办《中山日报》时用巨款从国外购进的，一直是华中地区仅有的一部卷筒机，后却被王亚明运往贵阳去了。王亚明闻信后，慌忙赶到恩施，请求刘千俊和中央社的徐怨宇等人为之疏通，得以引见陈诚而"负荆请罪"，王一再解释，矛盾才缓和下来。卷筒机虽未交出，把《武汉日报》改归中宣部直辖，派宋漱石任该社社长；经费虽来自中宣部，实际上，一切要仰承陈诚的鼻息。此外，第六战区政治部还在黔江出版了一个《前卫日报》，这些就构成了陈的报纸体系。

董冰如在《新湖北日报》社没干多久，就受到陈诚左右亲信的排斥，不安于位，辞职而去。继任为谢然之。谢原是共产党员，曾在苏区干过报纸编辑工作。后被俘变节自首，经陈诚资送日本留学，以后任陈诚的机要秘书，是陈诚左右的一支笔杆子。

陈诚治理湖北的几项措施

陈　师　李树荪

陈诚发迹于军界，早年毕业于保定军官学校，曾经在黄埔军校当过区队长，参加过北伐战争。特别是因为对蒋介石的盲目崇拜和愚忠，得以青云直上。1927年，由严立三推荐，任第二十一师师长。编遣会议后，又任第十一师师长。以此为基点，1930年在中原混战中立功，在武汉升任第十八军军长，成为蒋介石嫡亲的主要将领。

抗战开始，陈诚任武汉卫戍总司令、第九战区司令长官、军委会政治部长，又兼任湖北省政府主席，由军界跨进政界，想在政治上也大显身手，干出一番事业。

（一）

陈诚用人，选用的骨干人才，一般来自三个方面：一是十一师的老干部和黄埔学生，这主要在军事上；二是其浙江同乡；三是湖南派（陈诚的夫人谭曼怡是谭延闿的女儿，陈常自称是湖南的女婿，借此笼络湖南人）。

在湖北省政府主席任内，以浙、湘两派当权。浙江派以郭忏、赵志垚为首，湖南派以柳克述、刘千俊为首，都是他的心腹骨干。

1938年夏初在武汉组织省府时，还用了一批湖北籍的公正人士，以示其任贤为政、谦恭下士之政治风度。如延请湖北著名三怪——张难先、石瑛、严立三为委员，并以严立三兼民政厅长，石瑛兼建设厅长。财政厅长则为杨绵仲，教育厅长时学周，秘书长是柳克述。后因陈诚军事工作繁忙，对湖北省政不能及时处理，遂将省政府主席职务交由民政厅长严立三代理，张难先兼民政厅长，而省政府实权多由秘书长柳克述掌握。柳克述虽被称为政治经济专家，但作风不好，态度专横。在湖北省行政措施方面，如征收田赋附加税、征收商捐（变相的厘金税）及修筑宜韩公路（宜昌至韩家坝）等问题上，都受到张难先等人的反对，张难先声言："柳不去，我就不干。"并拒收薪俸，不参加会议。后经国民党中央发表严立三正式代理主席，石瑛任湖北省临时参议会议长，赵志垚兼财政厅长，张伯谨兼教育厅长，林逸圣兼建设厅长，刘千俊兼秘书长，实权仍操纵在陈的心腹赵志垚、刘千俊手中。

1940年，陈诚以第六战区司令长官回到恩施，亲主省政，任朱怀冰为民政厅长，刘叔模为委员，其他的委员兼厅长只更换了谭嶽泉为建设厅长。

这段时间，还有许莹涟，值得一提。许莹涟是一个能说能写、办事精明、灵机应变的人物。早年在山东，跟随梁漱溟搞乡村自治，颇有一套经验。抗战初期，经严立三保举任建始县长，很能迎合陈诚心理，上了一些条陈，受到陈诚赏识，以示意朱怀冰调任到民政厅任主任秘书。1943年春，陈诚因出任远征军司令长官，要带刘千俊随行，就以许莹涟调升，接替刘千俊任省府秘书长，主席职务由朱怀冰代行。但是陈的真正心腹骨干赵志垚等，并不与其合作，在经济上实行控制，使许处处棘手。

朱怀冰当民政厅长，依附陈诚帐下，介于浙江派与湖南派之间，有时红，有时黑，当陈诚要利用他时，他就显得红些，当陈用不着他，而浙江湖南两派合而攻击他时，他就要发黑。郭忏和朱怀冰都企图从陈诚的卵翼下登上省主席的宝座，两人的斗争是很尖锐的。当陈诚离开湖北到云南去就任远征军司令长官，朱怀冰以民政厅长代理主席，朱这时显得很活跃。

不久，陈诚回到湖北，两派向陈反映，说朱如何如何想"取而代之"。陈信了，非常恼火，在一次纪念周会上，怒气冲冲地骂人："我一离开，就有人想得遗产。"虽然没有指名，但大家都知道是骂朱的，朱本人心里也明白。从此朱在陈面前，常碰钉子。如许莹涟原是朱的老部下，升任省政府秘书长。陈回湖北后，以其心腹湖南派的刘千俊回归秘书长的原职。朱原以民政厅长兼任粮食局长，陈回恩施以后，粮食局长又落到浙江派赵志垚手里（以财政厅长兼任）。朱的亲戚原任粮食局会计主任陆季良以贪污罪被处死刑。原任粮食局副局长的魏燮南，是朱的老友，又以有赌博行为而免职，大扫了朱的面子，甚为难堪。

（二）

陈诚的做人哲学是喜崇拜个人，也喜别人对他个人崇拜。他崇拜蒋介石，在省政府多次纪念周会上的讲演和到湖北省干训团、中央训练团讲课，多以《领袖言行》为题，他还写了一本小册子《革命的道理》，内容多是歌颂蒋介石是中国的伟大领袖，是孙中山先生唯一合法的继承人。他命令全省府各厅处长、科长、秘书，都要精读蒋介石著的《中国之命运》，规定要进行考询。省政府秘书长许莹涟有一次对笔者说，陈主席要突击考询学习《中国之命运》的体会和心得，如答复不出或错解的，将受到当面指责，还要扣发或减发特别办公费。许多厅处长、科长、秘书，因此背上了一个包袱。在行动上，陈对蒋介石的指示是百般迎合，绝对服从。每次与蒋介石打电话或接电话，他必定立正，表示恭敬。

但是，他对蒋介石身边和亲信的人物，如何应钦、陈立夫、张群、汤恩伯、黄绍竑等人，都不满意，遇有机会，就要在蒋介石面前攻击这些人，使蒋介石对这些人怀疑，而陈自己却取得蒋的宠信。

陈诚掌军政两界，喜欢他的部下崇拜他。在十一师、十八军、军委会政治部、湖北省政府、三青团、干训团等部门，都有他的一套人马和亲信骨干，自成体系，树立个人绝对权威，要求他的部下，像他崇拜蒋介石那样崇拜他。为了达到这个愿望，他采取了一系列笼络人才，收买人心的措施，如建立人事制度，规定长官调任，一般职员哪怕是财务人员，不随长官进退。关心公教人员生活，制定各级公教人员退职办法。在一次纪念周会上讲话，号召全体干部特别是厅、处长以上的高级干部，都要大胆对长官提意见、说真话。他说："对长官的意旨唯唯诺诺，对长官的好恶揣摩逢迎，这样的干部没有什么用处。"对其部下的学习、深造、升迁、调任，都表示关心，如第十一师、第十八军干部调出，一般都要晋升一级，等等。因此，他的部下特别是军队的骨干，很少有人讲他的坏话。

（三）

关于实物配给制，是陈诚的重要行政措施之一。恩施地区地瘠民贫，物资缺乏，交通运输又不方便，湖北省政府迁移到恩施，公教人员、学生及家属聚集这里，人口骤增，生活供应更感困难，加之法币贬值，物价上涨，生活没有保障。陈诚在一次扩大总理纪念周会上，特别介绍他在回答蒋介石问他非常时期什么问题最重要时说：第一是吃饭问题，第二是吃饭问题，第三还是吃饭问题。他说：如果后方的粮食发生问题，哪怕你组织再严密，你的力量再大，也将会不攻自破。因此，他提出一定要实行实物配给制，以安定公教人员、学生和企业职工的生活。这就是凡属人民生活必需的米、油、棉、盐均由政府按人按月定量配给和实行平价供应，只收一部分运输费用，余由公家补贴。在省政府领导下，组设平价供应处，以省主席特别经费100万元（这是基数，随时调整）作为物资供应处资金和补助其亏损部分。这项措施，是陈诚得意之作，在当时，对于保障公教人员生活，稳定鄂西局势，确能起到较好的作用，也引起了国内外人士的瞩目。

有一次，供应处由越南运来一批西贡米，陈诚指示，照顾年在50岁以上的科长、秘书，各给50斤，不收价款。他对科秘人员很重视，每月除正薪外，还发给特别办公费100元，每年年终给全体职员发双薪。

陈诚在鄂西省府主席任内，对于惩治贪污官吏打击恶霸势力，禁烟禁毒，采取大刀阔斧的手段，杀了一些人。宜昌县长武长青，出身于保定军官学校，是一名资格较老的县长，被人民控告贪污。陈诚在召开县长会议上，将武长青逮捕，交保安司令部军法审判，下令枪决了。不久监利县长黄向荣也因贪污罪被枪决了。保安团某连某排某班，在某乡之一班士兵，被控告有强奸妇女、逼死人的事情，陈诚在报告书上指示："一律枪决！"当时该连连长尚在外未归，临时派兵把他抓回，连同排长、班长、士兵共11人一次枪决。长阳县恶霸覃瑞三，被控告强奸妇女、掠夺民财，也被陈诚判处死刑。

陈诚对禁烟禁毒决心很大，违背国民党政府颁布的《禁烟禁毒治罪条例》，而以省政府名义，颁布一件"酉感保民敬电"，规定凡吸食鸦片烟、毒者，不论初犯再犯均处死刑。在这个电令下，在鄂西、鄂北很多烟毒犯，被处死刑，仅巴东一县，被枪决的就有80多人，其中有官有民，同犯同罪。

那时，陈诚严令保护森林，可是鄂西砍伐木材的人不少，发觉有个姓鲁的木匠在山上砍树，陈诚即下令把这个鲁木匠抓到保安处。在一次纪念周会上宣布要枪毙鲁木匠，保安司令部参谋长彭善等出面请保，未被采纳，结果，这个鲁木匠，以砍伐树木罪大，处死。当时，外面都议论纷纷，说陈诚爱杀人。的确，陈诚杀人，在法律手续上是不完备的，量刑过重，有些是杀鸡儆猴的做法，但客观上是起到了杀一儆百，有利安定后方，支援抗战的作用。

恩施城外的清江，对面就是当时省会要地舞阳坝和省府所在地土桥坝。开始没有桥梁，来往行人、汽车都须乘船过渡，尤其雨天，山洪暴涨，水涌流急，过渡易出危险。陈诚在1940年回任后，即欲建桥，消除这个危险。当即拨款令建设厅估计工程，克日招工购买材料，限期三个月完成。有某工程师（忘其姓名）以为山区木、石易于采集，冒昧答应负责，具下限令状承办。不料雪雨天多，沙土无支力，不能合龙，限期迫近，眼见不能完成，因慑于陈诚威严，竟弃职潜逃，外面多传说此人自杀。经另觅工程师继续进行，限期一月通车。但工程草率，因赶限结构未能坚固，仅通行五个月，即发生裂痕动摇。为返工加固，又停通行两个月。这也说明陈诚求治太急，故有此结果。

（四）

陈诚在湖北主政标榜的好政策，受到蒋介石嘉许的是重视教育事业，主要表现在建立省联合中学和计划教育两项措施上。

1938年，武汉沦陷前夕，省立各中等学校及部分有规模的私立学校，都在做迁校准备的时候，陈诚断然做出决策，建立湖北省联合中学，自兼校长，将原省立中学分类合并，准备迁移到鄂西。如省立武昌高中等公、私立中学合并为省联合中学，设在建始三里坝，定名为联中建始分校。一部分迁到恩施金子坝。一年以后恢复原校校名，分设恩施、利川、宣恩各地。在鄂东、鄂南、鄂北也采取了相应措施。对于家在沦陷区、有志求学的青年，收留入学，免收学杂费，还供给食宿费用。在抗战时期，财政困难的情况下，使广大青年避免了流离失所的痛苦，得到求学机会，培养了大批人才，是值得记述的。

关于计划教育，主要是指高等教育，其基本原则是："因需施教""有教必用""机会均等"。

所谓"因需施教"，就是分两方面来计划：一是调查各机关（单位）、企业、学校及其他各部门所需要的各类人才和数量；一是由政府就未来形势的必然发展，估计所需要各种各样专门人才和普通人才，然后根据调查和估计情况，统计应培人才的学校和系别，进行招生教学，此外对一部分成绩较优的高中毕业而未能升学的，又另设大学预修班，使之成为升入大专院校的预备生。

所谓"有教必用"，就是凡受过计划教育的大专毕业生，就按原来各部门约定及由省政府预计的需要，由省府分别交用或直接派用。即使有一部分学生，一时未能安排，政府也负责让他们有进修或实习机会，不使之闲散而置之不顾。至于还需要派赴国外深造的留学生，亦系按照各项需要和比例，由政府统筹考选，用费全由政府负担，但毕业归国后，必须回到本省服务。

第三个原则所提"机会均等"，就是对升高等院校肄业的学生，不论系别和肄业时间的长短，所有在校肄业期间的生活费、学杂费（师范院校还包括书籍、服装费），均由政府负担。换言之，凡在大专院校的学生，皆属公费学生。这样，就打破了以前只有有钱人的子弟才能受高等教育形成的特有阶层，使一批优秀青年，不管其家庭成分和经济地位如何，都有受高等教育的机会。

1943年，组织青年军，抽调各高中学生参加抗战，言明抗战胜利后，如愿升大学的，可免试送入大学肄业；不愿升学的，则按其所长，安排工作。

在这个计划教育政策下，湖北设立了四所大专院校——湖北师范学校、农学院、医学院、工学院（这所学校实际没有办成）。为保证学生来源，号召湖北省联中高中毕业生，报考这四所院校，并采取当年不发给毕业证明的办法，限制高中毕业生报考外省大学。有的高中毕业生，就以临时毕业证，偷偷跑到重庆，报考中央大学、重庆大学，有的到四川乐山，报考武汉大学，有的奔赴昆明，报考西南联大，而对湖北实行计划教育政策感到不满。

（五）

陈诚对部下要求严格，注重形式，每星期一要举行总理纪念周一次，规定所有厅处长、科长、秘书和全体职员必须参加。地点在省政府门前广场上。陈诚到场，直上讲台，各厅处长站在前排，所有职员站在各厅处长后面，由各厅处长点名，并向会议主持人报告人数。大部分时间是陈诚讲话，有时也安排厅处长讲话。从上午8时起，往往讲到11时半或12时，才告结束。有些年纪稍大、身体较差的人，精力不济，不能久站，就悄悄坐在地上，特别是在盛暑季节，日晒难熬，有些人请假未来参加，但经陈诚查出，硬要他们来场参加，当讲话完毕，大家散会离场，仍令这几个后来的人，站在广场上，晒得汗如雨下，衣衫尽湿，最后由秘书长电话要求，才准离开。

陈诚还指示省政府各厅处长及全体职员，都要讲究仪容，服装整齐清洁，随时准备修面理发。如发现有人胡子未刮、发未理，则斥为"怒发冲冠""囚首垢面"，有时命令门卫兵进行干涉，阻其进出，促使修剪。特别是各厅处长必须注意此事，如被陈诚发现，必受到严厉的指责。

陈诚举办省行政干部训练团时调各处各专区、县的科长、秘书受训，训练过程实行军事化。这些受训的科秘，年纪在30岁以下的很少，大多是四五十岁的，甚至有60岁以上的人员。在严格的军事化训练生活中，很多人感到难受。受训完毕，通知集体加入三青团，分队分排，参加宣誓，没有人敢违抗。

（六）

1943年秋，日本侵略军由宜昌进攻鄂西，一路沿长江南岸石牌要塞，图窜三斗坪，一路由宜都南下长阳、五峰，攻占渔洋关，威胁野三关，恩施震撼，陈诚非常焦急，日夜坐守电话与前方联系，指挥作战，同时与蒋介石不断从电话中密商对策。万一野三关不守，鄂西的党政军学各界人员学生，应做适当处置。曾据陈之左右人员透露，其撤退计划是，政先于军，军先于党，党殿其后，学统于政。计分三路：一路是学校青年男女学生和政府机关人员、教员，取道利川至万县乘轮至重庆；一路是军警机关团体人员，取道咸丰入贵州省待命。保安团队则配置各县区做游击战斗。正规军则分路构筑工事，扼要防堵，以阻止敌军深入。指示在江北各要口配置兵力监视的同时，还分电川东鄂北各区县随时派队检查，防阻青年学生中途离开，走投共产党或投向敌伪。所有撤退序列，统向重庆集结，以后酌量敌情和各方面形势，再做决策。幸而石牌前线大捷，渔洋关敌寇撤退，恩施解严。

1944年陈诚奉调重庆专任军政部长，率省府全体委员厅长辞职，并辞第六战区司令长官职务，经国民党中央发表孙连仲为第六战区司令长官，王东原为湖北省政府主席。

王东原接任省政府主席，是得陈诚保举的。关于省府委员厅处长人选，据郑逸侠说，大多数是陈诚袋中的人物。如秘书长王原一，湖南人，属于陈夫人关系。财政厅长吴嵩庆，浙江人，系陈的同乡。王东原每次讲话，口口声声称道"陈将军"，并言后一切事，萧规曹随，没有不好办的。由此可见，陈诚虽去，湖北还在他的掌握之中。

（樊　明　整理）

我在鄂西五年的经历与见闻

徐怨宇

1940年6月宜昌沦陷以后，国民党在恩施建立了第六战区，由陈诚担任司令长官，同时，陈诚又兼任湖北省政府主席。从此，恩施实际成为战时的湖北省会（在此之前，湖北省政府的主要领导人均驻宜昌）。

1940年8月，中央通讯社和国民党中宣部给我（时在巴东，仍然作为中央社宜昌通讯处特派员，负责湖北全省包括长江一带的战地新闻报道）发来电报，要我到恩施筹建分社。但我认为陈诚傲慢跋扈，不好相处，迟迟不前，经总社一再电催，才独自从巴东到了恩施。在恩施大约20天，同陈诚个别交谈了两次，还同一些军政负责人朱怀冰（先任第六战区参谋长、后任湖北省政府民政厅长）、施伯衡（继朱怀冰任第六战区参谋长）、刘千俊（省政府秘书长）、柳克述（第六战区政治部主任）以及原任代理湖北省主席的严立三和湖北临时参议会议长石瑛、湖北通志馆馆长李书城等接触多次，他们都很欢迎我到恩施工作，尤其希望中央社恩施分社早日成立，共同建设"新湖北"。

同年10月，我带着原中央社宜昌通讯处的几名工作人员和家属第三次到了恩施，1941年5月20日中央社恩施分社在恩施城郊朱家坳正式成立。

从1940年8月我第一次到恩施，直到抗战胜利的1945年8月离开恩施回武汉，在鄂西整整五年。现将这五年的经历和见闻概述如下。

特殊的"战时省会"

抗战时期的恩施，是湖北省的战时省会。这个战时省会，与当时其他的战时省会（如江西省会由南昌迁到泰和，河南省会由开封迁到洛阳等）大不相同。

重要的军事中心 恩施是第六战区司令长官司令部的所在地，是一个战区的军事指挥中心。第六战区的辖区，西至四川涪陵，东至宜昌前线，北迄连接襄樊的战场，南边包括长江以南的洞庭湖滨湖各县，以及川鄂湘黔四省的边区一带；拥有约40万人的常备作战部队。还有，第九战区受第六战区节制，第九战区的部队随时可供第六战区调遣。军事上如此，而且第六战区长官部有权统管这个战区辖区内的政府和国民党的一切党团机构；它是这个战区范围内党、政、军一元化的最高领导机关。

大后方的前方 所谓大后方，包括四川、贵州、云南等西南各省；恩施就是大后方的前方。尤其重庆是抗战时期的陪都，恩施正是陪都的门户。恩施的安危，直接关系到陪都的存废，万一恩施不保，西南各省与长江南北的一切联系就会被斩断。

所谓"实行三民主义新经济政策" 陈诚提出，要"建设三民主义新湖北的中心——恩施"。所谓建设新湖北的内容，从大的方面来讲，搞"二五减租"，进而全面实现"耕者有其田"。这是陈诚最得意的三民主义土地政策，也可说是他认为的民生主义的平均地权。再一个，是搞"新经济政策"。

恩施历来是鄂西的首府，抗战开始时，恩施城镇（包括近郊）仅有人口约5000人；恩施成为战时省会后，从武汉等地撤退到恩施的公教人员及家属、学生（不包括驻军）陡增五万多人；因此一切生活必需品的供应成大问题。于是陈诚在实行新经济政策的口号下，设立了"湖北平价物品供应处"，搞凭证分配，对于生活必需品，主要是粮食、食油、布匹、食盐、薪炭等，都凭证分配。还搞物物交换，以物易物，农村老百姓挑来一担柴火或几匹土布，可以换点盐巴或布匹回去。这种办法，就是不通过货币进行一部分生活品的交易。当时，国民党中央对此非常欣赏，并在国民党统治区内作为新经济建设的样板推广。

实行"计划教育"——公费教育制度　中等以上学校包括大专，全面实行公费待遇。学生的学习用品、书籍以及生活用品、衣物、粮食全部由政府负担。由省政府主席兼任"湖北省中等以上联合中学"校长，校本部设在恩施，另在鄂西各县办了很多联合中学的分部，除了鄂西当地的适龄学生外，重要的是，收读了从各地流亡到鄂西的青年一万余人。这在当时国统区内是仅有的。

单行法规　战时单行法规最多，比如禁烟禁毒，发现有种鸦片、贩鸦片、吸鸦片的都处死刑。像这样严格的禁烟法规，尽管国民党中央一直没有明文批准，湖北还是照样执行。截至1942年年底，仅在鄂西几县被处死刑的就将近千人之多。

兵役制度，是由国民党中央的兵役部（署）统一规定的，可是陈诚在湖北另有法规，他把兵役合并在国民党战斗部队里结合办理。类似的单行法规还有很多。

而在其他施政方面，也有诸多与众不同之处，不仅仅是我在这里列举的五个方面。

陈诚其人

众所周知，陈诚是一直受到蒋介石格外宠信的。当1940年宜昌沦陷之前，陈诚的职位在国民党中是仅次于蒋介石的六个重要职位之一，的确称得上"一人之下，万人之上"。可是当他代表蒋介石指挥宜昌作战失败以后，其赫赫威名却一落千丈。他不仅受到国民党内一些派系的围攻，全国人民也非常气愤，在当时的国民参政会，甚至有人公开提出"不杀陈诚不足以谢国人"的呼声。所以陈诚是在形势所迫的情况下，才辞掉了在国民党中央的一切要职而由蒋介石任命他为第六战区司令长官，同时仍回任湖北省政府主席的。因此，陈诚来到鄂西，等于受贬，心情抑郁，但他秉性好强，他要力图再起，于是处处表现出他的不同凡响。

（一）"陈诚好杀人"

那时是第二次国共合作、团结抗战时期。可是陈诚到恩施不久，在1940—1941年间，把中共鄂西特委组织全部破坏，杀了特委书记何功伟、妇女部长刘一清（惠馨）。这一血腥事件，虽然是军统湖北站、第六战区党政工作总队干的，陈诚也曾费尽心机。陈企图诱使何功伟"归顺"，为他所用，结果徒劳，烈士终于慷慨就义。而这也就成了陈诚到鄂西走马上任的第一功。

人们都说："陈诚好杀人！"对国民党的官员他也杀。他恨贪污。比如1940年，他刚回任不久，就逮捕了宜昌县长武长青，此人是他的保定同学，包庇鸦片走私，被他枪毙在土桥坝的凉桥边上，公开示众。利川县有个国民兵团（搞兵役的）营长卖放壮丁、吃空缺，给杀了。还有省粮政局恩施办事处主任陈国良，因为贪污也被他杀了。

1941年秋末冬初，我从朱家坳到城里去，我坐的轿子刚进北门，前面吹号，抬轿的说："吹号杀人的过来了。"我一看，是个很魁梧的汉子，大约30岁，插着标志"吸烟犯"。我随即到县政府问县长刘先云："看那人不像吸烟犯，长得白白胖胖，身体很好嘛！"刘说："关了半年，烟瘾戒掉了，长好了。"我又说："戒掉了，长好了，为什么还要杀呢？现在到处抓人当兵，你罚他到前方服兵役不行吗？"刘说："那谁敢说呢？你见了陈主席可以讲，我们不敢讲，讲了还了得！"我随即又去问民政厅长朱怀冰，他也是这样答复。由此可见陈诚的威风。

还有一件事：修建清江大桥，征伐木料。这个任务是第六战区长官部交给县政府的，县政府就把部分任务交给恩施县的几个木行老板承包。北门外老车站附近有个小场子堆了些木料，老板是个承包户（姓名记不得了），他在恩施龙洞一带，用粉笔在一些树上写上了"长官部征用"的字样。这些树的业主都是附近的老百姓，纷纷抗议，有个名叫刘叔模的省政府委员，在陈诚主持的省政府委员会例会上，当着陈诚问："是不是长官部号树？"无人回答。他又说："号的树很多呀！弄得天怒人怨！"陈诚听了，厉声说道："哪有这事？！要查！"他问长官部，长官部说："那是他们盗用长官部名义搞的。"因此，就把那个木行老板逮捕了。在县政府关了几个月，陈诚没有追问。因为是县政府叫这个老板搞的，县长刘先云就把他放了。不料事隔一年，陈诚陪同全国慰劳抗战将士总团团长居正经过清江，陈诚看到河滩上堆放着很多木料，顿时又想起那个木行老板来了，得知他未被处理，说了一句："还不杀掉他！"结果军警大动员，终于把木行老板捉了回来，第二天枪毙了。

此外，还有一件令人不寒而栗，也非常痛心的事情：恩施城里西后街湖北邮政管理局隔壁有个税务分所，所长秦启安，山东人，原来是国民党第十军徐源泉部的少校军需，1934年到鄂西，后来当上了税务分所所长，就在恩施落籍定居。由于生活比较优裕，他又爱唱京戏，所以集聚了一些票友搞了个"票房"，经常有不少票友来来去去。这些票友都是些厅、局的科长、科员和第六战区长官部的中下级军官，以及教员和少数的商人及其眷属，陈诚系统的特务头子张振国（长官部参谋处研究室上校主任）也常来秦家。其实，此人既不会唱，也听不懂，他是到这里来搞特殊活动的。秦的老婆因为来的客人多，开支太大，所以用两种香烟待客。1940年年底的一天，张振国来了，秦的老婆把一支质量差点的香烟递给了他，另将一支好烟递给了一位老年人刘励清，不料被张振国发觉了。从此，张就很少到秦家去了。

1941年5月初，一位唱黑头的票友姚文忠突然来到我家，他告诉我：昨天一夜之间，有四十几名票友被逮捕了，捉人的机关是长官部，他昨晚去秦家碰见正在捉人，躲了一晚上才赶来给我送信的。原来，秦启安家里有个花名册，有五六十人的姓名和住址，是用来通知排戏、搞义务演出的（这时恩施还没有职业京剧团）。名册上也有我和我妻子的名字。大逮捕过后两三天，我到长官部去找副官处中将处长黄壮怀打听，据他告诉我：

这是张振国干的。他采取制造伪证、严刑逼供和诱供欺骗等残酷、卑劣手段，炮制了所谓"汉奸"案。这40多名票友，最后仅仅释放了几个，多数被判刑，并且有10名判处了死刑。当然，这都是经过陈诚最后亲自批准的。因我是中央社的而幸免于难。

1941年5月29日这天，张振国把这10名死刑者插上"汉奸"标志，从谭家坝湖北省模范监狱用卡车装载到南门外，下车步行进城，经过南正街，一直游街示众到北门大街转弯，到官坡河滩枪毙了。全城人民无不气愤，边流泪，边议论，认为"这是活天冤枉"，因为这些所谓"汉奸"的底细，群众大多清楚，他们都是出于艺术爱好，贴钱为群众演戏，不仅丰富了山城的文化生活，而且往往是为抗战和救灾等活动义演的。

这10名死者中，有个家庭妇女，大家都叫她张太太，是个唱花旦的票友，她的丈夫是恩施飞机场的机械师，这时到四川学习去了。就在收殓尸体时，有人发现这位张太太的肚子还在跳动，原来她肚子里还有一条小生命哩！这10名死者中"首犯"是秦启安，7名都是中下级军政人员，如长官部中尉副官董捷三等；仅有一名商人是陆稿酱卤菜馆狄老板。秦启安的老婆算是万幸，判了10年徒刑。此事过后，重庆曾哄传："陈诚去恩施破获了一起特大的汉奸组织。"这就只有"天知道"了。

（二）陈诚的地盘

在1938—1949年这个历史阶段，湖北省一直是陈诚的地盘。他不在这里时，有他的代理人郭忏。虽然陈诚从1943年"鄂西大捷"之后已经不是第六战区司令长官；但后来的两任司令长官孙连仲、孙蔚如都没有实权，而是听任副司令长官兼参谋长郭忏的摆布，所有重要骨干都是陈诚、郭忏的亲信。至于掌握地方行政最高权力的湖北省主席，先是严立三先生代理，后是代行过主席职权的民政厅长朱怀冰，以及1944年接任省主席的王东原，也都得听令陈诚的遥控，并且受到郭忏的监督。及至1946年的省主席万耀煌和1947年的张笃伦，如果陈诚不点头，任何人莫想当上湖北省主席。作为国民党最后一任（1949年3月）湖北省主席朱鼎卿，虽然是桂系的白崇禧（时任华中"剿总"司令、华中军政长官）推荐，但在抗战开始前，朱鼎卿就是陈诚手下的一个团长，以后又是陈诚一手提升为军长和补给司令的，如果没有陈诚或郭忏的首肯，他也不能就任。

历来由CC系陈果夫、陈立夫控制的国民党湖北省党部，虽然处在那个国民党所谓的"以党治国"时期，也要听陈诚的。比如CC系的老中委苗培成，是湖北省党部主任委员，因为他向国民党中央汇报，说陈诚独断专行，被陈诚知道了，陈诚硬是迫使中央将苗培成调为监察院两湖监察使，不久，陈诚甚至不让苗在鄂西立足，说苗："你为什么老在湖北，你不是两湖监察使吗？可以到湖南去嘛！"苗培成只好悄悄离开了恩施。至于省党部的委员和苗培成以后的主任委员人选，中央党部发表前，都必须征求陈诚的意见。

（三）县长大换班

陈诚1940年一到恩施，就对鄂西的专员、县长来了个全部大换班。当时鄂西最高的地方行政机关是第七区行政专员公署，专员袁济安，是何成浚的老关系，陈诚一到，就换上了李毓九（湖南人，莫斯科中山大学毕业）。县长，从恩施换起，利川、建始、咸丰、来凤、宣恩、五峰、鹤峰、巴东，鄂西各县的县长，全部一次换光了。就连陈诚曾经认为"信得过"的严立三先生代理主席时的那些县长，陈诚也毫不留情统统拉了下来。当然，他对严立三先生个人还是很尊重的。因为严立三先生北伐时当第二十一师师长，陈诚在严先生手下只是个炮兵营营长，后来他当团长以至升为副师长，最后接替了严立三的师长，都是严立三推荐提拔起来的。由此说明陈诚对严先生的尊敬绝非偶然。可是他认为严先生是个"老好人"，用的人都无所作为，所以把严先生用的县长都统统撤换了。而陈诚亲手派任的县长，几乎都是少将级军事政工骨干，如恩施县长刘先云，原来是郭忏第九十四军的少将政治部主任，宣恩县长腾昆田，原来也是那个政治部主任，利川的张家驹及后来的于国桢，都是陈诚原任军委会政治部长的设计委员，咸丰县的徐靠，也是什么政训处的处长等。这样人事上的

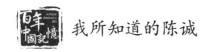

大换班，是任何省主席所不可能办到的。

湖北省党部在鄂西

在国民党统治大陆22年间，国民党湖北省党部有五年（1940—1945）设在鄂西，地址一直在恩施城郊的金子坝。日本投降后，于1945年10月才由恩施迁返武昌。这五年中，省党部实行的是主任委员制，先后担任主任委员的，有苗培成、黄建中、陈绍贤、邵华四人。

在国民党内部，派系林立，矛盾重重，而在党务方面，长期有这么一种说法："蒋家天下陈家党。"也就是说，国民党的各级党部是由陈果夫、陈立夫兄弟控制着的。而陈诚是一贯反对CC的。

在鄂西作为湖北战时省会阶段，湖北省党部有过两度变化：一是CC系的势力为"新CC"所代替；一是"新CC"下台，CC系又卷土重来。

"新CC"这个国民党内的政治集团，是在抗战时期形成的。抗战初期的国民党中央党部秘书长朱家骅，早年就是国民党在北京大学中的代表人物，当过国民政府铁道部长、浙江省主席、中央研究院院长，借其长期所居重要职位，网罗了一批北大出身的和一部分学术界人士参加了国民党，与陈果夫、陈立夫关系密切。自从他当上中央党部秘书长，乘机安排了一部分亲信从事党务工作，以后，朱家骅又调任中央组织部长，掌握了人事大权，于是就在国民党中央和各省、市开始夺取二陈的"党权"了。他首先利用陈诚和CC的矛盾，从湖北着手，把一些北大出身、搞过文教工作的人安排到鄂西当湖北省党部委员，由随县人黄建中继苗培成之后，担任主任委员。黄在抗战前当过湖北教育厅长，抗战初期当四川大学校长，是朱家骅北大的老同学同事，还有王治孚、童光俊等几名委员，也都是北大出身的。顿时，湖北省党部成了"新CC"的势力范围。就在这时，朱家骅为了求得陈诚的支持，请陈派人参加省党部的领导工作，陈就派了《新湖北日报》社长谢然之和曾给陈诚当过机要秘书的陈志五去当省党部委员，谢然之虽是兼职委员，但又兼任宣传处长。因此，CC系的势力则大大削弱。

黄建中长期从事教育行政，对党务工作隔膜，施展不开，不久就主动辞职了。继任者，是陈绍贤，当过中山大学教授，广东人，有些学者气味，对湖北情况尤其陌生，大约三个月后也自动告退离去。这时是1944年年初，陈立夫又重新当上了中央组织部长，不久，"新CC"在各省、市的主任委员和委员也都纷纷下台。CC系的老中委邵华，就在这时来到鄂西接任湖北省党部主任委员，北大出身的王治孚、童光俊和陈诚派的谢然之、陈志五也去职了。

三青团在鄂西

1938年在武汉成立了三青团中央团部和其直属的武汉支团；1939年，在宜昌成立了三青团湖北省支团筹备处，湖北省代主席严立三一度兼任过筹备处主任，继由韩浚担任；由韩楚琦任书记。1940年，宜昌沦陷前不久，湖北省支团筹备处也迁到了恩施，设在东大街福音堂内，与第六战区党政分会、第六战区党政工作总队同驻一处办公。

三青团团长是蒋介石，陈诚为书记长，而三青团的组织人事大权则掌握在中央团部组织处长康泽手里。因此，各省三青团主要干部都由康泽决定任用，自然形成了一个以康泽为首的组织系统。尽人皆知，康泽是蒋介石的"十三太保"之一，当过复兴社书记，早在抗战之前，康泽就曾经在江西星子办了个"特别政治训练班"，抗战开始后，星子训练班出身的学员，多数都成了县团级以上的重要骨干。1938年，三青团刚建立，在"军委会战时工作干部训练团"内，同时开办了一个"青年团干部训练班（简称"青干班"），就是由康泽负责主持的。所以在湖北的三青团各级组织负责人，几乎全是康泽一手安排的"青干班"成员。但是，陈诚到了鄂西，看到三青团湖北支团筹备处书记一职，已由星子特训班毕业的郎维汉担任，派系势力很大。于是陈诚就把他安排的县长刘先云调到三青团湖北支团担任书记，支团内部的组长、股长以及各县的分团筹备主任和书记，也换了很多，支团筹备主任则改由省教育厅长张伯谨兼任。后来，张伯谨离开了湖北，曾由省政府委员刘公武继任，可是实权一直在刘先云手里。

鄂西的特务组织

军统在湖北的领导机关是"湖北站"，湖北站的公开机构是湖北省保安处第四科（简称"保四科"），湖北站的名义对外是不公开的。1942年，湖北站增加了一个掩护机构，叫"财政部缉私署湖北缉私处"，设在恩施城内西后街。这个缉私处，缉私业务也搞，但主要是搞特务。以后，在宜昌三斗坪又增设了一个"财政部湖北货运管理处"，也是军统湖北站的分支机构。湖北站长朱若愚既是保安处第四科科长，又是缉私处副处长和货运处处长。此人貌似忠厚，生活简朴，是个中共叛徒，他在湖北军统组织中，始终居于领导地位，几乎全省军统特务分子无不听从他的命令。所以，虽然1944年他离开了鄂西，但仍暗中操纵着湖北站的重要人事。

可是，朱若愚非常害怕陈诚。据陈诚的随从副官钱汉佐告诉我，鄂西会战时，陈诚发现有些军事情报是由军统局报给军委会军令部转发到第六战区的，便把朱若愚叫来，问朱为什么不把情报直接送给第六战区长官部？朱只好说是中央（指军令部）规定的。陈诚一听，火冒三丈："什么中央？我在这里，我就是中央！不准你们在我这里胡作非为！你再这样，当心你的脑袋！"朱若愚吓得浑身颤抖，从此再也不敢把军事情报先报军统局了。

在鄂西的五年中，中统在湖北的领导机关对外公开的名称是"湖北省党部调查统计室"，设在金子坝湖北省党部后面的山坡上。在湖北各县都有中统的小组或据点。

抗战期间，蒋介石对军统、中统的权力范围，曾经有个规定：中统只管情报，不搞行动；军统既搞情报，也搞行动。因此，中统捕人只能暗地里小搞，不能利用镇压机构——军、警、宪机关出面为它捕人；而军统可以为所欲为。

在鄂西，有个党政工作总队（全称是"第六战区党政工作总队"），隶属军事委员会战地党政委员会第六战区分会。各个战区都有一个党政分会，行政体系上，不属长官部，实际上还是由战区司令长官兼分会主任，听其指挥。但实际上，党政工作总队是军统控制的一个政治性武装组织。党政总队的成员，大致是三种人：一种是军统骨干，一种是从中共叛徒中吸收的，一种是依附军统的三青团骨干分子；由军统高级骨干刘培初任少将总队长。总队长以下有两个大队，成员共四五百人，分布在第六战区所辖区域的鄂西和川鄂湘黔四省边区和长江沿线。中央鄂西特委书记何功伟就是被党政工作总队逮捕，而后由军统湖北站伙同党政总队审讯并杀害的。所以党政工作总队表面上组训民众，宣传抗日，检举贪污，禁烟禁赌，而其主要任务，是与中共针锋相对。它与其他特务组织所不同者，只是它可以凭借社会活动的"合法"地位，明目张胆地搜查民居，拿着武器公开捕人、杀人而已。

陈诚在鄂西，有个自成系统的特务组织，一般人称它为"研究系"。这个组织原来是第六战区长官部参谋处所属的研究室，先由张振国任主任，1943年后由阮成章继任。机构本身，不过是一个科级单位，而其行使的权力很大，研究系分子可以用各级参谋的公开身份，直接渗向第六战区指挥的各级部队搜集军事情报，监视部队长的言行；同时可在黔东、川东、鄂西、鄂中一带，凭借各地军队和军事机关的配合，从事各种特务活动。

抗战胜利初期，第六战区长官部迁驻武汉，研究室名义撤销，但研究系却掌握了武汉警备总司令部稽查处这个公开的镇压机关，曾经制造出轰动全国的"六一惨案"。1946年以后，陈诚到南京当参谋总长，研究系的势力就发展到国防部、陆军总部、海军总部、空军总部和联勤总部里面去了。

此外，恩施还有个领导各特务组织的机构叫"高干会"，它有权领导和指挥当时恩施所有的特务组织。约在1942年，高干会无形取消，代之而起的有个"民训会"，总负责人是湖北省民政厅长朱怀冰。这个机构的唯一任务是破坏中共组织，对中共地下人员和有进步倾向的青年学生进行"策反"和"感化"。因此在"民训会"下有个"青年训导大队"。这个青训大队，实际上就是设在恩施方家坝的那个集中营。何功伟等一些被捕的中共人员和所谓嫌疑分子都曾经在这里关押。这个机构的负责骨干，不是军统便是中统，其一切作为可想而知。

独特的经济机构

在恩施有个最特殊的经济机构——湖北省平价物品供应处。它是官方的，与湖北省银行是姊妹单位。它听命于湖北省政府，实际就是听命于陈诚，在业务上，主要是执行陈诚"建设新湖北"的"三民主义新经济政策"，同时与第六战区长官部配合得也很紧密。

陈诚搞的新经济政策，其中的凭证分配、物物交换这些措施，都是由平价物品供应处具体执行。如"民享社"，是专门供应食宿的。这个机构不仅恩施有，鄂西各县都有。除民享社外，还有一些工厂，如制药厂、纺织厂、机械厂等。

因此，平价物品供应处机构相当庞大，设几个专业部，如统制食盐的食盐部，统筹民食的食粮部和供应部，以及各种办事机构，如业务处、稽核处等。由湖北省银行行长周苍柏兼任供应处总经理。

由于陈诚把供应处作为显示鄂西实行"新经济政策"的主要标志，极为重视供应处的地位和作用，所以供应处的一切做法更加显得特殊化。比如食盐的供应，历朝历代，都是由当代朝廷或中央专设盐务机构直接统管的。因为盐务收入是最大的国家财政收入项目。但是陈诚在鄂西期间，他从盐务局手里，把食盐在湖北运销的权力完全拿过来了。关于湖北食盐的运销和分配，都由供应处食盐部掌握，它可以直接到产地运盐，除了在鄂西就地分配，还可以运销到湖北各地以及湖南去销售。这在中国盐务史上是个创举。当时的食盐部，就设在恩施的北门城边，一直由吴正担任经理。

当时的恩施，大米的生产量很少，面粉也很有限，主粮是苞谷。粮食的定量分配，采取的是大米、面粉和苞谷搭配的办法，只对公教人员和学生供应，粮食还是不足。于是陈诚利用他能节制第九战区的权力，商得第九战区司令长官兼湖南省主席薛岳同意，把湖南的军粮拨给鄂西的民食。至于第六战区的军粮，那就更是仰赖于湖南了。为此，陈诚在湘西设置了两个运粮机构，把湖南的粮食从川湘公路运经黔江，再经咸丰运到恩施。

湖北省临时参议会

湖北省临时参议会是1939年在恩施成立的。其所以叫临时参议会，主要是因为湖北大部分地区已经沦陷，正式参议会要通过由上而下的选举形式，没有办法搞。正是这个原因，全国各级参议会组织，都加上了"临时"二字。

省参议员的名额，按照统一规定：每县由一个代表人物作为那个县的省参议员。比如恩施，饶凤璜当过，以后是王献谷，利川是吴兆廷等。最初，湖北省临时参议会，是严立三先生筹备建立的，经过严立三召集党政军联席会议，又经过陈诚同意，最后才由蒋介石批准。正副议长人选是要经过国民党中央审核批准的，第一任议长是石瑛先生——"湖北三怪"之一，辛亥革命的先驱者，是最早追随孙中山先生的老同盟会员，副议长李四光——具有世界影响的大地质学家。至于参议员，省里就可以确定。1944年，石瑛先生去世，由沈肇年继任议长。李四光先生在临时参议会期间只来过鄂西一次，以后没有来，于是副议长席位，就由原来的秘书长胡忠民继任，原来的主任秘书贺有年当了秘书长。一直到抗战结束，都叫临时参议会。1946年夏，才在武昌正式成立湖北省参议会。

至于参议会的性质，实质上是国民党的御用机构。不过，石瑛先生担任议长，倒是别具一格。石瑛先生是清末第一批留学英国学海军的，后来专攻冶金学；在湖北当过两任建设厅长，当过南京市长，当过中央的铨叙

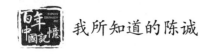

部长，资格老，威望高。

　　大概是1943年，在一次参议会的全体大会上，代理省主席朱怀冰，当时既是民政厅长，又兼省粮政局长，他在大会上做完粮政报告后，参议员质询、提问题，意见都很尖锐，朱怀冰感到无言答对，居然耍无赖说："我实在干不下去，我也不想当这个粮政局长，是没有办法，我才来兼这个局长，我只能搞到这个样子……"当时我在场，主持大会的石瑛先生坐在讲台的上面一层，他正患风湿关节炎，起立、步行都很艰难。当站在石瑛下面一层的朱怀冰说到"我只能……"的话音还未结束时，只听到"啪"的一声，石瑛猛然站起来了，双手撑在桌上，怒目竖眉，对朱怀冰指名道姓地大吼："朱怀冰！谁叫你当这粮政局长了？我没叫你干，老百姓没叫你干，哪个叫你来干的？你干不了为什么还要干？你害百姓！……"搞得朱怀冰面红耳赤，站不是，坐也不是。副议长胡忠民赶紧站出来转圜，宣布暂时休会，朱怀冰也只好灰溜溜地走下台来。不久，朱怀冰果然不再兼粮政局长了，而由中央粮食部派了一个名叫王冠奇的接任局长。

　　继石瑛之后担任议长的沈肇年先生是个尽人皆知的"老好人"，不论是主持会议还是平时待人接物，都非常温和，从不发怒。石瑛先生则是从不迁就，疾恶如仇，一旦发怒，声如洪钟，他一生耿直正派，生活极为简朴，历来受到人们的尊敬。

鄂西的镇压部门

　　恩施，原来有个施南警察局，陈诚来了以后，不久就改为省会警察局，规格又高了一些。本来，按照国民党当时的行政体制，凡是省会所在地的最高警察当局，统统叫"省会警察局"。直属省政府民政厅领导。但须接受当地的警备司令指挥。

　　1940年起，在鄂西开始成立了恩施警备司令部，由省保安处长阮齐兼任司令。以后，改为施巴警备司令部，把管辖区扩大到由恩施经过建始伸到巴东。司令人选，一般都是由驻军的部队长（师长）兼任，如王严、刘云瀚、丁友松、吴光朝等都曾兼任过施巴警备司令。也有个别专职担任警备司令的，那就是曾经给陈诚充当过长官部特务团长的傅锡章。警备司令部驻在恩施城内东大街进口处，下面有个稽查处，是带特务性质的，基本上为军统或研究系分子掌握。警察局的刑事队（也叫侦缉队）与稽查处一样，始终为军统湖北站把持，专搞情报、侦察、抓人、关人等活动。这两个部门，除了搞政治性勾当外，还有所谓维护社会治安的任务，因而，直接镇压人民大众的活动更多。

恩施有一个宪兵营（实际只有一连兵力），设在北门城厢汉阳街附近，是陈诚到恩施以后才有的。宪兵，就地归警备司令部领导，也听长官部研究室指挥。恩施的这个镇压机构，与各特务组织之间的关系，既密切又微妙，本是一丘之貉，那就不用说了。

就我所知，恩施谭家坝有两个监狱：一个是法院系统的湖北模范监狱，是从武昌搬来的，典狱长谢福慈；另一个是军统的所谓看守所，就是关押何功伟的那个地方。这两处监狱，在性质上有根本区别。前面说的那个大冤案，即所谓汉奸案犯，是关在模范监狱里的。再就是方家坝"青训大队"那是个纯政治性的特务集中营。还有个叫长沙田的地方，也是军统湖北站的看守所，凡是军统认为的"要犯"，都关在那里。方家坝、长沙田相距不远，军统湖北站审讯部门和具体执行杀人，多半也在那个地方。此外，还有些零星的关人的地方：在鼓楼的那条街内有一栋房子，是党政工作总队的秘密看守所，他们捉到的共产党人，如何功伟、刘一清和所谓共产党嫌疑犯，往往先关在那里，经过一段审讯后就转走了。在警备司令部稽查处和警察局刑事队里面也都有看守所。还有一个临时性的看守所，就是金子坝中统调查统计室的山坡后面有一栋小土墙房子，是中统关人的地方。

三个高等学府

陈诚到鄂西之前，这里从来没有大专院校。所以他刚到任不久就亲自规划，从经济上和人事上支持和帮助从武昌迁来恩施的几所大专院校。把原来的湖北教育学院扩大为湖北省立师范学院（以后改为国立师范学院），二是湖北省立农学院（现在华中农学院的前身），再一个是湖北省立医学院。这三个学院的院长，都是从外国留学归来的专业博士，如师范学院院长陈友松，是留美的教育学博士。农学院院长管泽良也是留美的农学博士，他当时的夫人喻宜萱，是著名的音乐家、歌唱家，曾在湖北师范学院当过音乐系主任。农学院的地址在金子坝，师范学院在五峰山上。湖北医学院，在土桥坝附近的沙湾，院长朱裕璧是留德的医学博士，外科专家，早在回国之前，就在德国享有盛誉。在当时那个动乱而又艰苦的环境中，能够在鄂西山区建立起这样三个学院，确实也是件很不容易的事情。尽管陈诚极为傲慢，而对于像这样著名的学者专家，他还是不惜礼贤下士的，所以才能把这几位博士请到恩施来。

1943年，鄂西会战打得很紧张，日军一面以主要兵力围攻长江正面的石牌要塞，一面以大量主力部队，从江南的宜都、长阳、资丘、野三关，绕袭到五峰的渔洋关，形成包抄恩施的态势。窥其动向，似乎下一步就要沿川湘公路继续西进，直取陪都重庆。因此，对恩施震动很大，拖家带眷的公教人员莫不人心惶惶，尤其大专院校和"联中"的学生，怕当亡国奴，大多准备穿草鞋步行，向后转移。

这时，湖北平价物品供应处、湖北省银行、中央银行、农民银行的两个恩施分行都将重要物资和库存金银向四川转运，城里城外，日夜只见汽车奔跑，虽然长官部、省政府一再要求大家安定，报纸上每天也有捷报发表，但事实明显地可以看到，恩施已开始撤退。

管泽良、陈友松两位院长为学生中的思想混乱忧心，特地请我到两个学院去讲话，介绍当前的战况，安定人心。我在这段时间，出于工作需要，正在集中精力注意战事的变化，知道的情况较为全面，因此慨然同意。以后听说学生的思想情绪逐渐稳定下来了，《新湖北日报》和《武汉日报》也有记者参加旁听，他们还在报上报道了这一活动。

蒋介石的鄂西之行

1943年鄂西会战之后，蒋介石于7月1日乘坐美龄号专机来了恩施一次。时间不长，连来带去一共四天。陈诚在蒋介石来到之前，专为蒋介石在龙洞顶上建了一栋平顶瓦房，蒋介石和宋美龄就住在那里。据郭忏（时任第六战区中将参谋长）对我说，陈诚为蒋介石于龙洞顶上建屋，一是因为环境优美、清静；二是为了安全，便于警卫；三是象征蒋的"龙威"。陈为此事还曾先与侍从室主任林蔚在电话中商量过。

蒋介石在恩施期间，曾经在省干训团大礼堂为第六战区长官部的校级以上官佐，做过一次训话，还个别约请湖北的知名老人耆宿张难先、李书城、沈肇年等人交谈，并且在省干训团内参加过一次文艺晚会。关于蒋介石此行在军政大事上做过什么部署，毫无透露。我只知道第六战区师长以上将领都曾赶来，由蒋亲自主持过军事会议，对陈诚大为嘉奖，称赞"鄂西大捷"是"中国列宁格勒"的重大胜利。

就在蒋介石到恩施前约一个月的一天下午，正是石牌要塞攻守战打得十分激烈的时刻，我在陈诚办公室里，听他介绍前方战况，突然电话铃响了，陈诚接过一听，只回答了一句："是我，接过来吧！"紧接着又对着电话说："是委员长吗？我是辞修。"只听陈诚接连不断回答蒋介石的问话，净是些哪一师、哪一团当时的战斗方位和死伤概况，然后，陈诚向蒋介石报告了三名将领的战功。大致是这样说的："梧生兄（指第六战区副司令长官兼江防总司令吴奇伟）年纪这么大了，一直在三斗坪总部指挥作战，叫他后撤一点，他坚决不肯，这对士气鼓舞很大；方天（第十八军军长）半个月来坚守石牌，损失虽然很大，寸土未失，敌人久攻不下，必将后撤；至柔兄（指航空委员会负责人周至柔，即后来的空军总司令）亲自指挥空军参战，陆空配合很好，大大压制了敌人的火力，这是抗战以来从来没有过的事情。这三个人，希望委员长给予嘉奖。"蒋介石在电话中连连答复："好，好，好！"声音较大，我与陈诚隔着一张办公桌对面而坐，听得十分清楚。

这件事，给我解开了一个疑团。因为我曾经在很多大型集会上看到，每到蒋介石训话时，陈诚必然像钉子似的站在主席台的右前方立定，尽管蒋介石讲一两个小时，陈诚始终挺身不动。我也听到不少人说过，陈诚对蒋介石的这种尊敬态度，就是在办公室接蒋介石的电话，也是如此。可是这次亲眼所见，却并非那样，不仅没有挺身立定，还轻松地自称"辞修"。

鄂西会战结束后，果然蒋介石对吴奇伟、方天、周至柔颁发了最高军功的青天白日勋章。并且在我听到他们通话的第二天，我就听到长官部接到了蒋介石通令嘉奖这三个人的消息。由此表明，蒋介石对于陈诚的信任，确实是"言听计从"的了。

鄂西会战始末记

郑　正[*]

　　鄂西会战是我国各族人民在十四年抗日战争中的著名战役之一。这次会战的胜利，既保卫住了鄂西的广大国土，没有遭受日寇铁蹄的蹂躏，又保住了重庆的门户，使蒋介石没有屈膝降日，使中国的抗日战争能够胜利地进行到底。它对国际反法西斯战争能尽快地取得最后胜利，也是个重大的贡献。

　　众所周知，中国抗日战争的战场，从一开始就是两个：一个是国民党负责的正面战场，另一个是共产党领导的敌后战场。正面战场自"八一三"淞沪作战，到台儿庄、徐州会战以后，由于国民党顽固派实行"消极抗日，积极反共"的政策，国民党军队在正面战场消极避战，使战事一直是个溃败局面，大片国土沦于敌手。在此紧要关头，中国共产党受命于民族危亡之秋，率领全国民众，奋起抗战，前仆后继，力挽狂澜，成为全民族抗战的中流砥柱。共产党所领导的八路军、新四军，及为数众多的游击队，英勇善战，运筹有方，敌后战场相应发展得很快很宽，到1942年敌后解放区，已拥有一亿多人口的广大地区，紧紧地钉住了侵华日军的

　　* 抗日战争后期，本文作者在国民党湖北省政府社会处，第十救济区任职，现应聘为《鄂西文史资料》顾问。

百分之七十以上，加上广大爱国的国民党官兵和政府官员也坚持了抗日战争，迫使日本侵略者在中国境内陷入两线作战的困境。陷泥沼而难以自拔，直至最后宣布无条件投降。过去由于国民党的严密封锁，在国民党统治区的人民则看不清这一历史的真实。在鄂西会战之前，日本派遣军总司令部和东京大本营曾两次密谋调集几十万大军，分从西安、宜昌两路进攻四川，妄图迫使国民党政府投降，早日解决"中国事变"。但由于中国共产党所领导的敌后战场力量的强大，日本政府深怕它得到的战果，为中国共党所取代，所以日军未敢妄动。鄂西会战胜利，一方面固然出于国民党军队中的爱国将士英勇善战，但其主要因素还应是中国共产党所领导的敌后战场的强大抗日力量的钳制，使日寇不敢倾其全力大举西犯。

鄂西会战，日寇的战略企图，是以夺取恩施、重庆为其战略目标，而夺取石牌要塞，则是它的策略之一。重庆是这场战事的最高指挥机关，恩施则是国民党湖北省政府和第六战区司令长官司令部运筹决算的中心所在。所以重庆—恩施—石牌，它们之间不是地理上距离远近的关系，应当说它们是这次战役不可分割的一个机体，唇亡齿寒，呼吸与共。

恩施与这次战役的关系如此密切，那么，鄂西会战已经四十年，如果恩施地方还没有这段史实的记载，我们将何以对民族先烈？又将何以对后世子孙？兹当我国各族人民反抗日本法西斯侵略战争胜利四十周年之际，笔者本着一念热忱，不计舛陋，谨就当年亲身见闻，并参酌当年参战诸将领的回忆著述，综叙此次战役始末，作为粗略资料，聊供史家参考。

妄图攻川　迫蒋投降

1943年正是日本法西斯战争狂人，陷入侵华战争和太平洋战争的泥潭，无法自拔的时刻，但由于法西斯的本性，使它还要投下仅余的战争赌注，妄图最后一逞。这时，日本政府的军政头目们，一致认为要突破难关，只有加快解决"中国事变"，要解决"中国事变"，尤其要竭尽全力消除第三国对蒋介石政府的任何援助，迫使蒋介石处于孤立无援的境地而后屈降，然后它就用"以战养战"的方针，利用中国的人力、物力去挽救它在太平洋上的败局，实现"大东亚共荣圈"的迷梦。1943年日军发动的这场鄂西会战，就是为了迅速达到上述战略总目标的一次战役。这次战役行动，策略上是夺取石牌要塞，打通岳阳至宜昌一段长江通道，或侥幸进占恩施，置重庆于其鹰制之下，迫蒋介石为城下之盟。

预谋退路　先占江北

日本侵略军发动这次鄂西战役，是经过精心策划的。按日本当时侵华的兵力，由于受到中国共产党所领导的敌后战场的钳制和被大量消灭，已经是捉襟见肘，确已没有组织大规模进攻的能力。但为了要达到上述战略要求，他们想方设法从华中地区各个战地抽调了一些部队，才勉强拼合组织成功。对这一仗的打法，他们的原则是稳扎稳打，设想即使在最坏的情况下，也不至于全军覆灭。所以这次他们把全战役分作三个阶段进行，而又以前两个阶段的战果来为最后决战做求胜的准备条件。

先是1943年2月间，原驻荆沙一带长江以北之敌，对我监利、沔阳、天门地区的守军，发动大规模"扫荡"战。当时布防这一带的我军多为游击部队，战力悬殊，我一二八师王劲哉部主力古鼎新旅接敌，其余2万余人被敌围歼。六战区江北挺进军何绍南所部三个纵队主力8000余人被敌击溃，余部迫撤江南整编。二十九集团军驻军经激战后撤至江南做新的部署。2月下旬敌即分两路继续西犯，向长江岸边进攻，一路由君山等地北向聂家河、朱河、监利之线进犯；一路即由沙市以南之岑河口、资福寺等地南向郝穴、普济观、汪家桥进攻，监利县城两面受敌，守军遂撤至江南。自此由荆沙至城陵矶约300公里一线的江北地区悉入敌手。时人称此役为"江北之战"。

江南歇蹄　图谋大举

3月8日，集结于长江北岸的日军，分路发起进攻，强渡长江南岸得逞，我石首、华容及弥陀寺、藕池口等城镇陷敌，经我军强烈反击，敌被阻于上述长江南岸各地区以迄于宜昌、天宝山、盐池庙、转斗湾一线。两阵相接，犬牙交错，数度拉锯战之后，转趋沉寂。我军即乘此积极调整，做了新的部署，而日军此时亦即以华容、藕池口、石首、弥陀寺、浣市为主要据点，到处抢抓民工，大事经营，修筑公路、仓库等作战工事，并在监利白螺矶扩建飞机场，一见便知其必将大举西犯。

滨湖激战　意在西窜

5月4、5两日，日军调集其精锐第三、第三十四、第四十等师团，向我洞庭湖以北地区，猛烈进犯，企图在西进中歼灭滨湖地区我军主力，削弱我江防侧翼实力，同时又图抢夺我洞庭湖沿岸粮区，就近获得粮食补给，我守军第七十三军，激战四昼夜，予敌以重创后，按预定计划逐次向后转移。5月8日，敌占南县、安乡。次日，日军扬言要攻取常德，实为声东击西之计，我军于三仙湖地区与敌激战，敌受我沉重打击后，乃转向津、澧进攻。我军亦转守洞庭西南地区。"滨湖之战"至此遂告结束。

会战前夕　布开阵势

5月10日以后，战局进入鄂西会战阶段。此时各路日军的频繁调动，已经停止，并继续向西猛犯。日军此时参战部队，据当时驻恩施的第六战区司令长官部查知，有第十一、第十三两个军和第三、第六、第十三、第

三十四、第三十九、第四十、第五十八七个师团，另有第十四、第十七两个独立旅团和海军陆战联队等番号，总兵力约10万人，直接参加作战的约7万人。另在武汉、荆门、当阳等地集结敌机百余架。当时，日军态势如下：

指挥官为日第十三军军长横山勇（原住宜昌）及第十一军军长高木义人，特由武汉赶到宜昌参加作战指挥。军指挥所设宜昌。其直属部队调集在当阳、宜昌间地区。

第三十四师团、第三十九师团主力共二万余人，集结宜昌西岸附近。

第六师团一部及第三师团六十八联队主力千余集结于云池、古老背地区。

第十三师团辖第四十四联队、海军陆战联队、伪军第二十九师集结在董市、白羊间地区。六十五联队共3000余人，密集弥陀寺地区。以上共有兵力约二万人，其师团部原驻荆州，此时移于张家店。

洞庭北岸藕池口、南县、安乡地区日军，除留置一部外，以其第三师团及第十七旅团主力、第四十师团，独立第十四旅团之一部，调整集结于津市以东白羊堤、青石牌之间地区，战斗开始以后，第五十八师团复有五六千人增援此线。

国民党的作战部署：

指挥官：第六战区司令长官陈诚（兼远征军司令长官），副司令长官代理司令长官孙连仲，参谋长郭忏。长江上游江防军总司令吴其伟，副总司令曾以鼎，参谋长洪懋详，总部在三斗坪西南杨店附近。

第二十六集团军总司令周岩，防守荆门、当阳、远安、兴山及宜昌北岸三游洞、黑湾垴等地区。

第三十三集团军总司令冯治安，负责联系二十六集团军共同防守宜昌以北地区江防，并向当阳、荆门、远安附近之敌攻击，以一部挺进敌后，截断荆沙、荆钟等路交通。

第二十九集团军总司令王瓒绪，防守松滋、公安、监利等长江南岸地区及西岸南、华、安、泮地区之线。

第十集团军总司令王敬久，防守公安、枝江、松滋、宜都地区，一部集结于西斋、茶园寺一线。

属于上属各集团军建制的作战部队计有：第十八军（军长方天）、三十二军（军长宋肯堂）、七十三军（军长黄实）、六十六军（军长方靖）、九十四军（军长牟廷芳）、八十六军（军长朱鼎卿）、八十七军（军长周详初）、七十四军（军长李及兰）、七十九军（军长宋瑞珂）、三十军（军长池峰城）、四十四军（军长王泽俊）、六十七军（军长余念慈）、七十七军（冯治安兼军长）、五十九军（属三十三集团军）、七十五军（周岩兼军长）十五个军，共约40个师的番号，总兵力约20万人，直接参战者约15万人。

日军在滨湖地区作战时，预谋在长江北岸江边宜昌、古老背、董市、枝江等地区，各控制主力一部，于其迂回向西推进对我野战部队形成包围态势时，即以其某一有利地区的预控部队渡江夹击，妄图以此方法将国民党军主力逐个围歼，以先击破江防军侧翼部队，然后再集中全力从侧面攻击江防军，夺下石牌要塞。日军这次不敢从江防正面夺下石牌要塞，是因为它在1941年3月初曾以重兵从宜昌对岸进攻过石牌正面的平善坝一带，并以另一路进攻石牌侧翼曹家畈，两路日军当时都遭到我守军的严重打击，碰壁而返。

5月10日以后，日军四十四师团、三十四师团陷我津市、澧县后继续西犯。第十七独立旅团进抵澧县西北的新安、大堰垱。第六师团向熩水街进攻。第十三师团13日由董市强渡洋溪长江，我公安县城守军第八十七军已处于四面被围状态，该军机敏脱围转移，日军围歼毒计未逞。敌连陷我公安、枝江县城。自5月16日至20日，敌第三、第六、第十三、独立第十七旅团等部主力，在新安、大堰垱、熩水街、西斋、刘家场、茶园寺迄枝江西侧一线与我九十四军、八十六军及第十集团军连续血战三昼夜，敌颇有伤亡，进展甚小，敌曾空降伞兵，几被我全歼，亦未奏效，乃以其素称彪悍之第五十八师团主力五六千人增援于该线，向我阵地连续猛扑，我军连日伤亡亦重。澧县西北之敌，乘隙侵占了石门以北之王家厂子良坪，我军已处于被包围之势，遂奉令西撤，第十集团军撤至清江以南地区作持久战，阻击消耗敌人。

5月21日晚，敌十三师团及第五十八师团各一部由聂家河、庙滩地区强渡渔洋河，续向西北推进，同时宜昌古老背敌三十九师团主力向红花套两次强渡得逞，续犯磨市、鄢家沱等地。

攻陷渔关　　被迫决战

23日我战略要地渔洋关，守军为一五一师戴之奇所部，因全系新兵，刚从后方调来，阵地亦不牢固，致被敌十三师团攻陷。

渔洋关失守后，战局突趋紧张，重庆、恩施人心惶惶，深恐敌军犯川。

24日，长阳陷敌。此时，各路进犯之敌，多已集结在清江南岸地区，急谋北渡在石牌外围与我侧翼野战军进行决战，寻机围歼我军主力。再全力围攻石牌。同日，长阳南及诏市口、都镇湾等地区之敌，分别强渡清江北岸，占领鸭子口，并续犯马连、天柱山至资丘附近，遭我军痛击，乃折向东北进犯。由宜昌西岸窜犯之敌第三、第六、第三十九师团于25日在其空军掩护下，攻入偏岩与津洋口地区。

我军按照预定诱敌至高山险峻地带聚歼的计划，野战军主力乃撤出敌之包围圈外，敌求决战未逞。此时，日军在清江两岸及石牌一线麇集部队六万人左右，敌十一军军长高木义人亲自来到宜昌坐镇指挥，敌十三师团师团长赤鹿亦亲自到鸭子口督战，日寇求胜心之切，由此可见。

渔关陷落　　陈诚大惊

5月22日，渔洋关陷敌，战局急转直下，恩施城郊山上，在夜深人静之时，可以清晰地听到渔洋关的炮声，山城人心惶惶，惊恐不安。湖北省政府连夜讨论"应变计划",重要东西都在打捆装箱,湖北省银行的金银、物资正在向四川移迁。人心虽然慌张,但市面上则因怕陈诚扣上"扰乱人心"的帽子,倒也显得不很紊乱。

就在那一两天,六战区司令长官陈诚,为了稳定自己文武官员的阵脚,召集了省政府和长官部机关科股长以上官员,在省政府(土桥坝赖八房)屋后那棵大楠木树下(树高约四丈许,胸径约一米,树冠覆荫面积约两亩)席地座谈,到会者百余人,由陈诚做时事报告。这次会上陈的态度还比较自然,很少露出横暴之气。他讲话大意是说:我们的海岸已被敌人包围封锁,滇缅路也被敌人封锁,外援很感困难,现在敌人又进犯鄂西,前途未可预料。敌人的目的是想把我们窒息困死,我们大家一定要精诚团结,努力奋斗,打破敌人的封锁。古人说过穷则思变,变则通。我们现在已经再没有后退的地方了,我已严令前线各军,务必努力战胜日寇。到万不得已的时候,我们要准备上八面山打游击战,和敌人进行长期战争,大敌当前,大家不要惊慌失措,要沉着镇定,要以不变应万变,云云。据当时参加这次座谈的省府科长张铣、股长童晔和管省府大印的高元勉对我谈,陈这次讲话约两小时,语调很低沉。

恩施为何这样紧张惊惧呢?因为石牌外围的战事,到5月29日以后,国民党军多处重要阵地被日军击溃,蒋介石已下令指定十一师固守石牌要塞,作为将来反攻时的支撑。其余江防军一律后撤组织第二线防御。5月30日江防总部就已通令向野三关西撤,十八军军长方天就率领除十一师以外的部队向茅坪移防,组织第二线防御,等其他战区的援军到达后,再进行反攻。这时六战区的部队已全部适用于前线,从江防到恩施、重庆,这一广大地区纵深,非常空虚,没有一处既设阵地,也没有可以调用的预备兵力。假若不是敌人兵疲师劳,确已无力增援,认输后撤的话,则敌军将可长驱恩施、四川,那时蒋陈的后果,是难以想象的。这是时人共知的事实,因此惊惧。

石牌触铁　全线崩溃

是时，敌见其自出兵以来，各次预谋，俱未得逞，且已进入险阻地区，形势所迫，进退不得，乃横心夺取石牌要塞，妄图一逞于冢后。石牌争夺战由此进入高潮。

5月26日以后，敌我在大桥边、曹家畈、木桥溪、高家堰一带战略要地血战。

这时恩施第六战区司令长官司令部，根据敌情判断，窜犯马连、天柱山之敌，有与长阳之敌会犯西窜迂回资丘，包围我江防军的企图。于是，急对前线各军，做了新的指示。其要义为：

1. 战区决定江防军确保石牌要塞，第十一师固守石牌，候三十军及第七十四军到达后，即以三十三、三十二、七十四各军主力及七十九军全部，在清江两岸地区，对向我江防军攻击之敌，南北夹击而歼灭之。

2. 决战日期，预定5月31日至6月2日。

我军决战命令下达后，前线各军士气极为振奋，杀敌意志非常坚决，当敌将其控制在宜昌西岸的战略预备队第三、第六、第二十九师团主力，全部进攻我石牌要塞正面之时，敌军进攻非常疯狂，冒死进犯，敌机亦连续出动狂炸。石牌为全局扇形战场之轴心，我军十一师奉令固守，师长胡琏已写好遗书，连同遗物托人转其家属，表示与阵地共存亡的决心。

5月28日，敌军曾猛扑到闵家冲、井场坡一带，29日敌又扑犯八斗冲。敌在以上数地，即已死伤2000余人。此刻石牌争夺，已进入决战阶段，情势非常危急，陈诚在恩施打电话问胡琏师长，守住石牌有无把握？胡琏当即果断地答复："成功虽无把握，成仁确有决心。"当企图迂回三斗坪的日军，窜到离三斗坪只有五六十里的伏牛山时，胡琏立即命令部下将国旗插在山的最高峰上，严令部下不许退让一步，并打电话告诫部下："这一仗一定要使敌人认识认识中国军队的作战精神。"

当敌军进到石牌附近各主阵地时，我军第五师、十八师与十一师紧密配合，并肩作战，杀敌效果非常良好，第五师师长刘云瀚，副师长邱行湘，十八师师长覃道善，都是当时善战的名将，在最后决战之时，第五师在馒头嘴、峡当口的口袋阵地上，将疯狂西犯之敌打死一千余人，敌军空降部队，亦随即被消灭。在高家堰到津洋口的狭道上，五师官兵沉着出击，毙伤敌近千人，保住了高家堰，阻止了敌军西犯三斗坪。战斗激烈时，江防军各师团长均亲到火线壕坑内指挥参战。如十一师团长尹中岳、张涤瑕、李树兰，五师团长康步高、罗莘求、许颙等都亲自率部与敌争夺阵地，反复肉搏，不计生死；五师营长王嵩高在木桥溪争夺战中阵亡，副营长袁琳生立即接任营长，继续与敌激战，直至夺回木桥溪以北高地，与太史桥阵地连成一片，完成了阻敌西犯贺家坪的战略任务。

连日我空军大编队群，出动猛炸宜昌、长阳、偏岩等敌之战略要地，敌增援困难，补给运输均受极大损失。

5月29日，江防军正面，各路敌军集中其步、炮、空的全力，猛攻石牌要塞，我十一师的三官岩、四方湾、高家岭及第五师的墨坪、木桥溪等村镇，经反复争夺，进犯之敌，生还者为数极少。突破曹家畈，图窜三斗坪之敌，经我十八师、十三师奋力阻击，顿挫于落步埫以东地区。图窜迂回木桥溪窜犯贺家坪之敌，亦被我五师痛击，阻止于太史桥天险。

是日，我军由资丘、五峰出击之第一一八师和一八五师攻克了渔洋关，敌第三、第十三等师团的归路被我截断，陷入我军包围之中。是时，我军第七十九军，由湖南赶到聂家河，六十六军急行军赶到五峰以东，旋以一部直插洋溪长江岸边，赶到的一九九师进到梁家山、聂家河地区。敌军补给被我截断，对敌已形成大包围圈。

5月30日，江防正面，石牌要塞。敌屡攻不下，已经精疲力竭，完全失去再攻的信心。迂回三斗坪的企图，亦遭我大军痛击阻止，无力再进一步，至此敌全线攻势顿挫。我江防正面各军则乘机奋起反攻，南北夹击，敌异常惊惧，怕遭围歼，全线动摇，入夜狼狈溃逃，一败涂地。

我石牌保卫战胜利的消息，立即传遍全宇。

一败涂地 不可收拾

5月31日，我军以雷霆万钧之势，进行全面追击，在长阳磨市聂家河地区，敌第十三师团3000余人，即被我八十七、九十四、六十六军各一部迅速包围歼灭。敌十三师团主力及独立第十七旅团的一部，亦被我一二一师等四个师的主力部队包围于宜都城郊狭小区域内，经我地面部队猛烈攻击，复遭我中美联合空军猛烈轰炸，敌伤亡很大。

6月7日，我暂编第六师于追击夜间，以强烈炮火袭击敌第十三师团司令部，经激战后敌师团长赤鹿理失踪。

连日我中美空军联合大编队群，协助地面部队，追歼各路溃退之敌，收效极大。

5月31日，清江沿线残敌，由宜都抢渡，遭我猛炸，江水为赤。

6月1日，敌第三、第三十九、第五十八等师团各一部，由石牌正面败退，在宜昌江边抢渡回巢时，即遭我空军猛烈轰炸扫射，敌军人马辎重，满江漂浮，损失无数。

至6月3日，江防正面即已恢复战前态势，至6月20日，长江以南及滨湖地区敌军，均被肃清，我全线即恢复到5月4日以前的态势。

此次会战，日军溃退时十分狼狈，只管逃命，不顾一切，其伤病兵、尸体辎重马匹和其他物资，随地弃置，损失极为严重。

据军方当时估计，日军伤亡至少在两万人以上。其部队五六个连队确已不堪使用，第十三、第十九两个师团确已破不成军。国民党军队伤亡亦重。

夸张"大捷"意在美援

在这次会战之前，我们的西方同盟国家，看到中国战场竟能胜过百万日军，便以为这是蒋介石抗日的成绩。其实我们的盟国，这时还没有认识到中国解放区战场人民战争的性质及其在实践中迅速发展起来的强大实力，他们看惯了现代化装备的正规战争，因而错误地把蒋介石当成了"中国"。于是美国总统罗斯福答应给"中国"援助五亿美元，另外还用美式器械替"中国"装备35个步兵师，由美国军官负责训练，英国答应中英合作出兵打通滇缅路。这些无疑都是蒋介石日后反共、发动内战的基础和本钱。蒋介石为了尽快取得这些外援和在国内扩大他的声势，便利用"鄂西大捷"的影响，大肆宣传，蓄意夸张，一直喧嚷了半年才休。

5月31日清晨，蒋介石在重庆接到江防前线报捷的时侯，便指示第十八军军长方天立即草拟捷报电稿，并示不按一般上报程序，直接用电话报到军令部，要尽快加大宣传战绩，嘉奖有功将士。方天当即要该军参谋长赵秀昆依照蒋的意图立刻照办。捷报电稿当日即以国民党中央通讯社的名义播发全国。重庆各报亦用头条，通栏的地位刊出。电稿极尽夸张，以致与史实偏离。（电报全文详见附录资料）

将士流血　陈诚邀功

鄂西会战胜利的消息传出以后，全国人士心中都舒了一口气，情绪都很振奋。再经国民党的一番刻意宣传，恩施山城，一时竟成了时事新闻中心，第六战区司令长官兼湖北省府主席陈诚也随之成了新闻的中心人物，当时许多新闻记者都采访了他。6月10日他在恩施对《大公报》记者朱启平谈了关于"大捷"的感想，6月12日恩施、重庆各报都以显明地位登载了这条消息，标题是"陈长官谈鄂西之捷"。原文如下：

"敌此次用兵，志在占我陪都大门，威胁四川。总兵力计有六个师团番号，约十万人，经我反攻痛歼，伤亡约三万。战事发展，可分四个阶段：一、敌占我滨湖各县，图打通长江航运；二、敌避我正面坚强阵地，自公安、石首侧击，图犯石牌，遭我痛歼；三、我全线反攻，连克要地，敌六个连队，溃不成军，今日我军，再克宜都，追击歼敌中；四、我进攻滨湖各县，前途颇有把握。鄂西地势险阻，中外人士均谓敌不此进攻，余则谓天险不足恃战事初期不利，即以疏忽故，此重大教训，嗣后除铭心切记外，更须防犯敌人再来，即敌不来，亦应严防；并在军事、政治及经济等各方面配合，加紧准备反攻，方可度过来年最艰苦时期，完成抗战大业"云。

又谓："慰军不敢受，大捷乃委座（指蒋介石）指挥，将士用命之功，个人仅仅传达命令而已。"

在另一次接见《新湖北日报》记者杨堵新等访问时，陈诚在分析了三个制胜的原因之后，他说："第四，则为中国人不打中国人；此次犯我之敌军中，有以我国同胞（南昌人居多）编配在日军之中者，我国人充下等兵，日人则充上等兵以上职务，我国同胞深明大义，不甘受敌奴役，杀敌携帔来归，此役敌第二一七联队即有中国籍士兵两批，向我某师投诚。"

多方慰劳　借机炫耀

蒋介石为了进一步扩大这次战役的影响，在重庆特别示意有关各方面，组成一个全国慰问团，来到恩施慰劳鄂西将士，国民党元老张继为团长，孔庚为副团长，团员有成舍我（国民参政员）、张珠（华侨团体代表）、崔唯吾（全国第二次生产会议代表）、陈礼江（教育部司长，教育界代表）、樊子良（农业界代表）、唐国桢、黄翠峰（妇女界代表）、范鹤言（金融界代表）、傅况磷（重庆市参议会代表）、乐恕人、李星可、陆诒（新华日报记者）（以上为重庆报业联合会代表）、中央社记者徐兆镛、刘向渠。总干事：詹澈悟。秘书：居正修、彭丁浩。干事：张剑梅、詹冠珠。电影放映队朱采章、邓华廷等20余人。随带慰劳品计：慰劳信一函，慰劳金200万元（当时的法币），奎宁丸五百粒，药品六大箱，旅行汽车一辆（杜镛即杜月笙、个人赠送），还有其他慰问品，如毛巾、牙刷、肥皂、钢笔、书刊等物甚多。

6月20日，湖北省垣各界，在恩施南门湖北省地方行政干部训练团操场，举行慰劳大会。陈诚以第六战区司令长官、湖北省政府主席身份，主持了大会，到会者近万人，慰劳团全体成员出席了大会。会上张继向陈诚、孙连仲、郭忏及第二十六集团军总司令周岩、第三十三集团军总司令冯治安、第十集团军总司令王敬久、第二十九集团军总司令王瓒绪等献了旗。陈诚、张继等相继讲话之后，由第六战区长官部参谋处长武泉远做了"鄂西会战经过"的报告后散会，下午在"中正堂"会餐，晚间由电影队在该堂放电影，招待第六战区将领及湖北省府高级人员。

6月26日，慰劳团到恩施土桥坝第六战区长官部慰问，在该部大礼堂举行了仪式，大会由孙连仲、郭忏主持，孙连仲讲话，表示欢迎慰劳团。张继、孔庚先后讲话赞颂陈、孙、郭等军事负责人。长官部参谋处长武泉远又做了"鄂西大捷的经过"的报告。并由该部参谋处在会上散发了《鄂西会战概述》和以陈诚署名的《鄂西会战应有的认识》等小册子。

随后，陈诚在恩施又像蒋介石在重庆一样，指示湖北各界也组织了一个"湖北省各界鄂西大捷慰劳团"，成员有团长吴大宇（国民党湖北省党部书记长）、副团长江炳灵（辛亥革命元老，国民参政员）、杨曾矩（湖北省临时参议会参议员），团员有朱侣柏（女）、严启明（女）（湖北妇女会）、谢未泯（新闻界）、吴光明、申体庚、高元勋（党政界）等及随行人员十余人，按照陈诚指示，到第六战区川、湘、鄂辖境内慰劳第六战区的部队。先从恩施长官部慰劳起，以后经川东南的酉阳地区各县，到湘西桃源、常德地区各县，再到宜昌、江陵地区西部各县作过战的驻军进行慰劳活动，并向各集团军总司令、军长、师长等献旗、送礼品，为时月余。

"三昌将军"山城受勋

6月29日，蒋介石由重庆乘飞机来到恩施，嘉勉第六战区将士，检讨鄂西大捷战况。陈诚对于蒋介石极尽逢迎之能事，蒋到达的当天，陈即把他迎接到"省干训团"歇息，因为这个训练团内的各式标语、口号，都是蒋介石的语录，一些基本课程如《从总理到总裁》《服从领袖的真谛》等也是吹捧蒋介石个人，这些令人肉麻的东西，蒋介石亲眼看到别人正在宣传，心中自然高兴。

蒋来恩施之前，陈诚早已纠工在省训团内新建一座"中正堂"，堂内可容千人以上，西式建筑。蒋到的当日粉饰尚未完工，工人们连夜举火赶修，蒋介石听到喧闹，走去问工人何以如此赶忙，工人们不认识他就是老蒋，多数人异口同声地说："听说蒋委员长要来，今晚若不赶修完哇，陈主席的军法如山，我们只得一个脑壳呀！"蒋装作未听见，当即避开。陈又在恩施城郊著名风景区龙洞飞瀑近旁，专为蒋新建别墅一栋，虽是平房，倒也玲珑雅致，原准备宋美龄来住的，临来蒋介石只带了小儿子蒋纬国，宋美龄未来。此屋正前约50米处，有一圆形山包，葱翠可爱，白天蒋陈共游时，蒋叹此处少一小亭。陈连声唯唯。傍晚陈回省府即打电话命令建设厅长朱一成，立刻召集工程师从速勘察设计，一面纠工厂材，限于天明前必须完成。半夜本已修好，但因工程粗糙，不幸倒塌，朱一成闻报立刻加派干员督工再修，工匠们一夜辛劳，天明时亭果建成，蒋早起开门忽见新亭卓立，乃对其左右夸赞陈诚"精神可嘉！"

6月30日，蒋介石在城内省干训团"中正堂"，出席"国民政府成立纪念周"及"中正堂落成纪念大会"，蒋在大会上讲话，表扬鄂西大捷的有功将士，他把石牌之战比作斯大林格勒之战。同时尽量地夸赞了陈诚搞的"新湖北建设"的成就，提出全国都要学习湖北的"革命"精神。

7月1日，蒋介石出席了"第六战区军事检讨会议"，听取了此次作战部队好坏经验的检讨报告，蒋在会上做了长时间的讲话，分析了此次战役的成败所在，主要夸大宣传他的军委会和战区的指挥能力以及将领们的作战精神。会上蒋介石表彰了大批有功将士，并宣布了授勋将领名单，如陈诚、孙连仲、郭忏、方天、罗广文、胡琏、刘云瀚、赵秀昆等都被授予国民政府的最高勋位的"青天白日勋章"，以下亦各有勋奖。在会上蒋并提出"第六战区第一"的口号，把陈诚吹捧到仅他一人之下的地位。这些消息都由蒋介石随带的新闻官，及国民党在恩施的新闻通讯社、报社每日大量登载，并电播全国和国外。

7月2日，蒋介石到土桥坝"巡视"了湖北省政府。个别接见了一些军政头目。

7月3日下午4时许，蒋介石乘专机离开恩施飞往重庆。

撰写本文，所参考的资料：

《第二次世界大战史》朱贵生等合著，1982年4月人民出版社出版。

《鄂西会战记》杨培新，见1943年6月17日《大公报》重庆版。

《鄂西大捷纪要》见于《新湖北季刊》第三卷三期。

《鄂西会战日志》，见于1943年5—6月《新湖北季刊》第三卷第三期。

《鄂西会战》宋瑞珂撰，见于《湖北文史资料》1985年5月第十一辑。

《石牌要塞保卫战》邱行湘撰，见于《湖北文史资料》1985年5月第十一辑。

《陈诚军事集团的兴起和没落》宋瑞珂撰，见于《文史资料选编》第八十一辑，全国政协出版社，1982年7月第一版。

《抗战期间武汉失守后的十八军》赵秀昆撰，见于同上书。

《陈诚军事集团发展史纪要》杨伯涛撰，见于《文史资料选集》第五十七辑，1982年第二版，全国政协出版社。

附录资料：

国民党中央通讯社关于鄂西会战的公报（中央社讯） 据军委会发表，此次敌寇以其第三、第十三、第三十四、第三十九、第四十、第五十八六个师团为骨干，另附以第十四、第十七独立旅团所编成之第十一军，向我鄂西长江之三峡进犯。其司令官且由汉口移住宜昌指挥作战。计自上月十八日起，敌军向我鄂西进犯以来，连日战斗至为猛烈，我军仍以石牌为轴心，诱敌至石牌地带，我统帅则颁手令于要塞守备部队胡琏、罗广文、赵秀昆、王元直、唐少谟诸将领，明示其以此为我国之斯大林格勒，策为聚歼倭寇之唯一良机，严令全体官兵固守要塞，树立奇勋，而各将领，乃以敢与要塞共存亡，决不辱命，誓报党国之壮语呈复。故五日来，敌军展以密集部队，向我要塞决死猛攻，我守备部队待其陷入我大网内之后，予以全部之歼灭，使之无一生还。积尸之多，仅北斗冲一地者，即有两千三百具，其他要塞周围各阵地之积尸，此时均无暇顾及统计。此为敌攻击要塞部队第三十九、第三十四等师团死伤之情形。至其野战部队则自二十六日以其第三、第十三等师团由长阳与鸭子口渡过清江河向我偏岩与天柱山、两河口窜犯以后，我某某部队即于二十七日出五峰、资丘，向渔洋关出击，激战两昼夜，卒于二十九日攻克渔洋关。于是敌军第三、第十三等师团后方被我截断，完全呈被包围状态，我正面各军乃于三十日起乘机出击，全面反攻，激战至前日（三十一）正午，敌军即全线崩溃，统计自十八日至今，敌军伤亡人数，至少在三万人以上，据目击者称，仅伤兵运至宜昌已达万余人。今日我右翼各部队正沿清江河两岸，向长阳聂家河方面猛烈追击，截至此刻八时止，所获各路追击部队报告，敌军沿途伤兵及骡马辎重随地遗弃状极狼狈，现我长江两岸各军，正以泰山压顶之势，续向宜昌、宜都方向挺进，以期南北夹击，聚歼残敌。连日我英勇空军会同美国空军，同时以大编队机群，施展其崭新的阵营，协助追击，收效极大，现正向敌之退路沿江一带各渡口予以猛烈之轰炸，预料此残余敌军将无法漏网。我军自去春长沙第三次会战歼敌以来，全军将士每以未得机会与敌再次决战，予以更大之痛击为善，故此次作战，上下官兵之忠勇与部队行动之齐一，统帅部更为嘉许，尤以要塞守卫卫队全体官兵，以必死之决心，予侵略者以致命之打击，此不仅为巩固我陪都之门户，实为我军开辟最后胜利之光明大道，其意义更为重大也。

我的上司陈诚

郭大风*

　　1935年，红军长征到达陕北，借道山西，东进抗日。蒋介石派中央军入晋，协助阎锡山堵截，任陈诚为"四省剿匪总指挥"。指挥部设在太原。陈诚到任不久，即赴山西大学讲话。那时我正在山西大学读书，随众往大礼堂听讲。这是我第一次见到陈诚。他个子很矮，但目光炯炯有神，操浙江口音。我多半听不懂，只有两点，至今印象极深：其一，说共产党在赣南搞得不成样子，不信，可组织代表团前往参观；其二，说蒋委员长如果不抗日，我可以领导大家打倒他。没想到，这正是组成他一生政治生涯的两根主线。即陈诚对于抗日是积极的，反共也是积极的。更没想到，三四年后，我会当了他的随从秘书。

（一）

　　1938年，日军攻占晋东南，我的家乡沦陷。在全国保卫大武汉声中，我间道由垣曲过河搭火车至武汉，得原山西大学教授、我的老师宋代杰之

　　* 作者系30年代陈诚的随从秘书，后任湖北省文史研究馆馆员。

助，介绍我至第九战区长官部机要室任少校秘书。司令长官就是陈诚。九战区肩负着保卫武汉的重任，长官部已由武昌东厂口、卓刀泉、土地堂再迁至崇阳老鸦村了。这时陈诚正在升腾时期，除九战区司令长官外，兼任湖北省政府主席，还担任着国民党中央军事委员会政治部部长、三青团中央团部书记长、中央训练委员会主任委员、战时干部训练团副团长以及中央委员等要职。陈诚在长官部指挥军事，而政治部、省政府、三青团等机关的公文却大量涌至。长官部人员不熟悉这些情况，处理起来极为棘手。大概是朱代杰的主意，建议仿蒋介石成立侍从室的办法，成立一个政治部、长官部、三青团联合办公厅。下分党政、军事两组，专门跟随陈诚处理所兼各机关公文。军事组长是少将周彭赏，党政组长是朱代杰，我被调为联合办公厅秘书。办公厅主任是位中将军人，未到差。

记得我初到长官部机要室不及一周，朱代杰有次打电话找我。他住在陈诚住的那栋大房子里，同住的还有谢仁钊、谢然之等，据说那是王世杰的乡屋。朱代杰告诉我："陈长官今天要同几个留日学生讲话，叫你也去听听。"话声刚落，就听到咯噔咯噔的皮鞋马刺声，朱代杰马上走出，我也跟了出去。陈诚拿着本杂志往外走，后边跟着五六个戎装整洁的青年军官。这就是战干一团教育长桂永清（后为国民党海军总司令）和在一千多留日学生特训班中专为陈诚挑选的几位高才生。我们跟至后山丘林中停了下来，侍卫给陈诚搬来一把椅子，头顶上日本飞机在轰轰地响着。朱代杰坐着一个小凳，我们都是席地而坐。陈诚讲话了。主题是战后经济建设问题。事后我才知道：保卫武汉声中，汪精卫、陈独秀等一些知名人士都发表文章谈论战后经济建设问题。朱代杰把这个刊物介绍给陈诚，所以他要发表自己的意见了。我们都拿出小本子准备记录。但很遗憾，我几乎全部听不懂。大概两年前在山西大学为照顾地区特点，讲的是普通官话，这次因不拘形式而带有浓厚的浙江乡音了。

讲完后，朱代杰要我把这次讲话整理成稿。我愕然了！因为我根本没听懂讲了些什么。朱代杰把他的记录给我看，记得很简单。我想了一下，为完成任务，干脆照着这个题目给他作了一篇。主要论点有：在轻重工业问题上，以重工业为主；在自筹资金与利用外资上以自力更生为主等。没想到，这篇稿子竟被陈诚看中了，说我记得最好，在《大公报》等大报上发表了，以后我知道，那次整理记录，对几位留日生，也是要求每人整出一篇的，实际这等于一次"殿试"。

（二）

武汉失守，蒋介石在南岳召开了一次师长以上的军事会议，说抗战第一阶段到此结束，今后即转入第二阶段，即反攻阶段。陈诚出席会议，发表了四五篇讲演。我根据朱代杰的简单记录整理成文。接着，陈诚将九战区司令长官的职位，移交给第一兵团总司令薛岳。他回到了重庆政治部，盛传他将出任军政部长。联合办公厅人员也经由常德、沙市循水路抵达重庆，我也随去，住两路口政治部内。

这时，陈诚正在积极筹办国民党中央训练团党政训练班。训练团办公厅是原任陈诚的中将总参议刘绍先，办公厅其他人员也都是陈诚的老班底。王东原刚从部队下来，常奔走于联合办公厅，得任为党政训练班副教育长，从此成为陈诚系人物。陈诚兼任教育长，而班主任则为陈果夫。训练班地点确定在重庆南岸的南温泉。

一天，朱代杰突然通知我，次日随陈诚至南温泉党政训练班。同去的还有军事组上校参谋高星垣及随从副官石心志。我们都住在花溪别墅。从此，我当上了陈诚的随从秘书。

党政训练班是抗战期间国民党最高级的训练班，第一期学员多来自地方的省政府厅长、省党部主任委员和部队的军师长。讲课者为中央各部院长，戴季陶、何应钦、孔祥熙、熊式辉……都有课程。陈诚担任两门课程——《领袖言行》和《抗战方略》，都是谢然之拟定的。题目虽大，内容却颇贫乏。蒋介石经常来。学员鉴于黄埔之论资排辈，咸以捷足先登为莫大幸运。国民党上层派系，也在此展开激烈争夺。陈诚亲自坐镇，一月不离南温泉。其主要活动方式，为每晚指定学员到他的会议室进行小组谈话。我除了记录课堂讲话外，还整理小组谈话记录，并为他写日记。工作够紧张的。南温泉待了一月，陈诚以其充沛的精力，喜欢接近学员的作风，赢得了学员的好感，认为他在思想上是坚决抗日的，行动上是实际肯干的，象征着国民党未来的希望。

党政训练班代表着国民党上层官僚集团，但也不乏个别有正义感的人士。孔祥熙在做战时财政报告时，自我宣扬，眉飞色舞，语言滑稽诙谐。他说："……在南京我初次出任财政部长时，中外记者问我今后的财政方针若何？我答以'开源节流'四个大字。记者又问，开什么源？节什么流？我的答复就妙了，开应开之源，节应节之流，记者语塞。"接着他又诉说了一些当管家婆的难处，外界指责他贪污，是不谅解其苦衷等，很像《红楼梦》中的凤姐。十分钟的休息时间到了，他刚退出去，下边一位学员拿着一张纸条送至桌台。等孔祥熙堆满笑容再登讲坛时，看了下纸条，突然脸色惨白！原来这张纸条上写着"欲盖弥彰"四个大字，沉寂了几分钟，他才又勉强地讲了下去。但神色沮丧，前后判若两人。

一个月后，我随陈诚离开南温泉至重庆。在海棠溪等轮渡时，陈诚拿出一本斯大林著的《列宁主义问题》和我说："我们要照这样写本书。要像他们写马克思一样写总理（孙中山），像他们写列宁一样写总裁（蒋介石）。"又说："回去如果不安静，可以在南温泉住下来写。"我未置可否。实际是不愿意写，以后也始终未写。

（三）

蒋介石发迹于黄埔军校，本钱植根于黄埔学生。所以后来特别热衷于办训练班，特别喜欢当校长，以师生关系加深上下级隶属关系。陈诚的情况不同。黄埔时他仅是一名区队长，地位太低，不足以号召，甚至是胡宗南、贺衷寒等黄埔生求发展中的一块路障。所以他不得不另辟蹊径，以他所在十八军十一师做根基，力求发展。十八军不断向外输送军事干部，陈诚的军事实力也就不断地扩大，所扩大的部队也就逐渐成为陈诚的嫡系部队了。后来凡想投效陈诚的军人，都要设法进入十八军，而十八军则要降一级任用。从十八军出来的，又必须加一级任用。这已经成为一条不成文的规定。陈诚对十八军抓得特紧，上下内外都很团结。如周至柔、罗卓英、郭忏、周岩、霍揆彰、黄维等，未闻有一个反对过陈诚的。所以，十八军实质上是陈诚的黄埔军校，它奠定了陈诚在蒋介石军事集团中的实力地位。

抗战军兴，在蒋介石集团中，陈诚主战最力，在东战场（上海）的几次英勇战斗，使他在政治上也崭露头角，特别是在武汉就任军委会政治部部长后，一跃而为政治风云人物了。他不搞政学系、CC派那些小组织活动，免授人以口实。他要为自己保留更多的发言权和抨击敌对方面更大的自由，树立正直无私的形象。他在政治上所采取的唯一进攻方式，是尽力扩大个人影响。具体点讲，就是到处演说。在当时国民党中，除蒋介石外，讲话次数之多，他要算第一了。他的讲演，理论性、逻辑性、系统性都不算好，但能言出于衷，注重实际，慷慨陈词，富有激情。

离开党政训练班不几天，我随陈诚飞桂林转至湖南南岳。南岳游击干部训练班业已开学。班主任是蒋介石，陈诚是副主任，教育长汤恩伯，副教育长叶剑英。我们住招待所内，招待殷勤，菜肴丰盛，汤恩伯每餐必至。汤恩伯为游干班学员讲《领袖言行》课程，将讲授大纲亲呈陈诚校阅。陈诚交给我。我只将前后顺序做了一些调整后送还陈诚。汤恩伯从陈诚手中接过修正稿后，赞不绝口。我在隔壁听到："……还是部长对委座领会得深刻。我总觉得委座非常伟大，就是说不出来，这下明白多了！"汤恩伯辞出后，转身又绕进我的房间，拍了一下我的肩膀，低声说："老弟，这是你搞的吧？"我一下惶然不知所措，连说了几个"不"字，最后补了一句："是部长站在一边说，我照记的。"他嘻嘻地笑了两声走了。我觉得这些人都在演戏。

学员送来很多小本子，要求陈诚题字。我看到其中有一条叶剑英题的："路，是走出来的。"迄今记忆犹新。在南岳军事会议上，我也听过叶剑英的发言，简短、扼要、铿锵有力。除正式场合外，未见其与陈诚单独会谈。

1939年一年之内，我随陈诚从重庆到南岳，大概共有四次。这多半出于军事需要。第一次是武汉失守后国民党集中军力反攻南昌；有两次是日军进攻长沙所造成的一、二次湘江大捷，最后一次名义上是举行南岳军事会议，实际上是解决商震的问题，当时日军战斗力甚强。前线兵力部署，敌我对比悬殊，几乎是十比一，即当面日军如果是一个连，我方则必须配备一个团防守；如敌方为一个师，我方则必须以一个集团军对待，而且常吃败仗。如果举行反攻，按进攻部队必须是防守部队的三倍常规计算，我方所用兵力就更大了。反攻南昌，敌我兵力各动用了多少我记不清。但有一点印象很突出，我先头部队越过南昌飞机场向前挺进时，遗留在机场外围据点的少数日军，仍顽抗不退，机枪点发，命中率大，使我后继部队，无法前进，不得不退下来。事后，陈诚常说，我留日学生在日本学习军事时，每遇防守课程，不许中国学生听讲。现在明白了，他们的防守就是死守不退，哪怕只剩一兵一卒，也从不退降。他又形象地比喻说，日军的机枪手是有的放矢地点发，好像在问我们："怕不怕，怕不怕？"而我们则是盲目地连发："怕怕怕怕……一直怕到底。"我们也要点发，用"不怕，不怕"来回答敌人。战争结束时，陈诚写了一条手谕，叫我亲自送参谋处。内容是："第××师师长段朗如作战不力，交军法执行监部。"我拿着刚走出楼外，电话铃响了，蒋介石来了电话，他在窗口喊我回去，改为"就地枪决"。这是我所见到的陈诚枪决的唯一高级将领。在游干班住了两三周，我们随陈诚向江西出发了。经莲花、泰和到达吉安，驻刘峙的经扶中学内。沿途看到反攻南昌溃败下来的部队，非常混乱。在吉安，突然接到戴笠发来的一份电报。在此之前，我从未见过陈诚与戴笠有任何来往。电文称：截获破译汪伪密电，说："陈诚、黄琪翔参加南岳军事会议已毕，即将飞赴重庆出席×中全会，着相机狙击！"陈诚看后，很不介意，连个复电都没有。但他叫我电桂林行营参谋长林蔚包专机一架备用。可是第二天，他却乘车向瑞金出发了。在那里向战干第三团学员讲话。瑞金是当年的红都，有烈士纪念塔，墙壁标语，还随处可见。接着又到赣州蒋经国那里（蒋为赣州专员）盘桓了两天。当地老百姓背后称蒋经国为"太子"。再南行，过大庾至南雄，和张发奎会晤于岭南酒家，流连闲适，若无事然。我迷惘了，这和回重庆岂非南辕北辙越走越远吗？午饭后，急转直下，突西行，过粤北李汉魂集团军驻地（李当时兼广东省主席），上奔韶关。时已入夜，未及茶饭，即由广东绥靖主任余汉谋（兼四战区副长官）陪同至绥署礼堂对绥署省府职员讲话。讲毕，专车打火待发，径北上，次日中午抵衡阳，转乘汽车午夜至桂林，次日上午即飞返重庆。两日前尚在数千里外之南雄，行动可算敏捷了。这大概是戴笠那份电报的作用。

在韶关大礼堂讲话时，有"共产党游安全之区，击无辜之民"舆论。这是我跟他以来第一次公开的反共言论。共产党提出了愤怒抗议，要陈诚到解放区做实际了解。陈诚默认了军委会政治部是国共合作的象征。作为政治部长发出此言，显然背离了国共合作的基本精神。陈诚大概也自觉失言，以后的言论，自然更为谨慎了！

（四）

不久，日军由武汉南下入侵湘省。陈诚衔命飞桂入湘，指挥所初设于衡（阳）宝（庆）公路边三塘、四塘。第六战区长官部设宝庆，准备日军攻过长沙后，第六战区退守湘江以西地区。随着日军的不断前进，陈诚指挥国民党军队节节退守。两三周后，日军过汨罗江向长沙迫近。正拟再退之际，接前线电话：敌人停止追击了。陈诚另派侦察部队搜索，回报说不见敌踪。陈诚恐其有诈，不敢鲁莽反击。及搜索至平江以北，俱无敌影，这才确知敌军已全线撤走了。陈诚向重庆发出湘北大捷的消息。新闻稿是以答中央社记者问的形式，陈诚亲自拟定，我送交中央通讯社南岳分社的。

陈诚凯旋重庆，到处做湘北大捷的报告。在一次外国记者招待会上（每次翻译都是国际宣传处长董显光），陈诚曾说："……有人怀疑湘北大捷，说是日军自动撤退的。不是我们打得它站不住脚，它会自动撤退吗？如果它能攻下长沙，它又为什么不攻占呢？"至于打死敌军的数字，那是层层上报加码的总和，历来日军清理战场都很彻底，我们根本不易发现死尸或伤员。战绩，总是夸张的，古今中外，很少例外。

陈诚还面嘱田汉写成《湘北大战》剧本，由中央电影制片厂拍摄，但质量低劣，未见放映。

指挥所移居南岳，仍住招待所。游干班教育长已换为李默庵了。陈诚嫌山下嘈杂，仅带我和一个副官移住半山亭何键别墅内，每日下山至游干班对学员训话。有两乘轿子备用，其中有一乘是为桂林行营何遂顾问临时用的。下余人员一律步行。第一次下山时，他要我乘轿，我坚辞不肯。他硬要我上轿后才肯上轿。行至中途，长官部参谋长、处长等结伴上山游玩，见有轿皆停立道旁举手敬礼。刚放下手，见后边又来一乘，急忙举手敬礼，以为是什么大人物。走近看到是我，都泄气似的落下手来。我不知如何是好。如果不是路险沟深，我真要跳下轿来。此次受窘后，每天我都提前十余分钟独自步行下山。

每次讲话，我都事先拟好提纲。当然，这些提纲，也是根据他的讲话习惯来的。开始，他照着提纲讲，慢慢越讲越远，兴之所至，往往离题千里，不知所云了。

在游干班讲了五六题，汇编为一本小册子。其中一篇为《湘北大捷后战术思想之检讨》，单印成册。主要内容是根据《孙子兵法》"以正成，以奇胜"的论点，阐明以正规战为主，以游击战为辅的战术思想。陈诚将它带至重庆散发。不意军令部作战厅长刘斐也写出一篇同题文章，大为削弱了陈诚的兴致。

最后一次到南岳争住圣经学院，那原是留待蒋介石居住的地方。陈仪也住在附近，还有商震，和陈诚比门而居。这次来，表面说是开什么军政会议，据我事后看，实质在解决商震的问题。

商震原系晋军，1930年阎、冯反蒋失败后，因与张学良有缘，得为山西省主席。石友三反张时，商震因援张率部离晋，归属中央。这时他任第六战区副司令长官兼××集团军总司令，驻湖南桃源一带。数月前，商震的集团军参谋长周熹文曾密函陈诚，说商震在桃源山洞私藏武器。陈诚到南岳后，请商震等来参加会议。陈诚乘车欢迎数十里，这是绝无仅有的待遇。至圣经学院，比门设榻。商受宠若惊。两人联名提案，抢运湘谷，意趣颇洽。陈诚持《湘北大捷后战术思想之检讨》请商指正。商说："委座《抗战手本》（此书为陈幕僚李则芬所写）为士兵必备之书，钧座此书乃我高级将领所必读也。"会后陈诚返渝，统帅部即颁令商震为第六战区司令长官，其集团军总司令一职，则由陈诚亲信霍揆彰接替。以后商震又调为军委会办公厅主任，不再领军。末了，且调为驻日军事代表团团长了。

当年秋季，日军大举攻入桂南。那里本来是由西南行营主任白崇禧指挥的，但蒋介石又派陈诚前往。李济深也在那里。我们驻柳州。桂南划作第七战区，张发奎为司令长官。南宁失守后，蒋介石召开柳州军事会议。参战部队团长以上一律参加。开会地点在一个大山洞内。蒋介石正坐台中，闭着双目。李济深、白崇禧、陈诚、张治中、张发奎等上将分坐两列于台侧，由各军长报告战况。当某军长说到"……敌人从东边来，我们往西边去了"蒋介石突然睁开了双眼，问："敌人从东边来，你为什么往西边去？"不知道这位军长是一时慑于龙颜还是真正理穷，竟半天答不上来。蒋介石立即当场宣布：取消该军番号，定名无名军。为严肃军纪，蒋介石还把白崇禧、陈诚等均降一级。陈诚的随从副官石心志说："老板（指陈诚）前天理发，被理发员误刮去了日本式小胡须，乃不祥之兆，果然降级了。"

从广西回到重庆，陈诚把他的老部下刘千俊由遵义专员调为政治部办公厅主任。这是直接对付贺衷寒的。

贺衷寒与胡宗南被视为代表黄埔生的文武二将。军委会政治部初成立时，贺代表着老政工人员为第一厅厅长。以后副部长黄琪翔出任集团军总司令，秘书长张厉生升为副部长，贺递升为秘书长，第一厅以杨麟为厅长。贺衷寒想借老政工人员势力，力图把持政治部。陈诚是不搞分权的，以战干团毕业生插入政工基层，步步上逼。贺以秘书长身份，利用陈不常在部的机会，独揽一切，排挤战干团学生。现在陈用刘千俊为办公厅主任，旨在取代秘书长职权，架空贺衷寒。双方矛盾也就展露到贺、刘身上。有一小事可证。贺的爱人死了，部内有人约刘前往慰问。刘说："他死他的老婆，与我有什么相干？"贺不满于这种局面，趁陈再赴广西指挥军事时，便倦勤不到政治部办公了。为解僵局，陈诚特意由桂返渝。贺衷寒当晚来到陈诚公馆。我出于好奇，很想看一下二人如何谈判。在会客室中，主客说东道西，品评山水字画，未着本题一字，像一种礼节性的拜访。第二天，陈诚又飞桂林了，秘书长也到部办公了。政治斗争越至上层，越富于姿态化、微妙化。相对尽在无言中。贺衷寒既得到了面子，矛盾又暂时缓和了。

（五）

外间传说，求见陈诚比见蒋介石还难。他确实很忙碌。但不管怎样忙碌，对于讲演，却是有求必应的。1940年春，政治部第二厅厅长杜心如（第二厅首任厅长康泽，二任徐会之）主管国民兵军训，请陈诚到杜市国民兵军官训练班去讲话。陈诚对那里的内务欠整洁、各项训练大为不满。在学员大会上，严厉指斥主办人员。会后他们反映，这样降低了他们的威信，今后更难办了。陈诚问我，我说是他们自己降低了自己的威信。临走时，陈诚把另一秘书刘真留下，意思是要督促他们的改进措施。就在这里，陈诚一次突然走进我的房间，怒气冲冲地说："给委座写封信，就说迄今党内党外，对我财政当局，极表不满！……"说着更气愤了："……他老婆（宋霭龄）居然要拉我老婆跟她搭股做外汇生意……"这可能是孔祥熙为拉拢陈诚用的一点小聪明，但找错了对象，以致弄巧成拙。我把信稿拟好，认为自己的八行书体太差，不能登大雅之堂。秘书处又远在重庆，远水不解近渴。遂建议由陈亲笔写，以表尊重。陈写好后发出去了。

綦江战干一团举行学员毕业典礼，桂永清教育长请陈诚前往主持。我们在那里住了一个礼拜。桂昔为复兴社骨干，现已倒向陈诚，唯命是从。陈诚出入校门，每次均有军乐队行仪。桂永清想约我为战干一团政治部副主任，意在同陈诚进一步拉紧关系。我辞谢了。数月后，战干团发生綦江大冤案。我幸好未去，否则于恶流旋涡中我是很难自处的。与陈诚毫无隶属关系的重庆弹子石中央警官学校教育长李士珍，也请陈诚前往训话，还参观了各项侦破设备和表演。在綦江往贵州的公路旁，有座环山包围的山洞警卫极严，是一座飞机制造厂，请陈诚前往参观讲话。这个制造厂实际只能装修，我记不清是一月还是一年，只能装配四架飞机。陈诚讲的是"建国必先建军，建军必先建设空军"。沙坪坝中央大学也请他去讲话。这些大学生可不像大兵那样规矩。他们想听点军事消息，而陈诚所讲的却是求学做人的道理。学生们听不进去，你言我语，进进出出。陈诚极为不满，但又无可奈何。以至周鲠生的姑娘暑期住在陈诚公馆准备报考中央大学时，陈诚便说："那个大学糟透了！不要去。"我还跟他到过湖南武岗第二军分校，也住了几天，那里教育长是李明灏。

中央党政训练班自第一期结业后，便由南温泉移至重庆浮图关了。外界有"浮图关训练糊涂官"之说，接着改名为复兴关了。陈诚回到重庆，每早必赶至训练班参加升旗仪式并讲话。夏季重庆气温很高，夜不成眠，早起站立不动，听他讲话两三小时，常至昏厥，我就晕倒过两次。而他则滔滔不绝，毫无倦容。学员们很钦佩他的精力过人。但也有人持不同意见，说这是由于讲话者处于主动地位而听讲者处于被动地位的关系。他的随从参谋彭中亮（后任十八军参谋长）则说："如果给我那大的官做，我可以三天不睡觉，比他的精神更大！"我说："如果是你，这时恐怕还抱着姨太太没有起床呢，这种情况还少吗？"

从1938—1940年两年多的时间内，我用拍字簿两面写的原始记录，足足装满了一公文箱。有一段时间，除了跟他的正常活动外，平均每天要整理出3000字以上的稿件。印成的大小册子，已不可计数了。仅一本《陈部长抗战言论集》足有30多万字。陈诚处理公文，很少积压；对他的讲稿处理，更为迅速，都是随到随看，立批"付印"。讲得不当处，我可以不记；改得不妥处，我还可以坚持。每次装印成册，必先送他过目，他也很少挑剔。对发行极重视，每至下级视察时，常问政治部的宣传品收到没有。那些下级官僚，平日概不关心此事，更怕问及书的内容，无言答对，只好谎称"没收到"，甚至还加上些渴望殷切的鬼话。陈诚恼火了，责斥政治部发行工作者是干什么的。盛怒之下，政治部不敢申辩。多次挨训之后，秘书处长建议由我任发行科长。陈诚说："年岁太轻了，过两年吧。"

（六）

抗战初期，陈诚因坚决主战适应时代潮流而得意升官。国民党未来领袖这块金牌在不断地向他招手。当谈及蒋介石的继承人问题时，他说："委座那好的身体，我们能活过他吗？（不幸而言中）我希望国家将来实行法治。"除蒋介石外，从未听到有值得他推崇的人。任重道远，他需要不断努力，战胜许多对手。在军事方面，他有无可争辩的优势和稳定实力。除中央军外，各省杂牌军队也和他有良好关系。如粤军中的薛岳、张发奎、余汉谋、李汉魂，西北军孙连仲，晋军商震等皆是。但是在政治上，却显得力量薄弱。国民党中央委员中属于陈诚系的少得可怜，他的老部下孙家初曾向他建议密组政团活动。他说："文人一向是看风转舵，随着枪杆子跑的，权力到手，他们自然会一个个倒向过来。"他把着力点放在公开扩大个人影响方面，树立正直有为的良好形象。由党政训练班起，直到各军分校、战干团等各训练单位的学员，代表着国民党的未来。陈诚对之特别重视。又因为在这些训练机构中，他是仅次于蒋介石的第二领导人，因而名正言顺，做起来不着痕迹，使学员们自我感到，除蒋介石外，心目中只有陈诚了。

他讲些什么呢？首先是《领袖言行》，阐明蒋介石是孙中山事业的唯一合法继承人。论据是孙中山在写给蒋介石的一封信中提到："……今执信（朱执信）已死，计吾党中知军事而又肝胆照人者，已不多见，唯吾兄之军事与执信等，而肝胆犹有过之。"（原文记不确切）再还有孙中山赠给蒋介石的一副对联："安危他日终须仗，甘苦来时要共尝。"以此肯定蒋介石不可动摇的领袖地位。关于抗战，陈诚讲得最多。痛斥汉奸汪精卫等卖国行径，说他们被敌人优势武器所吓倒，不知道这是中华全民族反抗日本少数军国主义者的战争，是正义与非正义的战争。在极险恶的艰苦环境中，他从不动摇抗战信心，这主要出自他的民族自尊心。他对抗战形势，往往缺乏科学性的客观分析。针对当时人们渴望胜利的心情，他说："再打一年，顶多两年总可以胜利吧！"交通处长梁启霖反映外界怀疑其有什么根据，他说："当然有根据。"但始终未闻其根据何在。对共产党，除在韶关那次外，未见其公开反对。对周恩来总理（当时为副部长）甚为尊重。连他左右的人也都如此。有次石心志副官因事到周公馆去，回来和我们说："周副部长家里吃饭时，同老妈子（保姆）都坐在一个桌上。"我们听到很新鲜。在长沙一次座谈会上，有人提到青年中共产党嫌疑分子时，他甚至说："本党腐败，不争气，这能怪青年往共产党那里跑吗？"这大概是指陈立夫等党棍而言的。还说过："共产党总还是中国人吧！总比日本人强吧！"当有人提及胜利后共产党势力将为隐忧时，陈诚的答复是："号称世界头等强国的日本被我们打败后，共产党还能成为我们的敌手吗？"他还说："过去共产党之所以没有被消灭，是由于本党内部历次军事纷争所造成的。"1940年秋，蒋介石发出《总裁召见周恩来、叶剑英谈话记录》后，陈诚对共产党的言论，便以维护军令政令之统一做依据的。"上党战役"后，陈诚已组织好政治部人员准备前往西安，不知为了什么，又临时中止了。

三民主义青年团成立后，党与团不断产生矛盾，这实质上是陈果夫、陈立夫和陈诚、康泽等的矛盾。有人说，党大于团，团员仅是预备党员、未来的党员。陈诚说："团员就是团员，说什么预备和未来呢。譬如，小孩子就是小孩子，长大结婚生子，自然要当父亲的，我们为什么要叫他预备父亲、未来父亲呢？"

谈到妇女解放，陈诚说："我不反对男女平等，但总得有个男女分工吧，你总不能让女的上前线打仗，男的在家烧饭抱小孩子吧！"

对军队讲话，强调军官以身作则，仪表精神，重视平日训练和部队经济公开，指出："操场多流汗，战场少流血。""训练是活的要塞，永久的要塞。"每当部队集合完毕，登台讲话时，常要求临时变换队形，截东补西，以测验指挥官的应变能力。往往使指挥官急得满头大汗，举止失措。这时他便直接喊口令，亲自指挥，使对方十分难堪！他痛恨军队贪污，常说："当过三年军需，拉出去枪毙是不需要写罪状的。"但这并不等于说他的部下就没有贪污的。

陈诚讲得最多的是为人处世之道。主张首先要求其在我。他常介绍他自己的切身体会。因为他被提升得太快，周围遇到不少阻力，他的第一感觉是"怠者不能修，忌者畏人修"。为了求进，他的自处之道是"任劳任怨，求其在我；唯毁唯誉，听之于人"。但政治斗争是相互交织渗透的，不能以井水不犯河水而各安其所。他终于悟出一条哲理："为负重何妨忍辱；要求全必须委曲。"古人中他崇敬张居正、曾国藩等人。说曾国藩在军中，对其弟行为不检，常自责"非弟不能向善，乃国藩德行不足感之也"。陈诚也常有无法感化之苦。蒋介石召集几个派系头头说，应彼此和睦谅解，免给青年党团员造成不良影响。陈诚起立说："我们不愿闹摩擦，但如对方不顾大体非闹不可时，怎么办？"他主要是指陈氏兄弟，蒋介石听了，只好一笑置之。

陈诚是个军人，常以治军的方式治政，主张一切军事化。不管什么训练团体，首先要军事训练，要求绝对服从，整齐划一，遵守纪律，以便利其独裁统治，甚至连恩施各商店的招牌都统一化了。

（七）

　　我见过无数次陈诚的讲话场面：下面黄澄澄的一片图案，像木桩，像今天的秦始皇兵马俑。寂静得连虫鸟都不敢作声，只有一个人的讲话声音。这是纪律。讲完后僚属的恭谨颂扬，代表着军人以服从为天职。讲得真正好坏，陈诚是无从知道的。他明知他们说的不是实话，但他不能要求直言，那将有损于个人威严。下边也不敢说个"不"字，因为那是对长官的大不敬。闭目塞听，大概是他讲话后的最大苦恼！所以每次讲完上车后，总要顺便问我："今天讲得怎么样？"我是个初出校门的青年，最反感官场的假话。出于对他的忠诚，总是说太长了，太啰唆，不系统。这也确是他每次讲话的毛病。他也总是和悦地点点头，大概觉得年轻人有点幼稚得可爱。一次，在湖南，夜行至当时湖南省政府所在地耒阳，在广场上对湖南省政府及参议会讲话，真是其次其次复其次，一点一点又一点，足足啰唆了三个多小时。回途中他又问我讲得怎样，我说太长了。他说："我看听的人精神还很集中嘛！"我说那是前边几排，后边有的已躺在草坪上睡觉了！（夜晚看不见）他停顿了下说："中国人体质太差了！"而他本人，却是非常反对别人啰唆的。刘叔模在湖北省府委员会上发言稍长，他当场就说："你少说点！"湖北省党部主任委员苗培成讲话也啰唆，他笑着对人说："天不怕，地不怕，就怕苗告宝（苗字告宝）来讲话。"

　　抗战期间，国民党喊出"国家至上、民族至上"的口号。有人和陈诚说现在还讲民族主义是开倒车。陈诚多次在公开讲话中说："我对这位客人说，你现在坐车到我这里来，等一下回去就必然要开倒车，这是需要。"我总觉得这话有点不伦不类，终于向他提出：乘车来看你是前进；看的任务完成了，下一任务是回去，仍然是前进，不是倒退。因为这是两个不同目的的两码事。他以后再不举这一例证了。还有一次，章乃器先生和他在会客室谈到外汇上涨问题。陈诚愤然地说："这都是有知识的文化人吵起来的，老百姓哪个知道什么叫外汇？"章乃器走后，我对他说：

"外汇涨落，受客观经济法则支配，不管你懂不懂。"他又默然了。

像这类真话，我提过很多，但从未引起他的反感。陈诚对部属是很严厉的。而我则从未遭受过他的训斥，倒颇有点爱护青年的长者之风。

陈诚自出任政治部部长及三青团书记之后，涉足政治领域，一时知名之士，冠盖云集，纷纷投奔幕下。单是政治部设计委员，有近百人之多。有人戏称其为拿破仑的驴子队。陈诚的招贤办法是广收广散、来者不拒，或个别谈话，择优录用，成了他的部属；而更多的人则是一阵亲热之后又冷落了，像走马灯似的来来去去，被冷落的人，说他喜新厌旧。其实庙院太小，哪容得下那么多和尚？不过是陈诚脑中的蓝图，为将来计，又不得不广事招揽。飞来的野鸽，腿上做个绳记，又放走了，希望将来必要时能召唤回来。他允许别人向他推荐而从不推荐给人，因为他是个招兵买马的人。二陈系大将张厉生，被拉为政治部秘书长、副部长。属于二陈的苗培成被举为湖北省党部主任委员。但均不就范，仍归二陈。东北大公子冯庸、山西老牌师长卢丰年都成了他的部属。第三党的黄琪翔、庄明远，尚能为其效力。湖北的张难先、严立三、石瑛等，则坚持有条件的合作，其他也一一告别了。在政治上不能构成阵营。和其他居于同等地位的人物中，张治中、白崇禧常与之相过从。文人中周鲠生、王世杰、朱家骅、傅秉常、彭学沛、梁寒操等间有往来，其他则殊少接触。在国民党中央除得蒋介石宠信外，处境颇孤单。在此附带说一事，共产党叛徒叶青（任卓宣）曾以《三民主义之完美》书稿做敲门砖呈陈，陈交我看。我鄙其为人，说它是自欺欺人的谎言，给予退回，以后竟得二陈青睐，提升为国民党中央宣传部长了。

（八）

1940年夏秋之交，日军侵犯宜昌，蒋介石急调陈诚为五战区右翼兵团总司令。临危受命，出战不利。宜昌失守，陈诚系集团军总司令黄琪翔，江防军总司令郭忏，十八军军长彭善相继被撤职。陈诚的对立面人物，借机攻击。何应钦向蒋介石力言陈诚兼职过多为致败之因。于是陈诚的政治部长、三青团书记长等职务交由张治中接替，专任六战区司令长官兼湖北省政府主席。这对陈诚的打击是很大的。但他并没有气馁，而是从以前的面的伸张改为点的经营了。

宜昌战役，陈诚仅带刘云瀚等几个军事人员去了，我留在重庆。是年秋，第六战区长官部在恩施成立，我首批到达。陈诚在龙洞省参议会原址接连召开第六战区政治会议、军事会议、军训补给会议，把第六战区军事整顿就绪后，便倾全力于湖北省政了。这时我调至第六战区政治部，次春随政治部迁四川黔江，未亲随陈诚。但因仍在其范围，一些大致情况，还是有所了解的。

陈诚力图在政治上有所发展，像他在军事上一样有举足轻重的均衡地位，就不能不努力创就一个像十八军一样的政治基点。他把湖北视为政治上的十八军来经营。历史很有点巧合。当年十一师，陈诚是从严立三先生苦心经营的基础上接过师长的，这次又是从严立三先生代理省主席手中接过湖北省政府的。他首先调整了领导班子，以朱怀冰做民政厅长，刘千俊为省府秘书长，赵志垚为财政厅长。这几人都是他多年依为股肱的得力助手。请来交通部电讯总局长朱一成为建设厅长，留美博士张伯谨为教育厅长，周苍柏为省银行厅长，知名人士罗贡华、刘叔模、朱代杰等人为省府委员，他立志要建设一个新湖北。

首先撤换了一批鄂西县长，另以廉洁有为的青壮年补替。举办地方行政干部训练班，层层更替乡镇长保甲人员。

坚决肃清土豪，把多年称霸一方的各县乡绅武装势力一一剪除，不留隐患，政令得以顺利推行，地方安谧。

严惩贪污，刷新吏治。宜昌县长武长青虽系保定老同学，因犯有贪污罪，当众枪决，不稍姑息。

彻底禁烟，数年之内，鄂西鸦片绝迹。

公费办立湖北联中，开鄂西文化教育之先。使大批无家可归的青年，得继续上学，造就了不少人才。

设立平价供应处、民享社，为公教人员办了些福利事业。

试行"二五减租"等。

对共产党，一反其往日虚与委蛇态度，采取了露骨的高压手段，培养特务，大肆捕捉，或关押，或诱降，或杀害！以造成其说一不二的一统天下。

蒋介石亲到恩施视察后，赞扬了陈诚的政绩，立为各省典范。陈诚在政治上又建立起一个十八军。

1943年初夏，日军大举进攻鄂西。这对当时肩负着捍卫陪都门户的陈诚来说，既是个极为严峻的考验，又是个千载难逢的良机。陈诚利用鄂西大山区日军补给困难之自然优势，节节防守。日军鼓噪前进，前头部队曾抵达五峰之渔洋关。恩施人心浮动，咸谋撤逃。对陈诚来说，这是生死存亡的一战，决心很大，全家住在恩施不动，六战区长官部亦不做后撤安排。命令十一师死守军事要塞石牌。敌人更番猛攻，战斗激烈，历时几昼夜，敌人终以后继无力而溃败，造成了名震一时的鄂西大捷。石牌被誉为东方的斯大林格勒。陈诚在军事上打了个大翻身仗，一洗当年宜昌战败之耻！

之后，我便脱离陈诚范围的最后一站——湖北省人事处，独立经商去了。

陈诚又上去了。取代何应钦而为军政部长，据全国军事实权枢要地位，接着当上了参谋总长，握海陆空三军指挥之大权。在行政上，湖北、湖南、广东都是他的地盘。

（九）

抗日战争胜利了，陈诚的下一幕幻景也揭开了。"打败世界头等强国日本，谁还能成为我们的对手？"他要对付共产党了。蒋介石军垒中，他由第一个积极抗日的变为第一个积极反共的了。他发出了"豪言壮语"："一年击溃共军主力，三年消灭共产党。"他忘记了决定战争最后胜负的

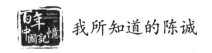

是民心向背这一普遍真理。历史终于做出了无情的嘲弄，三年后被消灭的不是共产党而是国民党。

陈诚在东北演出他一生中最后的垓下之战。在国民党内部一片杀陈诚以谢国人的鼓噪声中遁迹台湾，心情是够沉重的。他不能指望像宜昌战败后的东山再起。因为这是性质决然不同的两码事。他一生中最大不幸是在反共战车上与蒋介石死死地捆在一起，以致酿成了他的最大悲剧！

（1986年冬写于武昌）

抗战胜利后我随陈诚工作的回忆

刘劲持*

　　1945年8月15日，坚持八年的浴血抗战终于取得胜利。次日早晨，我在重庆江边的轮船上，奉命匆忙交出第七十六军第二十四师师长职务，到军政部军务署步兵司接任司长，开始跟随陈诚工作。

　　此后我跟军政部长陈诚及军务署长方天担任步兵司长九个月。陈诚任参谋总长，方天任第五厅厅长。后方升参谋次长时，我任第五厅副厅长一年。1947年5月调昆明任整编第二十六师中将师长，只四个月，蒋介石又亲自圈定我担任联合勤务总司令部经理署中将署长（原署长陈良调升粮食部次长），因不熟悉军需业务，我坚持不干。1947年11月，再发表我任整编第二十六师师长（后恢复为第九十八军中将军长）赴徐州，接收残部开赴成都、重庆两地驻防整补共一年。1948年10月，奉命全军开陕南安康，接任大巴山外围防务，和解放军第十九军相对峙约一年。至1949年11月26日，奉命放弃安康，翻大巴山退回四川阆中时，听到成都的顾祝同和台湾的陈诚在无线电报话两用机上谈话，顾要求陈诚明日（12月23日）多派飞机接他们回台湾，如再迟一天，都要做俘虏了，陈诚答应一定办到。这是

---

　　* 作者曾任浙江省民革副主委、浙江省政协委员，1988年4月12日在杭州逝世，终年85岁。

我最后一次听到陈诚的声音，心里很苦闷，决心脱离蒋介石集团。次日，顾祝同、胡宗南等都乘飞机走了，将李文、裴昌会、罗广文等兵团司令及军、师长等丢下不管。我决定率领全军官兵约两万人，于1949年12月在四川起义。

一、陈诚接掌军政部的经过及人事编制上的更动

何应钦从1927—1944年担任军政部长共18年。"西安事变"中，何应钦主张轰炸西安，出兵征讨。蒋被释回南京后对何应钦存戒心，何几乎失宠，但因无适当接替人选仍安于位。抗战开始后，何升任参谋总长，他用人唯亲，大权旁落，被军务司长王文宣、兵役署长程泽润等人搞得天怒人怨，最后引起美国军事顾问团的不满，向蒋介石提出撤换何应钦。在抗战后期，陈诚先后担任过第四、第六、第九三个战区及远征军的司令长官，对前方官兵艰苦抗战的情况比较清楚，对后勤贪污腐败深为不满，他说："前方吃紧，后方紧吃"，"前方有啥吃啥，后方吃啥有啥"，也都是针对军政部而发的。当时何应钦还想恋栈，以发表陈诚的亲信方天接替王文宣任军务司司长想缓冲他和陈诚之间的矛盾，但方天坚持不干。何又保荐顾祝同接任军政部长，蒋介石不同意，美国军事顾问团又催得很紧。最后，蒋介石指派陈诚接任军政部长。何应钦调为空头的参谋总长，有职无权，何也很不满意。最后决定，由何应钦以参谋总长名义兼任陆军总司令（先驻昆明，后驻芷江），负责反攻作战计划，才解决了人事上的安排。

当时兵役署长程泽润，不顾新兵饥寒病死，贪污舞弊，挥霍享受，所谓"五子登科""红黄蓝白黑"一应俱全（指的是豪华住宅、娇妻美妾、红丸、黄金、阴丹士林蓝布、白银、白面、鸦片烟等一应尽有），后被控告，经蒋介石亲自下令枪决。并将兵役行政脱离军政部，另成立兵役部，由薛笃弼任部长，改善征兵事务。军粮则改归粮食部长徐堪直接负责。后方勤务部的车船运输，也被军统控制去一部分，军政部搞得支离破碎，不

成系统。

陈诚接掌军政部后，首先取消兵役部，恢复兵役署，派徐思平为署长（徐号孝匡，四川渠县人，日本士官学校毕业）、戴高祥为副署长（戴陆军大学第十期毕业，曾任四川军管区参谋长）。同时号召知识青年从军，先后成立青年军九个师。又将后方勤务部并入军政部，同时撤销防空司令部，调防空司令黄镇球为后方勤务部司令，以原陆军大学战术教官郗恩绥为后方勤务部参谋长。

陈诚又指派林蔚任军政部次长，负责内部一切业务。将原军务司扩大为军务署，由方天任署长，郭汝瑰、周彭赏任副署长。并将原通信司，马政司与工兵城塞等业务及后勤总部运输处均划归军务署，下辖步兵司、骑炮兵司、工程兵司、通信兵司、运输兵司、马政司及署办公室共七个单位。方天要求副署长及各司长均须由陆大毕业当过师长以上职务的优秀骨干充任；科长及参谋人选要求陆大毕业或军校出身的年轻精练人员充任。

各军、师长、各地警备司令、师管区司令等主官任用升调，原属参谋总长何应钦的职权范围，因何应钦调驻昆明，均划归由陈诚签办，于是军政部增设人事处，由刘云瀚任处长。刘从全国各战区、各军事机关学校中挑选优秀军官，和方天研究后，造简历名册送给陈诚决定后，签报蒋介石批准发表。陈诚用人偏重保定八期、军校六期和陆大十一期。

在整编部队方面，则采纳美军顾问团的建议，裁减军、师番号，将战斗力薄弱、军风纪差、装备窳劣、兵员不足的部队，不管正规军和杂牌军均大量改编撤裁。编余官佐，成立1.5个军官总队予以收容。有些师长为黄埔学校出身的，则安排到青年军担任副师长（如新编第五师师长廖慷、第一四三师师长吴啸正等）。另选定40个美械装备、素质较优的部队整编为甲种师，如驻云南境内及驻印度的新一军（军长孙立人）、新六军（军长廖耀湘）等，作为与日作战的主力部队；此外，以国械装备，有冲锋枪、防坦克炮、火箭筒及通信器材等西路部分美械装备的部队，整编若干乙种师。以上甲乙两种师均提前补足兵员，加紧训练，作为反攻的主力部队。我原任的第二十四师就是乙种师。美军顾问团认为以甲乙两种师的装备和兵力，加上炮兵和空军的支援，就足以打败日寇，但要求官兵素质优良，补给及时迅速。陈诚按照美军顾问团的要求，亲自到昆明及各个战区整编部队，裁减番号，补充实力。这是我到步兵司承办整军业务的基础。

二、在步兵司九个月

抗战胜利的第二天，我接任步兵司长时，陈诚还在第三战区同顾祝同研究部队整编工作。原步兵司长车蕃如随同出差还未返渝。我将第二十四师的职务移交副师长张新代理。张新是浙江浦江人，黄埔三期同学，胡宗南第一师的老干部，任副师长已三年多，论资历应由他接任师长。但方天为安排车蕃如过师长关，并提高所属各司长人选条件，就报请和我对调了。车蕃如，贵州人，当过团长及军令部一厅二处处长，文笔很好，业务熟悉，得到陈诚的信任，就不顾第二十四师是胡宗南的嫡系部队，而下令与我对调。但要我先去宜昌参加反攻，取得胜利后再到差，用意极为周到，不料日寇迅速投降。结果车蕃如到差后受到第七十六军、第二十四军内部人员的抵制，有职无权，师部一切业务均由军部直接指示张新处理，车蕃如只挂名师长，十个月后就调回参谋总长办公室任副主任，第二十四师师长由张新接任。内战再起，车蕃如后去台湾，张新在清涧战役中被俘。

军政部次长林蔚，是我在军令部时的老次长，见我到差表示欢迎，并说日本投降后，整军建军业务重要，应迅速熟悉情况，从今天起，每晚7至10时照例办公。步兵副司长李汝和是胡宗南的参谋处长，还未到差，当时司内无人负责，我当天下午即正式办公批阅文件。方天办事要求很严，每天早晨8时上班号一吹，即打电话查询文件及人员到班情况，重要公事连夜赶办，一般文件也不许积压，每星期一下午，按收发文簿逐一查对，违者即受处分。我三年多的部队生活懒散惯了，如今只好谨慎从事。

从方天谈话中，知道陈诚任军政部长后对山东情况特别注意，曾派李延年及骑炮兵司司长杨业孔回山东老家收编地方团队。我到差的那天，才接到他们来电，说已接洽好了，可收编为两个军，由李延年任集团军总司令兼一个军的军长，杨业孔任另一个军的军长，枪支勉可敷用，请求发给番号和经费。我知道日寇投降后，国共双方部队都要大量裁编，一兵一官都不准再收编，此事重大，我不敢做主，去请示方天。方天说：速复电制止，要他二人立即回重庆。还说辞公亦交代过，国共两党必须长期合作，美苏两国已商妥调停方案，不希望中国再起内战，影响世界和平，不久美国将派大员前来调解。我虽有疑虑，但只好遵办。后来杨业孔回重庆，对我很不满意。内战再起，这些团队都投向中共，杨业孔对我更大肆责备。陈诚任军政部长到1946年年底两年内，除改善役政、成立九个青年师外，均大量裁减部队，更不许收编地方团队及伪军，如吴化文、郝鹏举、张岚基等伪军，均是通过戴笠报请蒋介石批准收编的。我们只好照办。

重庆谈判签订"双十协定"时，陈诚患胃溃疡，正在养病，很少见面。但他对军事委员会改组为国防部，应保留哪些单位很为关心，各方面送来许多方案，他看后都交步兵司研究保存。有一次是星期天下午3时许，陈诚来到军政部，带来一份他亲笔修订的国防部编制，找林蔚、方天等人研究后誊抄好几份，晚上带去开会。当时规定只星期日下午放假，林、方及办事人都不在。我因上午有些文件未办完还在办公室，陈诚叫我去，当面指示修改意见，要我办好于晚饭后送交，我也提了几点改正意见，得到许可。赶办好后，林、方回来吃晚饭时，报明情况，交上表册，得到赞许。从此陈诚对我有了印象，要我随同出差，后来就提前保荐我去昆明任整编第二十六师师长（初跟陈诚的人，一般须服务两年以上才能外调队职）。

毛泽东亲自来重庆，陈诚很为高兴，希望两党和平协商，解决国共之间的纠纷，使两党处于合作地位。陈诚对于"双十协定"表示拥护，但对停战协定却有顾虑，怕长江以北国共两党的部队，互相交叉，容易发生争执，引起冲突。他认为陇海铁路以南，国民党不能放弃，共产党的正规部队及地方民兵，必须全部撤出。后来停战协定公布了，他也勉强同意，但对东北的情况比较复杂，他很担心，认为是祸端。他微露口风，说最好以长城为界，共产党以东北、内蒙古为主，山海关以内归国民党控制；又认为第十八集团军八年来在晋、冀两省发展壮大，抗敌有功，以黄河为界，国共双方平安共处。平津保持中立区，维护平汉、津浦两路畅通。

马歇尔来华负责调停，陈诚认为美苏必须讲信用，共同调停国共和谈，维护世界和平，然后国共部队大量裁减，改编成国防军，各自脱离党的控制。不久，国民党下令撤销军队党部，不举行纪念周，停止征兵。我任步兵司长时，国民党部队调整为90个军，约250个师，连同各省保安团队，共约320万人，缺额很多。如新一军孙立人部编制总数为4.6万多人，由广州乘船开赴秦皇岛出关接收东北时，美军顾问团派员清点人数，只有3.06万。美军顾问说：新一军、新六军在印缅作战时，每日由美方发给给养，清查人数均是满员，何以回国才半年，就缺员三分之一？要求迅速补足。我们回答说：抗战胜利了，大家都想回家，新一军多数是南方人，不愿去东北，有的不愿参加内战，就自动离开了。陈诚也知道兵心厌战，缺额很多，无法补足。他当时也很乐意接受马歇尔的调停方案，第一步把国民党部队集团军改为军，军改为整编师，师裁去一个团，改为两团制的旅，保留90个师；共产党部队整编为18个师，每师总人数1.4万人。第二步再缩编为60个师，共产党部队占10个师，始终保持五比一之比例。从这一点看，我认为美苏调停方案在兵力、土地、政治、人事、国大代表等方面，主张国共均须保持五比一之比例。

第一步整编为108个师后，再进行混合编成，以三个师编为1个军，共36个军，内中有18个军由国民党两个师、共产党一个师混合编成，打破两党界限，成为国防军。再进一步由三个军合编为集团军，全国划为12个军区，内中两个总司令由中共将领担任，已提出林彪、陈毅任总司令。

关于各军、师编制及如何整编，按照马歇尔规定，每师1.4万人，全国陆军在150万人左右，加上海军、空军总人数共200万人以内。这样多的军队要现代化，在经济未实现现代化的中国已很困难。至于如何整编，双方可按自己的情况，先编成军或师，再混合编为国防军。

国民党部队，地方及派系色彩很浓，有些军、师、团长都超过服役年龄，如将各军直接改编为三个团之师，人事上会发生很大困难，不如暂时设旅为宜，这是在南京军事会议上决定的。会议上只规定各师裁减一个团，改称为旅，为讨论减少师直属队。后经蒋介石批示"应将师直属队大量裁减"，我照示改正后，林蔚还不敢负责，要送给何应钦判定（当时何应钦由昆明来重庆）。

1945年12月，中共人员要我去商谈整编方案，我偕一位科长准时前往，告知职级姓名，握手问好。但对方不肯告知姓名，只听我方的说明，在保留旅一级问题上颇多争执。我问他们如何整编又不肯介绍，只说双方商妥后，一星期内，中共有100多万人的部队即可将18个师按三三制由集团军整编到营，使会谈无结果而散。出门时，熟人告知他是饶漱石，我吃一惊，初步感到和谈困难（编者按：重庆谈判期间，饶漱石不在重庆）。

改组军事委员会为国防部。国民党的军事委员会原是仿照苏联体制的。"七七"抗战开始后，想成立大元帅府，下辖八个部，第一部（主管作战）及后方勤务部已成立。但因中日双方都未正式宣战，不好用大元帅名义，就仍用军事委员会名义。南京失守，国府西迁重庆，各军事机关撤至武汉、衡阳等地时，刘斐建议军事委员会改组，成立军令、军政、军训、政治四个部，虽然合并取消一些部，但单位仍嫌太多，编制杂乱，职权不明，互相牵制，指挥十分困难。抗战胜利后，各军事大员都主张改组，各提方案。经过讨论，未能取得一致意见，最后美国顾问团提出建议。当时美国也正计划成立国防部，还没有确定方案，就想在中国先成立国防部，作为试验。他们提出六个厅、八个局、四大总部的一整套方案，和美国想建立的国防部基本相同。但美国是总统制，国防部直接归总统领导，参谋总长负责军队指挥与作战，权力很大，而我国国防部属行政院，参谋总长位置只能排在国防部长下面，和总统隔了两层，地位无形中降低，顾问团也认为未能很好解决。这份国防部编制大图表，挂在重庆曾家岩求精中学美军顾问团办事处内，被方天和我等少数人先看到了，就通过译员提出修改意见，将参谋总长、保密局及战略顾问委员会均列为总统直接指挥单位；右面列有行政院，下列国防部和参谋总长、战略顾问委员会、保密局等同在一线上，用虚线由国防部通到六厅八局四大总部，表示国防部长有权可以间接指挥。修改后，隔了两天，顾问团请蒋介石亲到求精中学，说明这是美国最新拟定的国防部编制，还说美国也是国防部长、参谋总长同归总统直接指挥的，蒋介石就说这样很好，完全同意。那天方天和我都坐在后排静听，事后向陈诚报告，陈当然很高兴。那天各军事委员都未亲来，只派得力助手前来旁听。不久即发表白崇禧任国防部长，陈诚任参谋总长。白崇禧有职无权，成为空头部长。

美国顾问团最初送来的国防部长的办公室编制，比参谋总长办公室还小，只有三个司100多人，白崇禧很不满意。过了几个月，美国派一上尉参谋送来新编制，部长办公室增加到300多人，内中很多是专家及文职人员，白崇禧才满意了。我们开玩笑说："大大的国防部，一个上尉参谋有权决定。"至于参谋总长办公室和六厅八局四大总部的编制，全由美国顾问团拟好送来，译成中文后完全照办。但美军编制有平时与战时之分，如第二厅情报的平时编制只有200多人，战时编制有1000多人，相差太远，无法决定，按当时国共双方和谈未定状况，只好酌情予以增大。

美国顾问原先建议，国防部所属六厅八局四大总部的总人数限在1.5万人以内，结果我们无法做到。

整军方案及国防部组织决定后，于1946年3月还都南京，5月1日在中央军校内成立国防部。其间，继续减少部队，青年军也有几个师复员，安排他们升学或作为预备干部，并拟定新的兵役制度作为建军基础。也听到美国将以50亿美元及技术装备帮助我国防工业建设。我们就按整军方案，将90个军改为整编师，每师辖两个旅四个团，首先在后方部队实施，如开赴台湾的七十军陈颐鼎部即第一个改辖二旅四团，官兵人数在1.4万人；有些部队归还各省，改为保安团队。蒋介石的警卫旅也裁编为团。整军方案决定后，我经手裁减的部队很多，只是津浦、陇海两路前线部队未动。

陈诚指示要研究建成国防军时的兵役制度，初步主张仍用征兵制，按最后保留60个师的规定，全国划分为60个师管区，各师兵员均由该师管区征补。每个应征新兵先服役两年（特种兵为两年半至三年），退役回乡后为预备役，服役三年，每年征兵集中训练一至两个月，再转入后备服役三四年。这样，一个身体健壮、有初中以上学识的公民，一生最多服兵役十年。将全国108个师中择优保留60个师外，其余改为60个预备役师，平时保留干部及少数兵员，战时将兵额装备补足即可作战。后备役兵归师管区控制，担任后方治安及前线死伤补充之用，使现役师与预备役师均保持满员。大学及高中学生均须军训。这样对外作战时，全国至少有120个师。我根据这种设想，绘就图表。计算兵力及每年退伍人数，认为三年内可组成一个预备师并且还是很精锐的部队。预计每年只征兵40万人，即可满足战时120个师的兵力。

三、在国防部第五厅一年

国防部在南京原中央军官学校内。成立后，大礼堂东侧两座楼房为白崇禧部长办公室，西侧两座为参谋总长办公室。大礼堂后面的二层楼为挂满地图的作战会报室。第一厅主管人事，职员近400人，住在中山东路西华门附近；第三厅至第六厅分住大操场侧八座楼房，每厅两座；八个局分住在校内后面各屋。军法局及宪兵司令部都住在外面。四个总部另有房屋。

国防部成立那天，陈诚集合六厅八局官佐讲话，大意说明用人不分派别，择优录用，你们可以推荐。要网罗全国最优秀的军事人才，来建设现代化国防军。如第一厅厅长于达、副厅长徐汝城是胡宗南的干部；第二厅厅长侯腾是军校七期陆大十期留美的情报专家，与军统没有关系；第三厅厅长张秉均是原军令部第一厅厅长，熟知作战业务；第四厅厅长赵一肩是十九路军蔡廷锴部的师长；第五厅唐某及副厅长龚愚是留美的。八个局只预算局长赵志垚是陈诚的青田同乡、中学时的同学。参谋次长郭忏、刘斐、郭宗峤、范汉杰，陆军总司令顾祝同，海军总司令桂永清，空军总司令周至柔，联勤总部司令初为黄镇球，后为郭忏，有的是何应钦的人，有的是陈诚的人，都是蒋介石亲自批准的。

方天原订计划每个厅都安排一个陆大十一期同学担任副厅长，以便灵通消息，结果第二、六厅都未能如愿。

5月下旬，蒋介石下令津浦、陇海两路沿线部队共40多个军，100多个师，均改为整编师，各师裁减一个团及师直属部队。旬日之间就减少45万人，甚至王牌部队如第五军、第十八军、第七十四军都不例外，我也认为再不会有内战了，但是整得人心惶惶。

6月间，我随陈诚到徐州、开封、济南、青岛了解情况，在飞机上凭窗下望，农民在地上忙于耕种，田野一片黄绿，呈现升平气象，认为国共双方确实信守和约。陈诚、薛岳二人在徐州谈话我未参加，在开封机场和刘茂恩，在济南和王耀武，在青岛和海军总司令桂永清、第五十四军军长阙汉骞、第八军军长李弥等人谈话，我均在场，都只谈守住阵地，避免摩擦。在青岛要我代表他去慰问伤兵，回来后即登上飞机，我问他是否去沈阳，陈诚说回南京，东北情况复杂，去也无法解决，北平归李宗仁负责，不必去。

记得从抗战胜利后，陈诚从第三战区回来，至这次出巡到山东为止，未到过北平和东北。这表明他当时只想保住黄河以南，划江而治的想法。但他一向服从蒋介石，不敢将个人意见公开提出。

7月下旬，云南部队第五十八军的第一八二师师长张冲在东北某地起义投向中共，蒋介石十分着急，派陆军总司令顾祝同往东北了解情况，并要卢汉同机前去慰问，设法要张冲率部回来。陈诚派我、白崇禧派孙国铨（广西人、陆大十三期毕业、国防部少将参事）随同前往。到了沈阳、辽阳、鞍山、海城、抚顺、四平街、长春、吉林等地，听过熊式辉、杜聿明、郑洞国、孙立人、廖耀湘、陈明仁等人的汇报，知道林彪已成立40个师，日本关东军60万人的装备被苏军收缴后，均转交林彪，原满洲国的伪军及保安队等均投归中共，南京新发表的东北12个省的省主席很多不能到差，熊式辉是行营主任，毫无办法，牢骚满腹。杜聿明指挥五个军15个师，只能踞守大连到哈尔滨铁路沿线德惠、海城间的一些重要城市，北面不能进哈尔滨，南面不能靠近大连。去东北的五个军15个师，虽都是美械装备，但比之林彪军事实力相差太大，一些补给及船运均靠美国援助，经常受到限制，要接收东北困难重重。

我去东北前见过陈诚，他指示我深入了解情况。回南京后，我根据所见，提出书面报告及建议，说明：①东北民众厌战，对共军干部普遍好感，厌恶国民党军。②林彪兵力强大，苏联将日本关东军60万人的装备武器收缴后，全交给林彪，成立40个师，训练也大致完成。③由于苏联的压力，国军不能进入哈尔滨，无法接收北满，南面不能靠近大连和鸭绿江。④杜聿明要求增兵40个师，但抽不出这么多部队，也无法运去。⑤在东北的部队，一般缺额三分之一，无法就地补充。⑥东北破坏严重，一时无力重建。最后，我建议将东北全部让给中共，国民党撤回山海关以内，以长城为界，分疆而治，必要时留东北军第五十三军万福麟部在沈阳附近，表示象征性的接收。这个报告我认为是符合五比一原则的，当时写得理由充足，简明扼要。陈诚表示同意，就将我的报告一字未改签送给蒋介石，蒋看后用红铅笔批了一个"阅"字。另外，我口头向陈诚建议发表林彪为东北军区总司令，负责东北接收工作。因林彪是黄埔军校四期同学，是蒋的学生，或可能起拉拢和分化作用。陈诚听后未置可否。

内战初起时，蒋、陈的作战计划还是迫陈毅军全部撤离苏北，退至黄河以北。所以邱清泉的第五军机械化部队，用在洪泽湖以东的兴化、东台方面，压迫盐城的陈毅部队北撤。陈诚说三个月打败共产党，也是指苏北方面而言的；后来被人质问，又改为六个月，我们都笑他说的不是真心话。他只是希望陈毅部退至黄河以北就算成功，以后再开和谈。但战端一启，就无法再和了。

马歇尔"调解"失败返回美国后，驻盐城地区的中共三野主力受到国民党陆军和空军的压迫，已开始北撤。据邱清泉报告，并无大战，只某军损失一个团就未追击。但陇海路东段国民党部队兵力不强，却妄想堵击侥幸立功，如整编第九十九师师长戴子奇，在沐汤堵击，结果反被击溃战败自杀。

陈毅部击溃戴子奇后，顺利进入鲁中。张灵甫的第七十四师及其他两个军想堵住陈毅部回苏北，陈诚的第八军，第五十四军从潍坊向沂水南下，和张灵甫密切合作，企图迫使陈毅部由济南渡河北撤。但白崇禧主张以第十六军、第四十六军向莱芜南下堵击。第四十六军军长韩练成率领的三个师九个团是广西部队，善于山地战；第十六军是湖南部队，军长原为彭位仁，彭调预干局长后，新任军长（忘记姓名）到任未久。这两个军系统不同，不能合作，陈诚不同意，白崇禧坚持，蒋介石只好同意。结果莱芜战役大败，第十六军被歼，韩练成起义。陈毅部莱芜取胜后，挥师南下重占苏北。张灵甫好大喜功，便孤军深入孟良崮，结果遭致全军覆灭。鲁苏战场国民党部队由主动变为被动，只能驻守济南、青岛、徐州、淮阴等几个要点城市。徐州绥署主任薛岳去职，由顾祝同以陆军总司令名义进驻徐州，调郭汝瑰为参谋长。中共刘邓大军渡过黄河进入大别山，整个局势迅速变化，国民党败局已定。

陈诚任参谋总长后，外间要接洽的事很多，主要忙于各省的国大代表人选及交涉军费，对前方作战很少过问。前方战事，实际上由蒋直接指挥，事后由侍从室第二组电话告知国防部副部长林蔚，再转告陈诚和白崇禧。陈诚胃病未愈，也很少来部办公，更未去徐州或前线亲自督战。我们私下笑说：参谋总长不管作战，不亲临战场，反忙于政治工作，大权旁落，部队被歼，就不能不负战败之责。

四、调任整编师长和第九十八军军长

1947年春，国民党部队经过半年作战，损失惨重，必须征兵组训部队，扩大编制，才能维持战局。陈诚忙于师管区组织及师管区司令和整编师长人选。他有一本手册，将预选姓名都记在上面。有一天他来办公，因肚子痛急于解手，将名册放在桌上忘记收起，被郭忏、方天偷看了。在整编师长页内，有我的名字，还注明在四川、昆明等地要增建部队，巩固后方根据地。这时马励武被俘，第二十六师被歼，须重新成立。郭忏和方天就推荐我担任整编第二十六师师长去昆明重新成立。陈诚同意后，蒋介石立刻批准。我于1947年5月下旬到昆明担任整编第二十六师师长。这时东北行营主任熊式辉坚请辞职，蒋介石照准后，要陈诚前去东北整顿，并增派云南部队第九十三军卢浚泉部三个师及青年军第二〇三师罗友伦部。傅作义部到达张家口的第九十二军及第九十四军也预备随时调往关外支援作战。

陈诚在去东北的前几天，我去他家请示到昆明后的行动。他说："川、云、贵、各省将为国民党的重要根据地，必须有几个整编师驻防，方能确保后方。卢汉不可靠。云南警备司令何绍周是何应钦的侄子，黄埔三期同学，他本人没有部队，你要听他指挥。我已派黄埔三期同学邱开基（云南人）任云南省警保处长，掌握云南的保安部队及警察武装，你要和邱协作，确保全省治安。陈诚还说："存在云南的枪弹器材还多，你整编好第二十六师后，明春可扩充为三旅九团（当时只编成九十三、一九三两个旅共六个团）。以后再成立几个整编师。"这是我最后一次和陈诚见面谈话。

我到昆明后，在北校场营房成立第二十六师师部将第九十三旅彭佐熙部两个团及三个机场守备团全编入军内，并由云南省征兵另成立一个团及军、师直属部队，先后扩充成立第九十三、第一九三两旅各六个团，共约2.5万人，分驻蒙自、保山、霑益、昭通、呈贡及昆明等地，施加训练。从副师长、旅长到营、连长人事都由我决定后报请国防部加委或备案，全军有16辆小吉普车及许多卡车，住房条件很好，是我一生最得意的时候。可惜只四个月，蒋介石就调我回南京任经理署长了。我因不熟悉军需业务，又调任第九十八军军长，于1949年年底率部在四川起义。

第十八军（整十一师）
在全面进攻中的第一炮

杨伯涛*

覃异之（全国政协文史资料研究委员会专员、原国民党首都卫戍总司令部中将副总司令）审稿意见：揭露国民党军队占领武汉转运徐州参加全面进攻第一炮的经过情况，有一定史料价值。

一、进攻前的第十八军

1945年9月抗日战争胜利，第十八军由湖南常德、桃源地区出发，接受集结于长沙、湘阴、岳阳地区日军的投降。10月底接收完毕，随即进驻武汉，其任务为拱卫武汉三镇新建立的统治。驻防的部署是胡琏的军部及直属部队驻武昌；十一师主力驻咸宁，一部驻鄂城；十八师的一个团分驻汉口汉阳担任市区的警备，主力驻孝感；一一八师驻黄陂。这时汉口、汉阳市区数十里外，俱有人民地方武装部队出没，交通治安很受威胁。1946年

---

* 作者当时任国民党军整编第十一师十一旅旅长。

春，武汉行营主任程潜为此召集军事会议，决定对江汉地区的人民地方武装部队大举进行扫荡，行营参谋处在会上将人民武装力量及根据地的分布做了报告。我于会后回到咸宁，即接到军长胡琏的命令，十八军担任云梦以西汉川以东地区的扫荡，而以汈汊湖为中心目标，即派十八师师长覃道善指挥该师由孝感向云梦汈汊湖进攻。又派十一师派出一个团由嘉鱼渡江至汉川系马口襄河岸堵击，统由覃道善指挥，对汈汊湖形成合围之势。经过战斗，人民武装不支，大部被消灭，少数分路散去，十八师部队纷乘小艇深入汈汊湖岛屿根据地，俘获300余人，召回流亡地主建立反动的乡保长政权，始班师回防。5月全军整编完毕，改番号为整编十一师，师改为旅，每旅辖三团及炮兵营、工兵营等直属队，师直属部队有榴弹炮营、工兵营、通信营、整道团、汽车营等，汰弱留强，人马装备俱甚充实。

二、全面进攻千里输师

1946年7月，蒋介石悍然发动内战，向解放区全面进攻，妄想在几个主要的战略地带一举歼灭人民解放军，至少是击破其主力，尔后再分区清剿。一开始倾其精锐，志在必得。因此将其嫡系主力部队首先投入战斗。陈诚嫡系整编十一师，特被编入全面进攻第一次会战的战斗序列。于7月8日开始集结，11日先头由武汉出发，踏上反人民的战场，执行蒋介石全面进攻的任务。

国防部参谋总长陈诚电令整十一师开赴徐州，以后即归徐州绥署主任薛岳指挥。因武汉距徐州数千里，为保持机密，不让解放军发觉，命令部队秘密行动，分别从水陆两路运输，驻咸宁、鄂城的十一旅到武昌集结，乘长江航轮东下至浦口，改乘津浦路火车至徐州；十八旅及一一八旅则从孝感、黄陂乘平汉路火车至郑州再转陇海路至徐州。一一八旅为先头启运部队，十八旅随后跟进，师部及直属部队亦从武昌乘轮东下转至徐州，胡琏率副师长张世光一行先赴徐州向薛岳报到并请示作战行动。

三、先发制人反制于人

胡琏到徐州见了薛岳请示任务行动，得知徐州绥署的情况：津浦线上浦口至徐州段铁路畅通，徐州以北俱不通车，临城（今薛城）、兖州有吴化文等伪军据城困守，形成孤立据点。徐州至海州段局部通车，徐州经砀山、商丘段铁路有国民党军交警总队利用日军所构筑的碉堡及铁路两侧所掘的掩护壕沿路设置守兵以保护列车的通行。徐州附近则驻有整编二十六师马励武部，整编八十八师方先觉部，整编二十八师李良荣部。台儿庄、贾汪、韩庄驻有冯治安部两个整编师。枣庄峄县驻有整编五十一师周毓英部。另装甲车教导总队总队长石祖黄率战车第一团驻徐州郊区九里山营房。薛岳虽拥有如此庞大的兵力，但因为没有群众基础，广大地区的反动地主政权无法建立，处处需要正规军队驻守，筹码仍感不足，交通时受威胁，徐州几如孤岛。整十一师划入徐州绥署序列后，薛岳根据国防部全面进攻的计划及徐州当前的形势，而策定绥署作战计划，首先是主力兵团猛力北犯，肃清津浦线上的解放军，解除临城兖州等孤立据点的包围，使津浦路南北全线通车，以肢解冀鲁豫解放区。预定整十一师到徐州集结后即使用于该方面。另以一部担任交通的维护，并就近肃清徐州外围人民武装，确保徐州的安全。战略上采取主宰战场先发制人的方针。这时人民解放军方面：晋冀鲁豫军区主力在黄河北岸邯郸、大名之间，其一部第七纵队杨勇部在黄河南岸鲁西南地区；山东地区的解放军，其主力在苏北正与国民党军酣战，一部在津浦线上围困国民党军各据点。薛岳认为在这种情况下，乘虚蹈隙，突然发动进攻，必操胜算。

7月20日，整十一师各部俱在运输途中向徐州进发。先头出发的一一八旅循平汉铁路转轨陇海路全部到达徐州。十一旅由长江航运先头到达徐州。十八旅继一一八旅之后登车，列车蜿蜒数百公里。当时黄河的花园决口尚未堵复，黄汛于郑州开封间的中牟附近南流形成障碍，铁路改道，须经郑州的黄河铁桥至新乡绕道至陇海路再经开封至徐州。长途运输目标暴露，不可能保持机密。

7月26日，情况发生剧变，晋冀鲁豫军区解放军涉黄河南下对徐州以西、开封以东数百里陇海铁路及沿线城站展开声势浩大的攻袭，砀山的国民党军被歼灭，沿线车站守备的交警总队，残存无几，桥梁路轨给予炸毁，全段交通陷于停顿。运载十八旅旅直属工兵、通信卫生等部队的列车，驶至民权野鸡岗附近，被解放军截击，全数被俘。旅部及后续部队列车不能前进，阻滞于开封。驻防开封的刘汝明部队望风披靡，郑州绥署主任刘峙命令十八旅部队进行反攻。该旅先遣一部在开封罗王车站附近与解放军遭遇，抢占一坚固圩寨，解放军猛攻不克，该旅主力赶到时从外侧夹击，解放军出于意外，在炽盛的火力下伤亡颇大，随即撤退，开封始获稳定。因此该旅不能到徐州集中，打乱了薛岳对使用整十一师大举进攻的计划。

薛岳在意外遭到解放军的大规模攻势下不得不放弃原来大举北进打通津浦路、肢解解放区的计划，转而采取头痛医头、脚痛医脚、追随于敌的应变处置，当即命令整编第二十七军军长王敬久进驻黄口车站，指挥整十一师、整八十八师、新编二十一旅等部配备铁甲车一列，向砀山攻击，以驱逐解放军，恢复铁路交通。整十一师连夜由徐州城郊进至黄口，胡琏的攻击部署是：以一一八旅高魁元部及十八旅的一个团为第一线攻击部队，沿铁路两侧攻击前进，十一旅控制黄口为预备队，这一带的地势平坦开阔，村落星罗棋布，青纱帐正茂，展望不便，解放军没有做整体阵线的抵抗，采用机动袭击战术，以多数的小支队进行突然的袭击。整十一师部队在进入村庄及通过青纱帐的不意中仓促应战，处于不利态势，伤亡颇大。胡琏即令各部队采取政策，前进时以轻装部队从正面搜索前进，重兵器及辎重部队最后跟进，宿营时构筑近战工事，发挥冲锋枪、六〇炮、火焰喷射器等武器的效能，与解放军短兵相接，沿途击退了解放军的袭击，侵占砀山县城。解放军主力北撤，未发生大规模战斗。商丘方面驻有刘汝明一部及蒋介石收编的伪军张岚峰暂编第四纵队，亦向东出击，双方取得联系。铁道部队乃开始进行桥梁路轨的修复，于8月中旬逐段恢复通车。

四、大举进攻转为大举防堵

8月中旬情况：解放军方面，于捣毁陇海路交通取得战略上辉煌的胜利后收缩兵力。主力集结鄄城、菏泽、曹县、成武、巨野、郓城地区，这时黄河干涸，与后方河北平原畅通无阻，鹰瞵虎视，声威夺人。国民党军方面：郑州绥署刘峙所属主力部队使用于豫东地区积极向解放区进攻，当陇海路中断时大感侧背威胁，两面作战颇为踌躇。徐州绥署薛岳鉴于解放军仍雄踞黄河以南地区，形成对国民党军大举北犯的侧击态势，为徐州和陇海路的安全及尔后北进的有利，决定首先扩大外围以巩固徐州的战略地位，随即集结主力肃清黄河南岸之敌，尔后再贯彻大举北进的原计划，国防部对薛岳指示的作战要旨如下：

（1）为限制解放军在黄河南北自由进出，积极乞求美国帮助进行花园口堵口工程，使黄水归于故道，成为天然的防线。

（2）调赵锡田整三师等部增强郑州绥署开封方面的兵力，准备应对鲁西南地区解放军的攻势。

（3）将在天长地区侧击苏北解放军的邱清泉第五军撤出战斗，加入徐州绥署序列，以增强进攻的兵力。

（4）徐州绥署应即积极部署协同郑州绥署迅速肃清黄河南岸之敌，并对苏北共军加强戒备。

根据以上作战要旨，国民党军初期的大举进攻化为乌有，实际上已转为大举防堵。

五、整十一师对徐州西北地区的进攻

整编二十七军军长王敬久为执行薛岳扩大徐州外围及肃清鲁西南解放军的命令，即指挥整十一师（缺十八旅主力）、整八十八师，新编二十一旅各部向陇海路以北广大解放区进攻。胡琏整十一师的攻击部署，以十一旅进攻丰县，右与进攻沛县的新编二十一旅取得联系，胡琏自率一一八旅及十八旅的一个团由砀山向单县进攻。这时，丰县、沛县、单县金乡、鱼台、成武一带仅有地方人民武装，在强大的国民党军压迫下多被包围缴械。王敬久是丰县人，为回乡探视及就便号召反动势力，亲到十一旅旅部一道行动，进占丰县后住了几天始离去。沿途俘获地方人民武装300余人，以王的关系未加虐待，由政工人员向他们进行欺骗威胁的宣传，每人发给"自新证"一纸及回家旅费，令其向当地的乡保甲长报到，不加追究。企图对于这一地区的人民武装有所影响，而起分化瓦解的作用。向单县侵犯的一一八旅，亦未遭遇解放军的抵抗，进占单县。

　　整十一师在这一地区掩护地主武装还乡团建立反动政权，徐州外围国民党的统治区域因以扩大，一改过去在人民武装包围下几如孤岛的局面，此为全面进攻以来的唯一收获。原来计划以整十一师担任全面进攻的主力一举打开一个新局面的梦想完全幻灭，最后以软弱无力的攻势而结束它进攻的第一炮。

（1962年）

整编第十一师进攻沂蒙山解放区概况

陈家珍*

杨伯涛（全国政协文史资料研究委员会专员、原国民党军第十八军少将军长）审稿意见：此稿所提供资料符合事实。当时我虽任十八军十一师师长（整编十一师十一旅旅长），但所知情况，还不及这篇资料提得全面。如陈诚到新安镇指挥，他只给我通了一次电话，具体活动并不了解。本稿所提极有价值。

一

宿北战役以后，国民党军队在全国各个战场上，处处失利，大量有生力量被歼，不得已把全面进攻，改为重点（山东、陕北）进攻。从山东局部战场来看：国民党军队拥有24个整编师、60个旅、45万人（内有第五军和整编第一、七十四师三个主力军），控制着铁路交通线等，占绝对优势，处于外线作战态势；解放军的华东野战军约11个纵队，30万人，主力

---

* 作者当时系国民党军整编第十一师参谋处上校作战科长。

在沂蒙（纵横400多里）山区，从兵力、装备、物资等方面，尚处于劣势和内线作战态势，周围大城市，要点如徐州、兖州、济南、潍坊、青岛等地均在国民党手中。

所谓沂蒙山区，除沂山、蒙山外，尚有泰山、鲁山、徂徕山、峄山等，多系童山，老年山较少，一般多是丘陵起伏，青石林立，山路蜿蜒，海拔不高，高峰在1000米以上者很少，内有少数特殊山峰，如抱犊崮、马头崮等，孤峰独立，地形险要，一夫当关，万人难过，适于步行，车辆则多受限制。当时美械装备的国民党军队除沿公路行动外，颇感困难。沂蒙山区适宜劣势装备对优势装备者作战。

国民党军事当局，决心把重点进攻指向沂蒙山区。整编第十一师是进攻沂蒙山区的主力部队之一，担任异常重要的角色。

1947年元月底，国民党军事当局决心先进占鲁南重镇地处沂蒙山区边缘的临沂。临沂当时为华东野战军物资供应基地之一，仅西南有一小山苍山，其余都是平原。国民党以八个整编师组成南线兵团（主要突击集团）夺取临沂，以第二绥靖区副司令官李仙洲指挥第四十六、七十三两个军为北线兵团（辅助突击集团），依托济南和胶济铁路由北线经博山向莱芜新泰进出，策应南线进攻。

整编第十一师元月底奉命由宿迁，经皂河、土山集向徐州以东的运河车站、碾庄一带集结。正值春节前夕，天降大雪、气候奇寒，我们师部住在碾庄，度过了春节。

约在2月4日，陈总长（陈诚当时任参谋总长）来运河车站视察。师长胡琏带我和少数警卫人员，迅速由碾庄乘汽车来到运河车站。陈诚身穿黄呢子大衣，正在与守卫运河铁桥的士兵说话。胡琏向陈行礼后说："总长好！怎么这样冷天来了！"陈诚笑了笑说："冷点不要紧，你们都好！"胡又说："总长到碾庄休息一下好吗？"陈说："好！我们走。"陈诚是第十八军的创始人，所以对第十八军（整编第十一师）特别亲切关怀。当我们回到碾庄的时候，副师长王严、参谋长肖锐在大门口迎接。陈诚说："王严、肖锐我认识，我知道。"胡琏问道："总长这么忙，怎么有时间出来看看？"陈说："这次进攻临沂很重要！好久没到前方来看看了，士兵怎么样？"胡回答说："我们军很好！"陈诚说："要与友军好好团结，战斗空隙要整训，要注意搜索敌情，此次进攻临沂，你们归李吉甫（李延年的号）指挥，要好好准备，你们有什么困难的事吗？"胡琏说："没有，我的意见是，以后我们要进行大兵团作战，最好三个师以上团结在一起，可以免于失败。"陈诚说："这个意见是好的，薛主任给我说过，但是我们的兵力受到限制，收复一个地方，就需要派部队守护，用起来很不容易，这次宿北战事失利，我和薛主任都有责任，以后在用兵方面，要事事注意！"

2月7日奉徐州绥署命令概要如下：

敌军主力在沂蒙山区，北线我友军李仙洲部即向莱芜方向前进。我南线兵团以进占临沂为目的，着该师即日起归第三兵团司令官欧震指挥，该师即沿沂河西岸经官湖、重坊前进，为兵团左翼军与右邻整六十四师，切取联系，该师应遵守事项如下：

①在重坊附近架设能通过一〇五榴弹炮桥梁一座，限2月11日前完成。

②该师即与欧兵团联系，以后情况随时分报本部。

③派出有力小部队，向兰陵、枣庄市附近搜索，特别注意师左侧的安全。

整十一师奉命后，采取下列措施：

①令骑兵团杭世骐部即向兰陵、税郭、长城、枣庄市附近，搜索警戒并与先头一一八旅取得联系。

②派第一一八旅工兵营营长葛泽尹在重坊附近负责架桥，限2月11日前完成。

③师按第一一八旅、师部、十一旅、十八旅的序列沿沂河西岸前进。

华东野战军主力北进后，国民党整编八十三、六十五、十一师，分三路向临沂逼近，2月15日占领临沂。

约在2月22、23日，听到消息北线兵团两个军六个师全军覆没，李仙洲等被俘，我们都很震惊。国民党军以两个军的代价，换取了临沂的一座空城。薛岳因莱芜战役失败被撤徐州绥署主任之职，旋即组成由陆军总司令顾祝同兼司令的"陆军总司令部徐州司令部"，继续向沂蒙山解放区进攻。

二

徐州司令部为了继续进攻沂蒙山区，调整部署，其中令整十一师打通临城（今薛城）至兖州的津浦铁路，以便从沂蒙山区西侧进攻，分进合击华东野战军。

整十一师于2月下旬奉徐州司令部命令要旨如下：

当面敌军主力现在新泰、蒙阴附近，我整八十三师现驻临城，整八十四师现据守兖州，着该师即归本署直接指挥，先向临城附近集结，再沿铁路经滕县、邹县向曲阜前进，并将行动随时报署。

师奉命后，师指挥所分析、研究认为：此次单独行动，必须特别慎重，由于李仙洲的失败，应更加警惕。经过一再商量决定：

①部队在运动中，战斗力较薄弱，前进中最好有依托。为此应与前缘部队联系。

②加强师右侧背的安全，派骑兵团向抱犊崮附近地区搜索警戒，俟师通过枣庄后再向临城前进。

③师仍按第一一八旅、师部、十一旅、十八旅序列经长城、四哨、兰陵、枣庄向临城前进。

④部队于2月24日开始行动。

胡琏带我和副官主任翟连运及少数警卫分乘两辆汽车由重坊到贾汪冯治安处联系。当时冯任第三绥靖主任，辖整五十九、七十七师。该部担任徐州外围东、北两面警卫，一部驻韩庄、台儿庄，主力控制在宿羊山圩附近。我们仅用了两个多小时就到了贾汪。贾汪是个煤矿区，是冯治安总部所在地。胡与冯见面后说："我们是专程来这儿问候，向仰公（冯号仰之）请教的。"冯说："伯玉（胡琏号）你们辛苦了。请教可真不敢当，前两天我与薛主任在电话里谈到你们，你们去枣庄临城我们真高兴。欢迎！"胡琏把我介绍给冯说："这是我的作战科陈科长，他与仰公是很近的小同乡。"冯再一次向我握手说："好极了！好极了！"胡向冯说："仰公经验多，阅历深，又在这里时间久，对于临城以北的情况，比我们熟悉，我们深感此次单独北进，责任重大，请仰公多指教，多帮助！"冯说："伯玉兄你太客气，我们尽力支援你们，现枣庄东北地区常有张光中部出没，如有什么需要，请不客气告诉我们，尽力去办。"胡问冯："仰公对局势有什么看法？"冯说："从物力、人力来说，我们胜利应无问题，为什么到处失败呢？我很不明白，伯玉兄你说呢？"胡琏说："我认为是敌情不明，老是打被动仗，我们部队间团结不够好，多顾虑自己，少考虑大局。"冯说："很对。"

我们在冯治安热诚接待、竭力挽留下住了两天，在兰陵附近赶回了军部。在兰陵附近见到路旁有破汽车架子、破钢盔等，知道这是第一快速纵队和整二十六师等被歼灭的痕迹，沿途很少见到青壮年，呈现一片冷寂现象。路过枣庄矿业区时也是异常凄凉，煤矿早已停产，街上行人不多。当我们来到枣庄西一站地邹坞车站时，一一八旅旅长高魁元在等我们。原来邹坞是高的老家，领我们到了他家，他的直系亲属，都已逃往徐州，由他的堂叔兄弟招待我们。问到当地情况，他说："共产党的军队，说来就一大片，说走一个也没有了，外人闹不清，老百姓组织得很好。"3月5日晚，我们到了临城，师部住在天主教堂内。傍晚通信网构成以后，胡琏向徐州总部用电话汇报了部队情况。副参谋长杨焕庭因天寒生一火盆洗澡，煤气中毒晕倒在火盆上，半身烧烂几乎烧死，经过抢救，立即用救护车送往徐州医治，从此我的业务更忙。

我们到了临城的当晚，当地驻军整二十师师长杨干才会晤。杨约40岁，稍瘦，中上等身材，四川口音，他对战局很乐观，说了些夸大的豪言壮语。据说他是丰都人，四川军阀杨森的侄子，由他的口中得知下列情况：

临城北官桥车站以北无我们的部队，铁路已完全破坏；滕县、邹县国共双方都无驻军，共军少数军政人员常来常往；铁路以东山区，地形复杂，有时有共军部队出现。

他说："薛主任指示我们一定尽力协助你们，希望规定电台联络时呼号、密码本等。"临走邀请整十一师师部主要人员明天到他那儿吃午饭。因事忙，除胡琏外其余都未去。

由于补给粮弹，处理前后方的业务，报请徐州总部允准，在临城停留两天，积极搜索敌情，准备出发北进。经过指挥所研究决定：

①师情报队于东郭、香城、白彦、张庄（以上地点均在铁路以东山区）等地派出情报小组（3至5人），师于滕县东沙河设立情报收集所。

②师于3月9日以战备行军态势北进，行军序列为骑兵团、十一旅、师部、十八旅、一一八旅。

③各旅在行军途中，尽力缩短距离，宿营时地区要小，工事力求坚固，对东侧山地派出有力警戒。

④电请兖州吴化文师（整八十四师），在3月11日至13日间，派出一个团以上兵力，向邹县附近出动，策应本军北进。

⑤电请徐州总部派通信部队和铁路通信人员在本师后跟进，迅速修复沿铁路电话线，以利通信。

我们行军六天，未遇任何情况，到达了曲阜。胡琏带着政治处长李生林和我到兖州吴化文处联系，其余部队则到曲阜。

我们约半小时到了兖州，吴化文师长和他的两个旅长徐曰政（山东招远人）、杨友柏（安徽人）在兖州东门迎接我们。吴将徐、杨介绍给我们，胡将李生林和我做了介绍，我们一起到了整八十四师师部。吴说："我们天天盼着你们来解围，你们可来了。"胡琏说："你们很辛苦了！我们人生地疏、情况不明，请吴兄多多指教、协助。"吴说："我们部队一切都差，如果有需要我们的地方一定尽力而为。"饭后我们在一起谈了两个多小时，问他是怎样守住兖州的？东面山地的情况怎样？吴说："兖州城比较完整坚固，我们把城和车站构成两个具有坚强野战工事的据点群，互相呼应，车站留有一列铁甲车，有十几门炮，在车站附近活动。兖州是抗战时期日本人的补给基地，遗留下不少的粮弹和通信、卫生器材，情况一缓和，我们就到附近搞点粮食，解放军来攻了几次，未攻下，后来也就不攻了，因为他们的炮火还是不多。"关于敌情况，吴化文说："曲阜以东是敌人经常出现的地方，泗水就是他们的根据地。敌军地方组织很好，地方民兵有基干连、一般民兵连、少先队、儿童团、妇救会、姊妹团，都组织很严密，因此我们的情报人员，在敌区活动很困难。敌军正规部队是流动性质，根据情况、任务而定，因为地方组织良好，虽无正规部队也能维持地方政权。"

当晚我们回到曲阜。旋接徐州总部命令：整十一师、整八十四师组成一个兵团，归欧震指挥。欧震于3月17日到达兖州，胡琏带着参谋长肖锐和我又到兖州会见欧震。欧50多岁，身体高大魁梧，广东人，和善干练，资历很老，司令部业务人员也很负责，给人以良好印象。欧震说："我来的主要任务是处理部队后勤和军民之间业务，并督促尽快修复津浦铁路。"

三

我们在曲阜住了24天，积极整训，补充部队，侦察地形，搜索敌情等，积极做进攻沂蒙山解放区的准备。鉴于以往敌情不明，上级通报的情况又往往过时，部队老是打被动仗，因此决定成立一个搜索团，由各旅搜索连和师部情报队的一部分组成，由一一八旅三十三团副团长展陆任团长，全团约500人，附电台一部，既可以穿军衣，也可以穿便衣，归师直接指挥，对外假称整十一师四十六团，具有单独行动能力，以飘忽迅速、神出鬼没的行动，出入于敌占区或敌我之间。其主要任务为搜索敌情，打击解放区政权和民兵组织。当时活跃在泗水东北地区的中册、石莱及蒙阴以西地区，配合军事行动，很是得力，收到了预期的效果，但在4月底在石莱附近遭遇伏击，团长展陆狼狈逃回后，由一一八旅五十四团副团长孟述美继任，在进攻沂蒙山区中，这个组织起了不少作用。

曲阜城墙完好，是一座很小的县城，南面约10华里有东西走向小山——尼山，是孔子出生的地方，山下北面有一条小河；城北约10华里有一条小河——泗河，中国一般河流的流向是由西向东，这两条小河却是由东向西注入南阳湖。城内面积不大，孔庙、孔府再加上颜（庙）就占了三分之一，因为孔子的关系，曲阜在国内外享有盛名。当时孔子后代嫡系孔德成，是国民党政府任命的承祀官，因战乱关系，不知跑到什么地方去了。

1947年4月，开始进攻沂蒙山区，整十一师主力逐渐由曲阜东移，师部于4月8日进驻泗水，这是沂蒙山区边缘的县城，已经没有城墙。骑兵在山地不易活动，所以暂留在曲阜泗水间平原地区整训。

由于莱芜战役的失败，国民党军事当局更加小心翼翼命令部队稳扎稳打，慢步前进。进攻沂蒙山区的兵力约八个师（军），西线整十一师背靠整八十四师，逐次东进与南线兵团呼应。先以进占蒙阴之目的，师部于4月19日进驻卞桥，十一旅进驻仲村以北地区，一一八旅沿公路进驻黑山附近，其代十一团驻于黑山（黑山在卞桥武台之间，位于公路南侧）。在附近山头黑山最高，形势险要，易守难攻，怪石林立，施工困难。该团到后，胡琏带我曾往黑山视察，一再叮嘱三十三团团长李果然天黑以前要把附近地形看好，要各营、连长把阵地内关系位置交通看好，如夜间一有情况，便能应付，山上岩石较多，要克服困难加强工事。

根据上级通报，敌军主力在新泰坦埠附近，又根据本师及地方情报：白马关、九女关附近尚未发现大部敌军，仅有零星少数地方武装。4月21日晚9时，东北方向枪炮声大作。根据以往经验，与解放军作战，不打则已，一接触定有大战，师指挥所顿时紧张起来，立即用电话向各旅联系、询问，告知各旅加强工事，准备作战。当我问到一一八旅时，始知黑山三十三团方面开始激烈的战斗，高旅长在电话里说：夜间道路不熟，敌情不明，不能派兵支援，已与三十三团李团长通过电话，正在战斗，地形较好，防守无问题。告知一一八旅特别注意北面情况。十一旅未发现情况，告知须注意仲村方面情况。拂晓前解放军退去，攻击中止，主力向后退去，仍留部队在前线与我接触。天明后，电话修通，我直接用电话问三十三团李团长昨夜战况怎么样？他说：敌人攻击很猛，向我们突击五六次，均被击退，伤连长1人、排长2人、士兵30多名，阵亡十几名，多亏了师长昨天说我们要熟悉阵地内外地形，真用上了，伤员正在准备后运。胡琏接过电话说："你们打得好！有困难吗？需要什么？"李说："需要补充些手榴弹、六〇迫击炮弹，确保团与师间的交通通信联系。"胡琏说："我马上告诉他们去办，你要注意修复工事，除了警戒人员都要好好休息，水没问题吗？"李说："水没问题，请放心。"师指挥所根据当前情况，进行研究，采取下列措施：

①令四十六团积极向白马关、武台附近搜索敌情，十一旅向九女关、三官庙附近搜索敌情。②各师就地选择地形加强工事。

4月22日夜间，敌军又续行攻击一夜，天明后全部向东退去。

事后判断：黑山之战，可能是试探性攻击，或以攻击行动掩护蒙阴附近人员和物资的转移。

5月1日奉欧震兵团司令部命令要旨如下：

敌军主力现在东里店、南麻附近，一部在九女关、白马关附近。我南线兵团于5月1日由临沂以北地区北进。整十一师于5月2日开始，向九女关、白马关之线敌人攻击前进，相机进占蒙阴县城。

师奉命后命十一旅向三官庙、九女关，十八旅沿公路经武台、瓦岗，向白马关攻击，相机占领蒙阴，两旅作战地域为泗水至蒙阴公路，线上属十八旅，师部在十八旅后推进。

第十一旅在九女关遇到较强的抵抗，经两小时激战后，完全占领九女关、三官庙，三十二团二营营长谌宪章阵亡。第十八旅在白马关附近遇到轻微抵抗，乘胜东进，于当日下午占领蒙阴县城，及其附近地区。5月5日奉欧兵团命令如下：

敌军主力仍在东里店、南麻附近。我南线友军已越过费县北进，我第五军由泰安向莱芜、颜庄附近前进。希该师即日经常路进占新泰并派一部占领孙村煤矿。

师奉命后于5月7日未经战斗占领新泰和孙村，命第十八旅一个连至新泰北约15华里北师店与第五军切取联系。

四

整十一师进入沂蒙山区以后，最感困难的问题是携行弹药问题，由于美械军备优点是火力强，弱点是车辆多笨重，消耗弹药多，车辆离开公路就不能行动，弹药携行少了，又影响战斗力。沂蒙山区公路很少，多是羊肠小路，而军事行动，又不能完全在公路上作战。为此很感苦恼。一天在新泰，第一一八旅旅长高魁元因事来师部，谈起携行弹药困难问题。胡琏说："煜宸（高号）你是由东沂蒙山区边上的人（枣庄市人），你们亲友一定也有是山区的，他们的粮食和笨重的东西，是用什么办法运输的？"高说："是用二把手车（形状好似小推车，车前边也有两个短把，只要有小路就能推走，遇有小沟渠，二人用力一抬一推就过，每车需要两人）。"胡琏说："那我们用二把手车不行吗？你画个样？"高画了个样，我们都喜出望外。马上把副官处长陈志轩找来，告诉他在泗水或其他地方马上打制一百辆二把手车，解决了携行弹药不少困难。

5月下旬一个夜晚，我们住在新泰，忽接欧兵团来电："我整七十四师现在孟良崮、垛庄一带与敌激战中，希该师立即沿新蒙公路经螯阳、常路、蒙阴向孟良崮附近前进，切勿迟滞。"

接到电报以后，我们都很惊愕。胡琏命肖锐和我立即通知各部做出发准备，通过分析研究，判断整七十四师如不十分危急，决不会令我们驰援。不过，当时认为整七十四师战斗力强，短时间不要紧。但更想到解放军的作战特点，不打便罢，打起来就是急风暴雨。是不是能支撑得住？又想到本师在驰援中会遇到阻击，决不会让我们顺利驰援。遂决心明早4点出发，按第十八旅、师指挥所、一一八旅、十一旅的序列沿新蒙公路，以战备行军态势前进。回忆整十一师与整七十四师的关系是异常密切的，与一般友军不同。在抗战后期，同属王耀武第四兵团，共同参加过湘西会战，中、上级军官大多同在湖南洪江军官训练班一起受训，彼此熟悉。张灵甫本人与整十一师主要干部更有特殊关系，师长胡琏、政治处长李生林、一一八旅副旅长李万斌，不仅是军校四期同期同学，而且是陕西同乡，十八旅旅长覃道善、一一八旅旅长高魁元都是军校四期同学，所以从个人关系来说，也是非常密切的。胡琏、李生林有时与张灵甫有书信来往，能通电话时，不断通话。记得我们住徐州西北拾屯时，张灵甫从苏北来电话与胡琏通话（那是1946年秋后，张灵甫在苏北攻涟水受挫，两个团受到重大损失）。通过话后，李生林问胡琏："张灵甫来电话有什么事？"胡琏说："他发了些牢骚，他很泄气！"李又问："他说什么来着？"胡琏说："什么任务都让他去干，延安俘虏营缺少他。"李生林大笑着说："灵甫这个人什么都不错，就是好发牢骚。也有点才气，有点骄傲，他还说什么？"胡琏说："他说已经向王佐民（王耀武的号）说了两三次请他另选别人，他不干了，但是王佐民不同意……由此可见当时心情是很不好的！"

当我们师部行军到鳌阳时，整编九师许多人也在争着经新蒙公路以西的小路向蒙阴东南界牌附近前进，在村内巧遇该师参谋长张桐森（陆大十三期，山东人），多年同事，彼此行色匆匆，仅仅说了几句，握手告别。当我们走到常路时，隐约听到蒙阴东南方向传来断续的隆隆炮声，参谋长肖锐骑在马上说："你们听见了吗？张灵甫他们正在打呢！"大家默然走到常路村南时接十八旅覃旅长报告："我旅先头部队，在蒙阴北15华里小方山附近发现敌情。"胡琏指示该旅立即向该敌攻击，并命一一八旅派一个营向小方山东北方向前进，掩护十八旅左侧背安全，其余部队加速前进，在常路以南地区集结，师指挥所在东住佛。当我们进入东住佛时，小方山方向已响起密集的步机枪声。师旅间架通电话线后，胡琏与覃旅长说："现在小方山方面怎么样了？"覃回答说："已令五十三团尹俊全力攻击，现正在进行火力侦察，准备攻击。"胡说："你们行动要快一点，要用最大的决心，不惜一切打过去，灵甫正在危急，要像救火的一样去打。"覃说："据尹团长说，敌人是昨天晚上赶来的，已经筑有较强的野战工事，小方山北面山坡很陡，有三四个小山头拱卫着主山。"胡说："再困难也得打过去，你们需要什么？"覃说："我已经把旅山炮营给尹俊指挥，我希望师榴弹炮营支援我们。"胡回答说："那好，我马上命榴炮营程营长向你报到，一一八旅在你左侧那个营也归你指挥，最好你叫李维勋（十八旅副旅长）到尹俊那里去协助指挥。"覃说："我马上叫李维勋去。"胡又说："要争取时间啊。"

当晚，接欧兵团急电说："整七十四师，现正在孟良崮附近被围，与敌激战中，希该师排除一切困难，火速前进。"胡立即与覃旅长通话："仲明（覃的号），欧司令来急电催了，怎么还不开始攻击！现在张灵甫被围很急啊！"覃说："攻击马上开始，榴炮营程营已来，按指定地方进入阵地。"大约晚7时，榴炮、山炮、迫炮约50门，一齐轰鸣，形成了一片火海。约半小时后，机枪、步枪、手榴弹声大作。半小时后，我用电话问该旅参谋主任曾昭鹏前方怎么样了。曾说，五十三团第一线两个营攻击，打得很激烈，已经突破前沿阵地，未站稳脚跟，敌人大力反扑，又被夺回去了。营长王德厚负重伤，还伤了两个连长。胡琏在旁说我与五十三团尹俊讲话。接通后，胡问尹俊说："现在怎么样了？"尹说："敌人很顽强，我们两个连，已经冲破敌人阵地，敌人猛烈反扑又夺回去了，王德厚负了重伤。"胡向尹说："赶快整理部队，再发动攻击，争取时间，千万不要让敌人把阵地巩固住了，迅速把王德厚等运下来！"尹俊说："我一定尽最大的努力。"尹团又组织三次攻击，未能成功。师指挥所彻夜未眠，徐州司令部也直接来电催促前进，胡琏和李生林更是焦急万分。李生林忽然向胡建议："我们用报话机联络一下，叫张灵甫安安心行吗？"胡琏说："报话机容易泄机密，危害很大，在宿迁戴之奇不遵守保密，害了别人，更害了自己。"李生林又说："我不用张灵甫这个名，我用张钟林这个名行不行？"胡琏说，灵甫又不守在报话机旁，不中用，随后又说，你去试试。李生林说，我用我的名也容易保密。说着就到报话机旁，呼叫一个多小时，也未得到回答，垂头丧气地回到指挥所。参谋长肖锐问胡琏说："可不可以留十八旅在当面与敌人对峙，十一旅、一一八旅另找一条路向孟良崮急进？"胡琏说："你想得美，敌人也不是傻子，我们动敌人也动，到处可以阻击，我们这么多汽车、车辆、炮怎么办？敌人发现我们的企图的话，说不定还会直接来找我们的车辆和炮兵，我们是大部队，不是一连一排，说动就动，需要时间，来不及了！"在唉声叹气中，一筹莫展。

第二天，第十八旅五十二团接替五十二团续行攻击四五次也未攻克，五十二团营长黄光洛负伤，连、排长伤亡七人，战况惨烈。夜8点战况渐趋沉寂，据十八旅来电话说：据五十二团团长夏建勋报告，小方山敌人业已退去。我们听了都很欢喜。但是胡琏在铺上躺着不起来，自言自语说："张灵甫完了……"肖锐告知十八旅迅速向蒙阴方面搜索。全战场陷于沉寂。

事后，据五十四团孟团长说，他们的便衣情报人员在敌后了解到，小方山的敌人是华野第一纵队。

战事结束后的第二天下午4点，整七十四师中校参谋林某（广东人，陆大二十期）和少校参谋黄某，由卫士带领来到东住佛指挥所，很狼狈，上身穿着白衣服，下身穿着黑色农民裤子，惊魂未定。胡琏和我都很熟，即吩咐赶快预备饭，并安慰说："你们都受苦了！"胡琏问："你们张师长怎么样了？"林说："昨天午间，敌人已经冲到孟良崮顶端师部附近，师长亲自指挥少数特务营官兵作战，敌人炮火很猛，师部人员伤亡很重，参谋处人员星散各处躲避炮火与师长就分散了，在下午3点多的时候，听传说师长被打死了，也有的说自杀了！"林、黄同时失声痛哭。胡琏也掉下眼泪。肖锐问："你们为什么闹成这样局面？都上孟良崮干什么？"林说："我们沿蒙河东岸北进，当部队行进到垛庄、孟良崮、界牌附近忽然发现敌情，来势很猛，尚未布置集结，敌人就猛冲猛打，我师陷于混乱，师长决心集结于孟良崮固守待援，正集结中，敌人跟踪来至山下，一面打一面筑工，山上岩石很多，构筑困难，又缺材料，人多水少，加重了困难，激战两天一夜，遂陷于这样不好的局面。只想到居高临下的好处疏忽了缺水的坏处。"胡又问："你们附近不是有好几个师吗？"林说："是有几个师，有的只离四五十里，就是救援不上。"我问他："还有哪些主要干部死了？"林说："昨天上午就听五十八旅旅长卢醒阵亡了，其余的还不知道。"我又问他："你怎么跑出来的？你怎么知道我们在这里呢？"林说："我们跑散了以后，我就跑到山腰一个小洞内隐藏起来，后来又遇见老黄，天黑开始下山往北走，敌人大部在天黑以前离开孟良崮，在北走中一听到声音，我们就伏地不动，无声音以后，我们再走，前天夜里在电报中知道你们由新泰来蒙阴救援，所以我们就往北走找你们师，因为认识人较多，终于找到你们了！"饭后，林说：我们到济南去找王司令官和罗参谋长（罗幸理，四川人，陆大十五期）去。他们在我们师部住了两天就被送到济南去了。

两天以后，我们全师移驻蒙阴县城附近。

陈诚到新安镇指挥进攻临沂作战概况

李　骏　黎殿臣　濮云龙　刘子瑛*

一、战役发生前的双方态势

1947年1月底，盐（城）阜（宁）兵团司令官欧震，奉徐州绥署主任薛岳的命令，指挥国民党军第七军及整编第二十五、四十四、五十七、六十五、七十四、八十三等师，由沭阳、灌云侵占新安镇后，除整五十七师固守东海、整四十四师固守灌云、整二十五师在阿湖外，主力控制于新安镇及其附近地区。第三绥区所属整五十九、整七十七两个师，防守鲁南台儿庄、韩庄地区。第四绥区所属的整五十五、整六十八两师防守鲁西曹州地区。第一绥区所属的整二十八师防守涟水地区。整十一师由宿迁附近、整六十四师由广东铁道输送，均分别进到邳县地区。

峄县、枣庄、向城、马头镇、郯城、双敦埠等地，各有解放军一部，其主力控制于李家庄、临沂、梁邱、费县一带地区。

---

* 李骏当时任欧震兵团部参谋处长。黎殿臣当时任整八十三师十九旅上校参谋长兼五十六团副团长。濮云龙当时任整八十三师六十三旅一八九团二营少校营长。刘子瑛当时任徐州军闻社主任。

二、战斗序列

盐阜兵团进占新安镇后改称为欧震兵团。其战斗序列如下：

兵团司令官欧震（整编第十九军军长）

第七军　　　军长钟纪，下辖两师：

一七一师　　师长刘昉

一七二师　　师长朱乃瑞

整二十五师　师长黄百韬，下辖三旅：

整四十旅　　旅长陈士章

整一〇八旅　旅长唐名标

整一四八旅　旅长廖正安

整四十四师　师长王泽睿，下辖两旅：

整一五〇旅　旅长赵璧光

整一六二旅　旅长何葆恒

整十一师　　师长胡琏，下辖三旅：

整十一旅　　旅长杨伯涛

整十八旅　　旅长高魁元

整一一八旅　旅长王元直

整五十七师　师长段霖茂，下辖三旅：

预三旅　　　旅长魏人鉴

预四旅　　　旅长×××（曹耀祖）

整一一七旅　旅长××（廖运升）

整六十五师　师长李振，下辖三旅：

整五十四旅　旅长郭永鑱

整一六〇旅　旅长温淑海

整一八七旅　旅长李明

整七十四师　师长张灵甫，下辖三旅：

整五十一旅　旅长陈传钧

整五十七旅　旅长陈嘘云

整五十八旅　旅长卢醒

整八十三师　师长李天霞，下辖两旅：

整六十三旅　旅长马连桂

整十九旅　　旅长杨荫

整六十四师　师长黄国樑，下辖三旅：

整一三一旅　旅长张显岐

整一五六旅　旅长刘镇湘

整一五九旅　旅长韦德

整六十七师　师长戴锃

工兵三个团（番号、团长姓名均不详）

全兵团约共25万人、18个炮兵营，火炮216门、一个战车营，共有中型战车22辆。

三、战役计划

1. 作战前，徐州绥署主任薛岳给欧震兵团进攻临沂作战电令，大意于下："着第七军及整二十五、四十四、五十七、六十四、六十五、七十四、八十三师，第六十七师，统归欧震兵团指挥，即攻击当面之共军，占领郯城、临沂。兵力部署：各以一部防守东海、灌云，一部由郯县沿沂河右岸，主力由新安镇沿临郯公路及两侧逐次攻击前进。"

2. 该军团奉令后，策定作战计划要旨如下：

（1）方针：兵团以击破当面之敌，占领郯城、临沂为目的。

（2）指导要领：兵团采取梯次配置，以强有力一部沿沂河北攻，切断临、郯地区之敌退路，主力沿临郯公路及其两侧北攻，将敌主力压迫于临沂、李家庄间山地而聚歼之。如共军主力打击我左侧部队时，兵团主力即渡过沂河向西回旋，将敌包围于沂河右岸地区而歼灭之。如共军主力打击我右侧部队时，沂河右岸部队迅即攻占临沂，再由北向南，协同主力将敌包围于李家庄东南山地而歼灭之。

（3）兵力部署：整七十四师于2月5日由新安镇沿临沂公路经红花埠、郯城、李家庄，逐次击破当面之敌，进出于李家庄以北地区。整八十三师于2月5日由窑湾在整七十四师左侧后跟进，经劳沟、马头镇，逐次击破当面之敌，尔后攻击临沂而占领之。整七十五师（附六十七师）于2月5日由阿源在整七十四师右侧后跟进，经桃林逐次击破当面之敌，进出于马陵山附近。

整十一、六十四两师，统归整十一师师长胡琏指挥，于2月10日由邳县沿沂河右岸逐次击破当面之敌，进出于临沂以北切断解放军之退路后，再南下协力夹击临沂之敌。整五十七师以主力固守东海，一部向东海以北地区佯动，钳制该方面之敌。整四十四师固守灌云地区各要点，并任该地区扫荡任务。第七军及整六十五师为兵团机动部队，控制于新安镇地区。

3. 情况判断：该兵团进攻临沂地区之前，据确报：郯城有解放军两三千人，李家庄及其附近有解放军（番号不详）五六千人，日夜筑阵地工事，其主力现正集结于临沂东南地区。根据上述情报，该兵团判断解放军有诱至兵团主力深入临沂李家庄间山地，利用有利地形，进行主力决战，或以一部分吸引该兵团主力于临沂以南地区，以主力打击该兵团右侧部队。当了解此情况后，欧震立呈忧虑状态，随令兵团部参谋处立将情况及判断分别电报南京国防部及徐州绥署。

四、战役经过概况

该兵团各部队正开始行动中，陈诚带着随从两人于2月6日由徐州乘吉普车赶到新安镇。当天在欧震兵团部召集该兵团所属各军、师长讲话，主要内容是：临沂是鲁南重镇，国军占领后，既堵塞了解放军南进的门口，苏北将从此安然无恙，又便利了国军尔后摧毁沂蒙山区革命根据地之作战。根据各方面情报判断，解放军主力企图在临沂附近与我军决战的可能性较大。过去最苦的是找不到他的主力，今天他的主力敢于同我军作战，我们非常欢迎。现代作战的胜败，取决于装备优良与否，我军在这方面是有胜算把握的。希望各将领抱着必胜的信念。讲话后，陈诚随即分别召见各军、师长个别谈话。各军、师长于个别谈话后，当天各返前线。在进攻临郯地区的全部过程中，陈诚始终坐镇新安镇欧震兵团部督战。他每天早晚必须面询欧震前方战况各一次。由于解放军主力自动放弃临郯地区，除整七十四师在红花埠、郯城、李家庄等地与解放军小部队接触外，其余部队均无战斗。2月13日，整八十三师进入临沂[1]，陈诚即于当日离开新安镇回徐州。该兵团进攻临沂至此遂告结束。

五、战后的检讨

整八十三师占领临沂后，该兵团司令官欧震曾经召集各军、师长座谈关于解放军自动放弃临郯的主要原因，一致认为，兵团采取梯次配置的作战部署周密，陈诚到前线指挥，鼓励了各部队能按照兵团计划行动，使解放军无隙可乘所起的作用。

徐州绥署主任薛岳，于国民党军占领临沂后，即在徐州九洲饭庄举行宴会，招待沪宁等地各大报社通讯社派驻徐州的新闻记者，发表所谓"国军攻克临沂""鲁南大捷"新闻。当时参加招待会的新闻记者，于会后均发出新闻电讯，吹嘘所谓"鲁南大捷"的消息。在此以后约一周时间，南京国防部、徐州绥靖公署，还发动了沪、宁各大报通讯社组织记者参观团，前往临沂参观访问，写述一些长篇通讯特写，在国民党报刊发表，内

---

[1] 国民党军占领临沂时间是1947年2月15日。

容除吹嘘夸耀所谓鲁南大捷的胜利战绩外，对共产党和解放军在临沂及其他解放区的政治、经济、文化等方面，做了诬蔑歪曲的宣传报道。

陈诚主持东北战场实况

王楚英*

　　《文史资料选辑》第五十七辑刊登了杨伯涛撰写的《陈诚军事集团发展史纪要》（以下简称《纪要》），其中有些情况，同事实略有出入，现就我所知，做一些更正和补充。

　　《纪要》写道："……因此，他对正规军队特别是对陈系部队大加扩充。在东北参加反人民战争的新一军所属五十师和新六军所属的十四师，都是十八军分出去的基干部队，因此陈诚升任五十师师长潘裕昆为新一军军长，而将孙立人所带的新三十八师拨出去，另成立新七军；将十四师从新六军建制中拨出，扩充为新三军，以十四师师长龙天武升任军长；将十三军所属的五十四师及由保安部队编成的暂编五十九师都拨入新三军建制。陈诚这种消灭东北地方部队、扩充自己嫡系部队的做法，激起东北人士的极大愤怒。"①陈诚是1947年7月四平街战役甫告结束来到东北的，还带了大批的官员，其中有戴朴和石祖黄等，另外还有罗卓英、车蕃如、刘翼峰等。这些人无疑是陈诚的老部属和亲信，是陈诚赖以"扭转东北局面"的智囊和支柱。但是陈诚对在东北的国民党军队首脑，并没有大撤大

---

① 见《文史资料选辑》第五十七辑第162页。

* 作者时系国民党军新编第六军第十四师营长。

换，也没有任用他带去的亲信去替换原来的部队指挥官。只有戴朴后来接替了罗友伦（因罗去美国留学）任二〇七师师长，刘翼峰当上东北区补给司令。因此，我不同意杨伯涛同志有关陈诚"消灭东北地方部队，扩充自己嫡系部队"的说法。关于陈诚在东北期间的部分情况。就记忆所及，略述如下：

1947年秋陈诚到东北任行辕主任后，并没有对过去一度隶属于十八军的十四师、五十师特别给予照顾。至于十四师师长龙天武和五十师师长潘裕昆在1947年冬东北部队大改组中分别升任新一军和新三军的军长，也根本不是因为龙、潘两人系陈诚的老部下才受到提升的。同时被提升的还有廖耀湘（由新六军军长升任九兵团司令官）、李鸿（由新三十八师师长升任新七军军长）、李涛（由新二十二师师长升任新六军军长）、刘玉章（由第二师师长升任五十二军军长）、郑庭笈（由一六九师师长升任四十九军军长）、陈林达（由一九五师师长升任新五军军长，不久即在新民以北公主屯全军覆灭，陈林达被俘）等。廖耀湘这些人完全不是陈诚十八军系统的人，也不是陈诚的亲朋故旧，但由于当时形势的需要，陈诚也都分别将他们提升了。其时在陈诚身边的石祖黄（是陈诚带往东北的亲信之一），并没有被提升或安排要职。1947年陈诚初到东北时，一度任命石祖黄担任过督训处长（相当于军长），但不久即撤销了这个机构，却没有另派石祖黄以新的职务。

陈诚到东北后采取过三项重大措施，以图扭转颓势，终因难以贯彻，而未奏效。他首先抓军队和行政机构的整顿，撤销东北保安长官部并入东北行辕，实行军政指挥合一的体制；同时撤销杜聿明在职时所建立的各保安区（相当于师），每一保安区编成一个正规师，给予陆军暂编师的番号。在东北的各军基本上每军都配有一个由保安部队改编而成的暂编师。起初设立了几个督训处（由石祖黄、赵家骧等任处长），负责编训这些新改编的暂编师。不久各督训处撤销，各暂编师则分别并入各军的建制。同时改组东北行辕政务委员会和各省、市政府的组织，将各地流亡到沈阳（已被解放地区的国民党地方政府人员都跑到沈阳，仍然挂招牌、行文、领经费，就是不干事）的人员全部集中到干训团，进行训练。对有些邻近沈阳的县、市政府，则使之跟随国民党作战部队行动，以武装掩护其进入所管地区建立政权、组织保安部队，以扩大国民党的统治区域。

其次是整顿军纪，提高士气，清查被俘释放回来的官兵，以防止共军的渗透和策反。他采取了坚决果断措施，把各地、各部队未经批准而私自在沈阳设立的办事处、留守处等机构予以撤销，其人员则限期返回所属机关、部队。通过这次清查整顿，仅在沈阳一地清查出来的各野战部队留守官兵竟达两万五千余人，而且都是年富力强者，有的还有特种技能。所以陈诚曾在一次团以上干部会议上，痛斥上述那种将部队作战人员留在沈阳替部队长办私人事的现象，是自己挖自己墙脚的行动，是帮共产党的忙。那时沈阳秩序很乱，人心不安。差不多每一个野战部队（因其流动性较大，没有固定的防地；即使有固定防地，也都以沈阳为大后方和基地）中的营长（有些部队甚至是连长），一般都在沈阳市区私自设置所谓"留守处"，其实大都是这些营、连长的私人"公馆"。每个这样的"留守处"都有武装或半武装的士兵十人左右，替那些营连长看守一些携带不动的辎重，守护其"公馆"，并替他们做些商业性的买卖。营连长是这样，团长、师长、军长和司令官就更不用说了。在当时的情况下，陈诚采取上述那种坚决的清查整顿措施是很有必要的。但因那时国民党军队非常腐败，上下勾结，互相欺骗，积习已深，在陈诚的严令下应付了一阵子，隔不多久又故态复萌。与此同时，陈诚针对当时在东北的部队纪律败坏、买卖武器、暗中经商、贪污中饱、滋扰民众之事成风，曾派出数起军纪督察组和点验组分赴各部队逐一检查，也惩办了几个典型，使之一度稍为收敛。陈诚到东北不久，王家善就在营口率部起义投向共产党，使他大为震动。他还看到有些部队不经打，一触即溃，常常是整营、整团甚至整师地被消灭。他认为这主要是士无斗志、军心涣散所致。尤其是许多被俘虏后放回来的官兵，回到原部后替共产党宣传，最影响士气。因而他严令各部对被俘放回的军官不准留用，并应送沈阳训练团集训；士兵则由各师集训后再补充后勤部队。但因当时部队缺员多，官兵来源困难，能有一些被俘的官兵回来，就没有不收容留用的。另外他为了鼓舞士气，也采取利用作战间隙召集"战斗英雄"会的方法，向所谓"有功官兵"颁奖授勋，在沈阳"七重天"请客吃饭、看戏，还发慰劳金。

再次，是取消了杜聿明在职时实行的"扩大部队番号"的做法，调整战斗序列，建立野战兵团，分别由郑洞国、周福成、卢濬泉、刘安祺、廖耀湘任兵团司令官，调"大同守将"楚溪春任沈阳防卫司令。他以郑洞国兵团部署于长春、吉林地区，周福成兵团部署于四平、昌图地区，卢濬泉兵团部署于锦州地区，刘安祺兵团部署于新民、彰武、黑山地区，廖耀湘兵团置于铁岭、沈阳之间铁路线上保持机动，另以刘玉章的五十二军守备鞍山、本溪地区。初时曾一度保持北宁线和沈（阳）营（口）线铁路畅通，适冬季战役开始不久就相继被截断，最终没有打通。先是杜聿明在东北时，因兵力不足，又为了使国民党正规军便于指挥保安部队和向中共军队虚张声势，故将东北各部队一律逐级提高其编制名称，如连称营、营称团，以此向上类推，各提高一级。然而实际上部队编制仍没有扩大，实力并没有增加，故陈诚到后立即予以废止。当时我在新六军十四师当营长，上级却给颁发了团的关防印信，上下左右也都称我为团长，实际上我统率的部队只是一个营，并不是团。这种虚张声势的做法早就应该废除。

把保安部队改编成正规部队（暂编师）是形势的需要。1947年秋陈诚到东北时，各保安区和保安团队（有的保安团队甚至挂上了青年军的牌子，以广招徕）士气低落，训练很差，装备很缺，纪律也差，战斗力很弱，根本不能独立担任作战任务，势必要加以整编训练和补充，并在战斗力较强的正规部队配合支持下，才能完成一定的任务。原东北第三保安区（又名青年军第三师）经整编为暂五十九师由十四师副师长许颖任师长后，认真整训，不到三个月，在1947年冬季战役守备沈阳北大门——石佛寺的战斗，打得很顽强，虽经中共军队第十纵队多次强攻，始终保住了阵地。假如这个原保安三区不经整训，又没有十四师这样一个战斗力强的友邻部队相配合，那它就必然会像唐葆璜那样一打即溃，全军覆灭（唐师于1947年冬在彰武被全歼，唐本人被打死）。还有一个暂六十二师，也是由保安部队改编的。该师由十四师四十二团团长刘梓皋升任师长后，训练抓得紧，廖耀湘和李涛都亲自督训，稍加补充后，战斗力提高较快，1947年冬在守备法库的战斗中能独立完成任务，后来奉命向沈阳突围，在解放军的重重包围下仍然能够完整地突出重围。以后这个师改为二九六师，分别在锦西、安庆、怀远附近的战斗中发挥了作用，特别是1949年5月在上海杨行、月浦地区的战斗中打得很出色，曾受到蒋介石、汤恩伯、蒋经国（蒋经国曾亲到阵地视察）的嘉奖。我当时是这个师的参谋长。事实表明：1947年秋改编东北的保安部队为正规师，并将其编入各军的战斗序列，使之在战斗力强的部队配合下能够独立作战，这种措施是很必要的，不应目之为"消灭东北地方部队，扩充自己嫡系部队"。

（1982年5月）